W0376712

2
buongiorno!

Italienisch für Fortgeschrittene

von
Rosanna Brambilla, Daniela Lamio,
Maria Mastinu, Antonia Pansini-Ziegler,
Michael Hörburger,
Angela Mingazzini, Beatrice Rovere-Fenati,
Candida De Carlo Tondo-Thie und Reiner Thie

unter Leitung und Mitwirkung
der Verlagsredaktion Weiterbildung Fremdsprachen

Grafische Gestaltung
Sergio Salaroli

Ernst Klett Verlag

Buongiorno 2

von
Rosanna Brambilla, Kursleiterin an der Volkshochschule Böblingen-Sindelfingen
Daniela Lamio, Kursleiterin an der Volkshochschule Tübingen
Dott. Maria Mastinu, Italienischlehrerin, Mailand
Dott. Antonia Pansini-Ziegler, Kursleiterin an der Volkshochschule Tübingen
Michael Hörburger, Oberstudienrat, Esslingen
Dott. Angela Mingazzini, Kursleiterin, Sasso Marconi (Bologna)
Lic. phil. Beatrice Rovere-Fenati, Kursleiterin, Heidelberg
Dott. Candida De Carlo Tondo-Thie, Kursleiterin an verschiedenen Volkshochschulen in Berlin und Lehrbeauftragte an der Freien Universität Berlin
Reiner Thie M. A., Kursleiter an verschiedenen Volkshochschulen in Berlin

unter Leitung und Mitwirkung
der Verlagsredaktion Weiterbildung Fremdsprachen;
Leiter: Dr. Manfred Semder;
Mitarbeit an diesem Werk:
Barbara Mack, Dott. Giovanna Mungai-Maier, Dr. Elisabetta Nöldeke, Verlagsredakteurinnen
Beratende Mitarbeit: Dr. Barbara Huter, Verlagsredakteurin

mit Beiträgen von
Giuliana Attolini, Landesbeauftragte für das VHS-Zertifikat Italienisch in Nordrhein-Westfalen
Dr. Alessandra Crotti, Lektorin an der Universität Heidelberg
Martina Hirt-Harlass, Fachbereichsleiterin Sprachen an der Kreisvolkshochschule Northeim

Grafische Gestaltung
Sergio Salaroli, Rom

Für den Schulgebrauch dürfen die Leerstellen im Buch von den Schülern nicht ausgefüllt werden.

ISBN 3-12-560500-8

1. Auflage 1 5 4 3 2 | 1990 89 88 87

Alle Drucke dieser Auflage können im Unterricht nebeneinander benutzt werden, sie sind untereinander unverändert. Die letzte Zahl bezeichnet das Jahr dieses Druckes.

© Ernst Klett Verlage GmbH u. Co. KG, Stuttgart 1986. Alle Rechte vorbehalten.
Umschlag: Sergio Salaroli, Rom.
Satz: Setzerei G. Müller, Heilbronn.
Druck: Druckerei Fricke & Co, Stuttgart. Printed in Germany.

Inhalt

Themen	Kommunikative Ziele	Grammatik
1 Le serate degli italiani		Seite 9
1 Che cosa fa la sera? 2 Stasera dove andiamo? 3 Finito lo spettacolo 4 Teatro, cinema o televisione? 5 E che ne direste di un corso serale? 6 Sai chi ho visto?	Persönliche Informationen austauschen (Freizeitverhalten); Vorschläge machen und darauf reagieren; (Nicht-)Gefallen ausdrücken, beurteilen; Notwendigkeit ausdrücken; über Weiterbildungskurse sprechen; Personen beschreiben	– Die Hervorhebung (W) – Der Gebrauch des bestimmten Artikels (E): *Ha gli occhi chiari* usw. – Wie man den Grad einer Eigenschaft ausdrückt (W/E) – Suffixe
2 Informati un po'!		Seite 16
1 Che cosa c'è di nuovo? 2 Dal diario di Francesco 3 Due ragazzi a scuola 4 A casa della famiglia Monti 5 Dove ci porterà la tecnica?	Stimmungen/Gefühle ausdrücken; etwas identifizieren/definieren; verneinen; Vergangenes beschreiben/erzählen; über Fernsehverhalten diskutieren; TV-Programmen Informationen entnehmen; über künftige Entwicklungen sprechen	– Bejahung und Verneinung (W/E) – Das *Imperfetto* (W); *Imperfetto* und *Passato prossimo* (I) – Zahlwörter: *decina* usw. – Das Futur I
3 Un mestiere per vivere		Seite 26
1 Chi non lavora non mangia 2 Alla riscoperta dell'artigiano 3 Parla un protagonista 4 Lontano dalla fabbrica che tristezza! 5 Madri che lavorano	Über Berufe und Berufsaussichten sprechen; Vergangenes beschreiben/erzählen; Sachinformationen erfragen/geben; Vermutungen äußern; (beruflichen) Werdegang und Lebensumstände schildern; Absicht ausdrücken; argumentieren	– *Imperfetto* und *Passato prossimo* (II) – Zahlwörter: Ordnungszahlen (E), Brüche, Prozentzahlen – Das Futur zum Ausdruck der Vermutung – Verschiedene Nebensätze
4 L'altra faccia del turismo		Seite 36
1 Aiuto, arrivano i turisti! 2 Il rovescio della medaglia 3 I problemi di Venezia 4 Dai turisti stranieri . . . 12 mila miliardi all'Italia 5 Intervistate lo straniero 6 Il turismo ci dà il lavoro *La mia Rimini*	Sachverhalte beschreiben und dazu Stellung nehmen; sagen, was hätte geschehen sollen/können; über Probleme und deren Lösungen diskutieren; Eigenschaften angeben; vergleichen; Gründe angeben	– Das Konditional II – Das Passiv – Adjektive/Adverbien mit besonderen Steigerungsformen – Vergleichssätze (W/E)

W/E = Wiederholung/Ergänzung

Themen	Kommunikative Ziele	Grammatik
5 Gli italiani strana gente		Seite 45
1 Paese che vai . . . gente che trovi 2 Siamo così? 3 Una lettera dall'Italia 4 Com'è difficile mettersi d'accordo! 5 Il linguaggio dei gesti 6 Due città	Eigenschaften angeben; zu (Vor-)Urteilen Stellung nehmen; Eindrücke schildern; Wünsche/Gefühle ausdrücken; Nichtwissen/Nichtverstehen/Zweifel zum Ausdruck bringen; Möglichkeit/Fähigkeit ausdrücken; über das Leben in der eigenen Stadt sprechen	– Indikativ und *Congiuntivo* – Die Formen des *Congiuntivo presente* – *Congiuntivo*-Auslöser (I) – *Andare* und *venire* (W) – Die Wiedergabe von „können" – Die *si*-Konstruktion bei reflexiven Verben
6 Vivere con il passato		Seite 54
1 L'arte: tanti usi 2 È nata una diva, l'arte 3 Al tempio di Segesta 4 Al Foro Romano 5 Italia: terra d'arte o cimitero d'arte? 6 Dibattito alla radio 7 Il Paradiso non può attendere 8 Le ville venete	Sachverhalte schildern und dazu Stellung nehmen; Gründe angeben; Gefühle äußern (Verwunderung, Bedauern, Sorge, Mißbilligung usw.); zustimmen, empfehlen, abraten; sich beschweren, sich rechtfertigen, beschwichtigen; sagen, was erforderlich/notwendig ist; etwas zeitlich einordnen	– *Congiuntivo*-Auslöser (II) – Der *Congiuntivo passato* – Die Jahrhunderte – Die Wiedergabe von „brauchen" – Das Relativpronomen *cui* – Das Gerundium (I): *stare* + Gerundium – Die unmittelbare Zukunft: *stare per* + Infinitiv
7 L'appetito vien mangiando		Seite 64
1 Le nostre abitudini 2 Cena in famiglia 3 Alla mensa dell'Alfa Sud 4 Le due Italie 5 Coltivazioni tipiche italiane 6 Un piatto tornato di moda 7 Non tutti mangiano la carne 8 La cucina dei sardi	Um etwas bitten; auffordern, etwas zu tun/zu unterlassen; etwas anbieten; Komplimente machen; eine Bedingung/Voraussetzung und deren Folge ausdrücken; Gründe angeben; Anweisungen verstehen; über Eßgewohnheiten (früher und heute) sprechen	– Objektpronomen beim Infinitiv (W/E) – Aufforderungssätze (W/E) – Die *si*-Konstruktion im *Passato prossimo* – Zwei Objektpronomen beim Verb – Verschiedene Nebensätze
8 Quanto sa di sale lo pane altrui		Seite 72
1 Canti dell'emigrazione 2 Cent'anni di emigrazione 3 Al corso serale 4 Opinioni sull'emigrazione italiana 5 Lavoratori stranieri in Italia 6 Ci portano via il pane questi stranieri!	Über Dritte berichten (Herkunft/Geschichte/Erfahrungen/Probleme/Perspektiven); Orts- und Zeitangaben machen; Gründe angeben; Stellung nehmen zu Sachverhalten; Notwendigkeit ausdrücken; Gefühle ausdrücken; widersprechen.	– Das Gerundium (II) – Die Angleichung an ein unbestimmtes Subjekt („man") – Die Wiedergabe von „müssen" – Örtliche und zeitliche Beziehungen (W/E)

Themen	Kommunikative Ziele	Grammatik
9 I giovani, questi sconosciuti		Seite 81
1 Come eravamo e come siamo 2 La via della non comunicazione 3 Giovani senza lavoro 4 La casa non è più una prigione 5 Come parlano i giovani 6 Generazioni a confronto *Quant'è bella giovinezza . . .*	Äußerungen Dritter wiedergeben; Sorge/Verständnis ausdrücken; Unschlüssigkeit ausdrücken; etwas zugeben/einräumen; vergleichen; auffordern, etwas zu tun; über die Jugend sprechen (Probleme/Berufsaussichten/Familienbindung/Jargon/Interessen)	– Die indirekte Rede/Frage – Die Zeitenfolge (I): *Ieri mi ha detto che aveva dei problemi.* – Der Gebrauch des Possessivpronomens (W/E) – Zwei Objektpronomen beim Imperativ (E) – Reflexives Verb + *ne*
10 Industriamoci		Seite 89
1 Made in Italy 2 Lo „scarparo" miliardario 3 C'è pasta . . . e pasta 4 La parola all'esperto 5 Radio tre – Attualità 6 A.A.A. Cercasi 7 Com'è andata?	Über Produkte sprechen; einen komplexeren Erzähltext verstehen; sich über Sachverhalte informieren und mit den Gegebenheiten im eigenen Land vergleichen; diskutieren; Stellenanzeigen Informationen entnehmen und sich telefonisch bewerben; persönliche Informationen erfragen/geben; Vorgänge der Vergangenheit in ihrer zeitlichen Abfolge darstellen; einen Lebenslauf wiedergeben	– Das *Passato remoto* – Die Bildung des *Passato remoto* – Das Hilfsverb bei Modalverb + Infinitiv (W/E) – Das *Trapassato prossimo* – Temporalsätze mit *prima di* und *dopo* – Die Wiedergabe von „lassen"
11 La speranza è verde		Seite 97
1 Occhi verdi sulle città 2 Gli italiani e l'ambiente 3 La crociata ecologica 4 Un'estate possibile Salviamo la natura (Gioco) 5 Naturale è buono 6 Bologna ha riscoperto bici e motorini	Sachverhalte beschreiben/kommentieren; etwas zugeben/einräumen; Notwendigkeit/Wichtigkeit ausdrücken; einen Gegensatz/Widerspruch ausdrücken; Vorschläge machen; sich über alternative Urlaubsangebote unterhalten; brieflich Informationen einholen; eine Voraussetzung/Annahme und deren Konsequenzen ausdrücken	– *Congiuntivo*-Auslöser (III) – Infinitivsätze (W) – *Ce l'ho* – Der Bedingungssatz (I): *Se avessi tempo verrei.* – Die Bildung des *Congiuntivo imperfetto*

Themen	Kommunikative Ziele	Grammatik

12 Soprattutto la famiglia Seite 109

Themen	Kommunikative Ziele	Grammatik
1 Cosa conta veramente nella vita? 2 Torna a fiorir l'anello 3 Sotto lo stesso tetto 4 Farsi compagnia 5 Ci vorrebbe un amico . . . 6 Dalla parte del padre 7 Chiamate Torino 2121 *Avere amici è difficile*	Äußerungen/Meinungen Dritter wiedergeben; Absicht ausdrücken; Stimmungen/Gefühle zum Ausdruck bringen; Möglichkeit/Fähigkeit ausdrücken; über zwischenmenschliche Beziehungen sprechen; Ratschläge/Angebote Dritter wiedergeben; Eigenschaften angeben/differenzieren/beurteilen	– Die Zeitenfolge (II): *Mi hanno detto che sarebbero arrivati verso le 5. Mi hanno detto che avevano avuto un incidente.* – Verben vom Typ *smetterla/sentirsela/farcela* – *Pensi che . . ./di . . . ?* – Adjektiv oder Adverb?

13 Siamo stato noi? Seite 118

Themen	Kommunikative Ziele	Grammatik
1 La Costituzione dice . . . 2 Ultime notizie 3 Vino e politica 4 Storie di tutti i giorni 5 Il passato presente *La Sicilia nel „Gattopardo"*	Über Probleme der Arbeitswelt sprechen; Pressemeldungen verstehen und auswerten; einem Gespräch über Politik Informationen entnehmen; argumentieren; Vermutungen ausdrücken; etwas zeitlich einordnen; über geschichtliche Ereignisse sprechen; Hypothesen aufstellen	– Die distanzierte Berichterstattung im Konditional – Das Futur II – Der Bedingungssatz (II): *Se avessi avuto tempo sarei venuto*

14 Quale Italia? Seite 128

Themen	Kommunikative Ziele	Grammatik
1 Un paese a tante facce 2 Stato e regioni 3 A proposito di campanilismo 4 Com'è nato l'italiano? 5 Che lingua parliamo? 6 San Gregorio armeno, Napoli 7 Ma Lei è pugliese? – Oui. 8 Sull'espresso Reggio Calabria – Milano *Lingua e dialettu*	Über Regionen sprechen, Vergleiche anstellen, diskutieren; behaupten, daß etwas so ist; die Einzigartigkeit einer Sache/Person hervorheben; über Sprache und Dialekte sprechen; Sachtexten Informationen entnehmen; Wünsche/Notwendigkeit ausdrücken; Stellung nehmen	– Relativsätze mit *Congiuntivo* – Das Konditional als *Congiuntivo*-Auslöser – Das Partizip Perfekt in Verbindung mit *ne*

Themen	Kommunikative Ziele	Grammatik
15 Diciamolo in musica		Seite 138
1 Via con la musica 2 Il Bès Galilì 3 L'amore, la protesta, l'osteria . . . 4 Opera qui, opera là 5 Come nacque l'opera 6 Canta che ti passa! 7 Sono solo canzonette?	Sachinformationen erfragen; etwas zeitlich einordnen; berichten, was Dritte gesagt haben; Annahme/Meinung äußern; Verwunderung/Überraschung ausdrücken; jemanden überreden/überzeugen; Vergleiche anstellen; unterschiedlichen Texten Informationen entnehmen; über Zeitströmungen diskutieren	– Partizipialsätze – Die Zeitenfolge in Sätzen mit *Congiuntivo*
16 Dalle origini ad oggi		Seite 148
1 Una traccia attraverso il tempo 2 Abbiamo fatto strada 3 „Studiabamus" 4 Un giro di soldi 5 Incontro culturale 6 Tutto il mondo è commedia 7 Io fo, anzi fate voi	Vergangenes und Gegenwärtiges vergleichen; einem Gespräch über Kultur Informationen entnehmen und eigene Stellungnahmen/Erfahrungen einbringen	Abschlußlektion ohne grammatische Schwerpunkte

Grammatische Grundlagen
Wichtige Strukturen aus BG 1 zum Nachschlagen und Wiederholen — Seite 156

Grammatik pro Lektion — Seite 173

Übersichten
Präpositionen, Infinitivsätze, unregelmäßige Verben — Seite 213

Italienisch-deutsches Vokabular — Seite 219

Alphabetische Wortliste — Seite 253

Symbole

Hörtext/Hörverständnisübung (Einführung bzw. Durchführung mit Hilfe der Cassette)

Text zur Förderung des Leseverstehens und zur Erweiterung der landeskundlichen Kenntnisse (ohne strukturelle Lernziele)

Bei den nicht numerierten Texten handelt es sich um Gedichte oder Prosatexte (Lektüre je nach Interessenlage des Kurses).

1

Che cosa fa la sera?

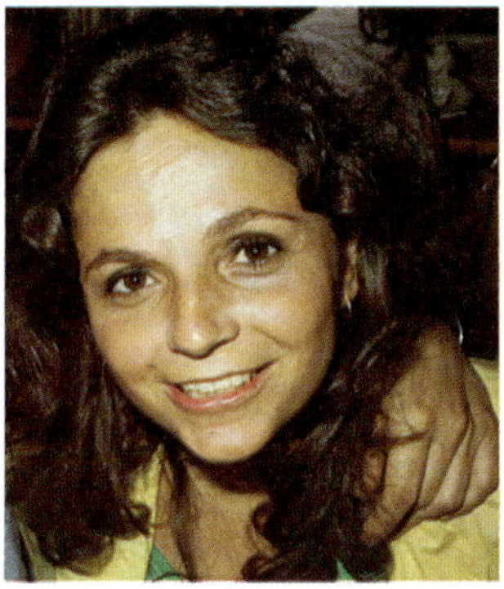

Francesca Cotugno, 30 anni, Napoli

Io, la sera, esco spesso con i miei amici. A Napoli è possibile andare in tanti posti: al cinema o a teatro, a qualche mostra . . . o semplicemente a cena fuori. In genere decidiamo solo all'ultimo momento che cosa fare. Comunque la serata la finiamo sempre in un locale.

Franco Paoli, 19 anni, Savona

In una città come questa i giovani possono scegliere solo tra bar e discoteca. Che noia! Per questo ho formato con alcuni amici un gruppo rock: ci troviamo quasi ogni sera e suoniamo.

Sandro Parisi, 63 anni, Piacenza

Io non ho più voglia di uscire la sera. Sto a casa e guardo la TV. Ci sono tanti programmi per tutti i gusti e così posso scegliere. E poi con la mia pensione non posso spendere molti soldi.

Grazia Santangelo, 35 anni, Bari

Tempo libero ne ho proprio poco perché frequento una scuola serale. Vorrei prendere un diploma per cambiare lavoro. Mi piacerebbe lavorare in un ufficio e avere il sabato libero.

E Lei?

2 STASERA DOVE ANDIAMO?

Luigi: Allora, stasera dove andiamo?
Giovanni: Mah, non so... tu, Francesca, hai qualche idea?
Francesca: Al „Corso" danno l'ultimo film di Fellini. La critica ne ha parlato bene.
Luigi: Maria però l'ha già visto e non le è piaciuto molto. Dice che non è più il Fellini di una volta.
Francesca: Maria di cinema non ne capisce niente, anche se si dà arie da intellettuale.
Giovanni: Ma dobbiamo proprio andare al cinema stasera?
Luigi: Ah, al „Maschio Angioino" ci sarebbe una compagnia che fa teatro sperimentale.
Francesca: E per i biglietti?
Luigi: Non preoccupatevi, conosco io qualcuno.

ESERCIZIO 1

Guardate la pagina accanto e fate il dialogo con l'aiuto delle seguenti espressioni:

OGGI ALL' ARLECCHINO «IN ANTEPRIMA»
Via S. Pietro all'Orto, 9 - Tel. 70.12.14
GRANDIOSO SUCCESSO DEL FILM PIU' APPLAUDITO ALLA MOSTRA D'ARTE CINEMATOGRAFICA DI VENEZIA
COSI' LA CRITICA
... Il film più intelligente della Mostra di Venezia da guardare per puro divertimento.
... Un gioco a incastri che si sublima in «divertissement» tirato via con sbrigliata allegria.
... Geniale rompicapo intellettuale, difficilmente si potrà sfuggire alla sua seduzione e al puro divertimento.
... «La vita è un romanzo» è l'opera più complessa, ambiziosa, sottile, estrosa ed affascinante di ALAIN RESNAIS.
VITTORIO GASSMAN
RUGGERO RAIMONDI
FANNY ARDANT
GERALDINE CHAPLIN
LA VITA E' UN ROMANZO
un film di ALAIN RESNAIS
INIZIO FILM: 15.15 - 18 - 20.20 - 22.30
DISTRIBUZIONE ZENITH

RITORNA DOPO 4 ANNI
IL TUO CIRCO
A MILANO
DARIX
TOGNI
DAL 8 OTTOBRE
TUTTI I GIORNI 2
AL 7 NOVEMBRE
SPETTACOLI: ORE 16 - ORE 21
ATTENZIONE DATA LA PERICOLOSITA' DI ALCUNI NUMERI ANCHE AL SABATO E DOMENICA
SPETTACOLI ORE 16 - 21
TELEFONO 6572724
VIALE LIBERAZIONE
DEBUTTO VENERDI 8 - ORE 21

QUESTA SERA ALLE 20.30 APPUNTAMENTO CON
DYNASTY
Ogni mercoledì e venerdì, alle 20.30, appuntamento con il colossal della televisione che ha entusiasmato l'America: Dynasty. Intrighi e storie d'amore, donne bellissime e uomini senza scrupoli. Appuntamento a stasera.
POTERE E PASSIONE NELLA STORIA PIU' AVVINCENTE DI TUTTI I TEMPI.
NATURALMENTE SU...
RETEQUATTRO

TARTARUGHINO
PIANO BAR
MIDNIGHT RESTAURANT
Via della Scrofa, 2 - 3 Roma
Tel. 67.86.037 - 67.84.786
IL TARTARUGHINO RIPOSA LA DOMENICA

RISTORANTI
SABATINI
a S. MARIA in TRASTEVERE
Tipiche taverne romane in Trastevere gestite dai Fratelli Sabatini - Famose per le loro specialità romane e marinare
ROMA
Piazza S. Maria in Trastevere, 13 (mercoledì chiuso)
☎ (06) 582026
Vicolo S. Maria in Trastevere, 18 (martedì chiuso)
☎ (06) 5818307

LE CUPOLE
CUPOLE LIDO 2000
Cavallermaggiore (Cn)
Le piscine vi aspettano
Questa sera
BALLOSOTTOLESTELLE
D. J. Fernando
D. J. Alex Sander
Al liscio Giorgio LUSONA

TEATRO ALLA SCALA
7 DICEMBRE
LOHENGRIN
CON LA PRESENZA DI:
les must de Cartier
Paris

ciak TOSHIBA
Via Sangallo 33 Tel. 73.00.21
28-29 ottobre
1 novembre
CABARET con
GIANNI MAGNI
film abbinato
«Amici miei Atto II»

il teatro manzoni
QUESTA SERA ore 20.45
LA COMPAGNIA DEL TEATRO MANZONI presenta
Vittorio Gassman Annamaria Guarnieri
con Luciano Virgilio e Carlo Montagna
in "MACBETH"
di William Shakespeare
Regia e versione di
VITTORIO GASSMAN
Scene e costumi
Paolo Tommasi
Musiche
Gianandrea Gazzola
Domenica unico spettacolo ore 15.30
Si prenota per 6 spettacoli
Orario Cassa: 10-13/16-19

3 FINITO LO SPETTACOLO

Francesca: Però, non è stato male!
Luigi: Io direi che sono proprio in gamba! Finalmente uno spettacolo valido!
Giovanni: Sì, sono dei bravissimi dilettanti, ma hanno ancora molto da imparare. E poi, in fondo, io preferisco il teatro tradizionale.
Luigi: Sì, quello bello, chiaro, senza troppe complicazioni . . .
Francesca: Per carità, non incominciate con queste discussioni. Tradizionale o no, a me lo spettacolo è piaciuto e lo rivedrei volentieri.

ESERCIZIO 2

Parlate con il vostro vicino dell'ultimo film che avete visto alla televisione o al cinema.

ESERCIZIO 3

Alla TV ci sono tanti programmi per tutti i gusti . . .
a) *Guardate le vignette e ricostruite la storia.*

b) *Ora ascoltate e rispondete:*

1. Che cosa vuole fare il marito?
2. Che cosa piacerebbe alla moglie?
3. Come finisce la serata in casa Petrella?

4 TEATRO, CINEMA O TELEVISIONE?

I vari Strehler, Ronconi o Squarzina possono essere soddisfatti: gli italiani hanno finalmente scoperto il teatro. Dal 1970 in poi ci sono andati sempre più spesso e hanno conosciuto nuove compagnie e nuovi attori. In Italia c'è molto interesse per gli spettacoli d'avanguardia, ma i grandi teatri preferiscono andare sul sicuro con riedizioni di drammi classici, da Shakespeare, immancabile, a Molière, a Pirandello. I cinema invece sono sempre più vuoti e, in molti casi, hanno già chiuso: negli ultimi anni gli spettatori sono diventati la metà e continuano a diminuire.
La causa principale di questa crisi del cinema è la televisione, nuova regina delle serate degli italiani. I programmi della Rai, insieme a quelli delle tivù private, offrono al telespettatore almeno dodici possibilità di scelta.

ESERCIZIO 4

	VERO	FALSO
1. L'interesse degli italiani per il teatro è in aumento.	☐	☐
2. I grandi teatri preferiscono i classici agli spettacoli d'avanguardia.	☐	☐
3. Negli anni '70 c'è stato il boom del cinema.	☐	☐
4. Il teatro è la causa principale della crisi del cinema.	☐	☐
5. Tra i divertimenti degli italiani la televisione occupa il primo posto.	☐	☐

5 E CHE NE DIRESTE DI UN CORSO SERALE?

Per venire incontro alle esigenze di tutti i cittadini il comune organizza, per il prossimo anno scolastico, 140 tipi di corsi, diurni e serali, in ogni zona della città.

ESERCIZIO 5

chimico – fotografo – maestro – regista – cantante – direttore d'orchestra
macellaio – ragioniere – segretario – attore – elettricista – ottico – sarto
estetista – ortopedico – ceramista – falegname – pellettiere – programmatore
musicista – stenodattilografo – salumiere – magliaia – interprete – pittore

a) Il grafico ha dimenticato queste parole. Sapreste metterle voi al posto giusto sul manifesto?
b) Avete già frequentato dei corsi del tipo di quelli offerti? Come li avete trovati?
c) Quali di questi corsi vi piacerebbe frequentare? Perché?

6 SAI CHI HO VISTO?

Anche ieri sera non sei venuto in discoteca con noi. Non sai che cosa ti sei perso! È arrivato Marco con la sua nuova ragazza. Lui è sempre più magro. Ora ha la barba e i capelli corti corti e porta gli occhiali scuri anche di sera.
Lei invece è una bionda piccolina, rotondetta, vestita in modo strano e con certi tacchi! Devi vederli insieme! Sono innamoratissimi. Si sono baciati tutta la sera.
E sai chi ho visto ancora? . . .

ESERCIZIO 6

Cercate la descrizione giusta per ogni foto:

1. È piccolo piccolo.
2. Ha la barba e i baffi.
3. Ha gli occhi chiari.
4. Ha il naso grosso.
5. È bionda.
6. È alta e magra.
7. È antipatica, si dà troppe arie.
8. Ha i capelli scuri e ricci.
9. È intelligente ma timido.
10. È un po'grasso, ma è tanto simpatico.

GIOCO
Uno di voi esce. Gli altri scelgono uno del gruppo. Quello che è uscito ritorna e fa delle domande per capire qual è la persona scelta.
Esempio: „È un uomo? . . ."

1 Che cosa c'è di nuovo?

intrepido
intrepido

Panorama
i soldi sporchi dei partiti
Tribune

GRAND HOTEL

„Domani non c'è scuola. Meno male! Così posso leggere i giornalini tutto il giorno."

„Che giornata oggi! Non ho avuto nemmeno il tempo di leggere il giornale. Finalmente un po' di pace!"

„È una vergogna! Lo dice anche il giornale: I giocatori guadagnano sempre di più ma fanno sempre meno gol."

„Oggi con il trucco sono tutte belle. Beate loro! Ai nostri tempi invece bisognava essere belle davvero!"

„Che noia! Sempre questi scandali. Ormai non si legge nient'altro."

„Non c'è più neanche un fotoromanzo. Peccato!"

ESERCIZIO 1

Scegliete per ogni fotografia il testo adatto.

ESERCIZIO 2

a) Conoscete dei giornali italiani? Quali?

b) Da quali titoli o elementi riconoscete in un giornale l'articolo di fondo, la cronaca locale, le notizie di politica estera, gli annunci economici, le lettere al giornale, la pagina culturale?

ESERCIZIO 3

a) *Combinate con la definizione giusta.*

1. Panorama è . . .	una rivista femminile.
2. Il Corriere della Sera è . . .	una rivista di politica, cultura, economia.
3. Grand Hotel è . . .	un fumetto per ragazzi.
4. L'Intrepido è . . .	un settimanale con fotoromanzi.
5. Grazia è . . .	un giornale per chi segue le cronache sportive.
6. La Gazzetta dello Sport è . . .	uno dei quotidiani più venduti in Italia.

b) Quali riviste e giornali tedeschi corrispondono a queste definizioni?

ESERCIZIO 4

Completate con la doppia negazione.

Esempio: Conosce anche Lei la signora Parisi?	– No, non l'ho mai vista.
1. Ha telefonato qualcuno per me?	– No, ... telefonato . . . .
2. Ti piacciono gli avocados?	– Non lo so, ... mangiati.
3. Hai comprato il regalo per Giorgio?	– No, ... trovato . . . di bello.
4. È venuto Aldo alla festa?	– No, e . . . . telefonato.
5. Purtroppo non ho potuto vedere la mostra degli Etruschi. Tu l'hai vista?	– No, ... vista . . . io.

ESERCIZIO 5

Cosa direste in queste situazioni? *Scegliete fra le seguenti esclamazioni quelle adatte.*

PECCATO!   È UNA VERGOGNA!

FINALMENTE!   MENO MALE!

CHE BELLO!   CHE NOIA!   BEATO TE!

1. Siete a teatro, lo spettacolo è monotono e sembra non finire mai.
2. Il governo ha deciso un nuovo aumento del prezzo della benzina.
3. Aspettavate da molto tempo notizie da un amico. Oggi ricevete una sua lettera.
4. Eravate preoccupati per la vostra salute, ma il medico dice che avete solo bisogno di un po' di riposo.
5. Dopo una settimana di pioggia questa mattina aprite la finestra e vedete il sole.
6. Volevate andare al cinema, ma leggete sul giornale che non è più in programma il film che vi interessa.
7. Un amico vi dice che il giorno dopo va in vacanza per un mese.

2 DAL DIARIO DI FRANCESCO

Oggi abbiamo cambiato casa.
"Finalmente ho una stanza tutta per me. Quando avevamo una stanza sola io e Giacomo litigavamo sempre. Anche l'altro giorno, mentre io volevo leggere, lui guardava i cartoni animati e mi disturbava. Ma da oggi faccio quello che voglio.

3 DUE RAGAZZI A SCUOLA

Carla: Hai visto il film su Canale 5 ieri sera?
Andrea: Sì, ma ho perso la fine. Mentre lo guardavo mi ha telefonato Antonia.
Carla: Peccato! Era così interessante!
Andrea: E com'è finito?
Carla: È finito che mentre saliva sull' aereo si è sentito male e l'hanno preso.

	Giacomo guardava la televisione.
Mentre leggevo	
	ha telefonato Antonia.

ESERCIZIO 6

Mettete i verbi all'imperfetto o al passato prossimo.

1. Stamattina, mentre (io) . . . la doccia, . . . il telefono.	fare/suonare
2. Una volta, mentre (noi) . . . in Sicilia, ci . . . una cosa divertente.	essere/succedere
3. Ieri sera mio padre, mentre . . . , si . . . male.	mangiare/sentirsi
4. Mentre (io) . . . , Anna . . . la radio.	preparare la cena/ ascoltare
5. Mentre (io) . . . l'autobus, . . . Mario e mi . . . a casa.	aspettare/arrivare/accompagnare
6. Mentre (noi) . . . un' escursione in montagna, . . .	fare/cominciare a piovere

ESERCIZIO 7

Che cosa è successo ieri ad Anna?
Mentre preparava il pranzo . . . *continuate voi.*

grafia, a chi lo perse in occasione della prima messa in onda. Si dice, ed è vero, che questo di Ozu è un cinema lento, che il suo ritmo mal si addice all'epoca del videoclip: ma non è mai un cinema noioso, e chi ha la pazienza di fare la prova lo verificherà. Pregevole, ancora una volta, la sottigliezza con la quale il cineasta — attraverso il rapporto tra un figlio che, ormai sistemato, cerca e non trova il modo di dimostrare gratitudine, e una madre che ha consacrato la propria vita al sacrificio — sa cogliere i dettagli decisivi a definire una società. Pregio che, a maggior ragione, si potrà apprezzare, se si pensa che all'epoca del film il Giappone, fiero della propria potenza, era an-

Secondo le ultime statistiche ogni italiano guarda la televisione in media 5 ore e mezzo al giorno

Dieci anni dopo, nel 1976, Ennio Lorenzini (regista poi prematuramente scomparso), con **Quanto è bello lu murire acciso** (RaiDue, alle 17.05), si inserì nel solco del cinema politico, proponendo una rilettura della sfortunata impresa di Carlo Pisacane («Eran in trecento...») alla luce di altri, recenti, tentativi di «propaganda del fatto» tragicamente falliti: come quello di Guevara in Bolivia.

si, per così dire, la «preda». E' *Nata ieri*, regia di George Cukor, 1950 (in onda alle 24,25 su Canale 5).

Ritorna su RaiTre (alle 22,55) il tv-film **Maria Zef**: la «scommessa» vinta da Vittorio Cottafavi — una delle più versatili figure prima del cinema e poi della televisione «popolare» — che nel 1980 riuscì finalmente a coronare (con un budget di soli 200 milioni di lire) l'antico sogno di trasformare in film il romanzo scritto da Paola Drigo nel 1936.

Per chi cerca risate: **Hellzapoppin**, che non ha bisogno di presentazioni (alle 10, Canale 5) e **Totò Tarzan** (RaiUno, alle 13,45).

4 A CASA DELLA FAMIGLIA MONTI

Siamo a casa della famiglia Monti. I Monti hanno tre figli: Paolo di 20 anni, Francesco di 8 e Giacomo di 6. È l'ora di cena, tutta la famiglia è a tavola e la televisione è accesa, anche lei è diventata parte della famiglia.

Ascoltate l'intervista.

ESERCIZIO 8

	Vero	Falso
1. Le televisioni private sono poche.	☐	☐
2. In casa Monti si accende la televisione solo di sera.	☐	☐
3. I ragazzi non guardano quasi mai la televisione, preferiscono fare altre cose.	☐	☐
4. I Monti hanno tre televisori.	☐	☐
5. Per la signora Monti è comodo avere la televisione, perché non sempre trova il tempo di stare con i bambini.	☐	☐

ESERCIZIO 9

Anche in casa vostra probabilmente ci sono discussioni per la televisione:
a) non siete d'accordo sul programma da vedere;
b) i bambini vogliono guardare la televisione;
c) avete opinioni diverse sui canali privati.

Fate i dialoghi e trovate una soluzione.

ESERCIZIO 10

Qui sotto trovate i programmi televisivi offerti da alcuni canali.

OGGI IN TELEVISIONE / ECCO I PROGRAMMI

RAIUNO

12.00 **TG 1 - FLASH.**
12.05 Varietà: **PRONTO, RAFFAELLA?** con Raffaella Carrà.
13.25 **CHE TEMPO FA.**
13.30 **TELEGIORNALE.**
14.00 Varietà: **PRONTO ... RAFFAELLA?** L'ultima telefonata.
14.05 Telefilm: **„SULLE STRADE DELLA CALIFORNIA".**
15.00 Attualità: **Cronache Italiane.**
15.30 Documenti: **ANTICHE GENTI ITALICHE:** „Gli Etruschi" (2^A^).
16.00 Cartoni: **ULISSE 31:** „Il pianeta perduto".
16.25 Cartoni: **SANDYBELL:** „Coraggio Sandybell".
16.50 **OGGI AL PARLAMENTO.**
17.00 **TG 1 - FLASH.**
17.05 Varietà: **FORTE FORTISSIMO TV TOP.** Conducono Sammy Barbol, Corinne Cléry, Barbara D'Urso.
18.30 Telefilm: TAXI.
19.00 **Attualità: ITALIA SERA.**
19.45 **ALMANACCO DEL GIORNO DOPO - TEMPO.**
20.00 **TELEGIORNALE.**
20.30 Film per la TV **„KENNEDY"**, con Martin Sheen (3^A^).
21.25 Documenti: **TRENT' ANNI DELLA NOSTRA STORIA: 1949.** Conduce Paolo Frajese.
22.40 **TELEGIORNALE.**
22.50 Musica: **MISTER FANTASY.**
23.40 **TG 1 - NOTTE - OGGI AL PARLAMENTO - TEMPO.**
23.50 Documenti: **MEDICINA SPECIALISTICA.**

RAIDUE

12.00 Varietà: **CHE FAI, MANGI?**
13.00 **TG 2 - ORE TREDICI.**
13.30 **CAPITOL.**
14.15 Varietà: **TANDEM... IN PARTENZA.** Notizie, curiosità.
14.30 **TG 2 - FLASH.**
14.35-16.30 **TANDEM.** Nel corso del programma. **„Playtime".** Gioco a Premi. **„Ambrogino '83".** Nuove canzoni per ragazzi **(15.40).**
16.30 Documenti: **I SIGNIFICATI DEL CIBO.** „L'io corporeo".
17.00 Telefilm: **„BUTTERFLIES".**
17.30 **TG 2 - FLASH.**
17.35 **DAL PARLAMENTO.**
17.40 Varietà: **VEDIAMOCI SUL DUE.** Conduce Rita Dalla Chiesa.
18.35 **TG 2 - SPORTSERA.**
18.45 Telefilm: **„L'ISPETTORE DERRICK" - TEMPO.**
19.45 **TELEGIORNALE.**
20.30 Film: **„TORA! TORA! TORA!** (1970): Di Richard Fleischer con Martin Balsam, Joseph Cotten, Soh Yamamura, Tatsuya Minaschi, E.G. Marshall.
22.45 **TG 2 - STASERA.**
22.55 **APPUNTAMENTO AL CINEMA.**
23.00 **TG 2 - DOSSIER.**
23.55 **TG 2 - STANOTTE.**

RAITRE

15.10 Documenti: **TERRA CHIAMA UNIVERSO.**
15.40 Documenti: **SCUOLA, MUSEO E TERRITORIO. „Trieste la laguna".**
16.10 Documenti: **40 ANNI DOPO - Immagini in nero.** Antologia tv del Fascismo e della Resistenza. **„CIAO NENNI"** di Marco Leto. **„SIGNORINA GRANDI FIRME"** Reportage musicale Anni '40 di Mauro Severino.
18.25 Musica: **L'ORECCHIOCCHIO.** Regia P. Macioti.
19.00 **TG 3.**
19.30 Attualità **TV 3 REGIONI.**
20.05 Documento. **MATERIALI DIDATTICI, OBIETTIVO SU... „I protagonisti dell'aria".** (1^A^ parte).
20.30 Attualità **3 SETTE.**
21.30 Musica: **IL JAZZ, MUSICA BIANCA E NERA.** Concerto di Mario Schiano **„Music Limited".**
22.25 **TG 3.**
23.00 Musica. **TENCO '83: INCONTRI D'AUTORE.** (2^A^ puntata).

CANALE 5

12.00 Gioco: **„HELP".**
12.30 Gioco: **„BIS".**
13.00 Gioco: **„IL PRANZO È SERVITO".**
13.30 Sceneggiato: **„SENTIERI".**
14.30 Sceneggiato: **„GENERAL HOSPITAL".**
15.30 Sceneggiato: **„UNA VITA DA VIVERE".**
16.50 Telefilm: **„HAZZARD".**
17.40 Telefilm: **„IL MIO AMICO RICKY".**
18.15 Musica: **POPCORN.**
18.50 Gioco: **ZIG ZAG.**
19.30 Telefilm: **„T. J. HOOKER".**
20.25 Telefilm: **„DALLAS".**
21.25 Film: **„UNA STRADA CHIAMATA DOMANI"**
1.25 Film: **„PIETÀ PER I GIUSTI".** Film.

ITALIA 1

10.15 Film: **„VITA DA CANI"** con A. Fabrizi ('50).
14.00 Novela: **„CARA CARA".**
14.45 Sceneggiato: **„FEBBRE D'AMORE".**
15.30 Sceneggiato: **„ASPETTANDO IL DOMANI".**
17.45 Telefilm: **„SPAZIO 1999".**
18.45 Telefilm: **„IL PRINCIPE DELLE STELLE".**
20.00 Cartoni: **„I PUFFI".**
20.25 Spettacolo: **„DRIVE IN"** con Carmen Russo, Enrico Beruschi.
22.00 Telefilm: **„MAGNUM P.I.".**
23.00 Film: **„L'ULTIMA MINACCIA"** con Humphrey Bogart, Ethel Barrymore ('52).
0.40 Telefilm: **„IRONSIDE".**

TV ESTERE

SVIZZERA
18.50 Viavai.
20.40 „Wagner". Sceneggiato.
22.35 Martedì sport.

CAPODISTRIA
20.30 „Oro Hondo". Film con Tomas Milian.
22.30 „Il re che venne dal Sud". Sceneggiato

MONTECARLO
13.30 „Les Amours de la Belle Epoque".
20.30 „Le Mani sulla città". Film con Rod Steiger.

1. Avete deciso di guardare la televisione. Cosa scegliete se
   a) desiderate sapere cosa succede nel mondo?
   b) volete sentire un po' di musica?
   c) avete voglia di vedere un film?
2. Raiuno offre tre „Documenti" su argomenti diversi. Cercateli e dite quale tema vi interessa e perché.
3. Riconoscete qualche telefilm o qualche serie trasmessi anche dalla televisione tedesca?
4. In Italia è possibile ricevere anche programmi stranieri. Da quali paesi?

5 DOVE CI PORTERÀ LA TECNICA?

In dieci anni le radio private sono passate da zero a qualche centinaio, i canali televisivi da due a qualche decina. Ma non solo: al giorno d'oggi possiamo registrare i programmi su cassette audio e video e rivederli quando vogliamo.

Come sarà il futuro?

I canali tv via satellite potranno diventare un migliaio. La televisione sarà a tre dimensioni. Già oggi si può telefonare ai conduttori di spettacoli televisivi per rispondere ai quiz, per dire la nostra opinione su un cantante o su argomenti di interesse pubblico. Domani faremo le stesse cose, con la novità che gli altri spettatori, oltre a sentire la nostra voce, vedranno anche la nostra faccia.

Queste possibilità non sono troppe?

Secondo gli ottimisti no. Dicono che il telespettatore, grazie alla varietà di brevi programmi, come notizie flash, short pubblicitari, telefilm di appena mezz'ora, avrà sempre più la possibilità di farsi un suo programma personale.
Questo ottimismo è senz'altro eccessivo. Infatti le trasmissioni di tutte queste stazioni radio-televisive sono troppo simili. C'è poca roba di valore, poca roba originale.
In questo modo, invece di favorire lo scambio di informazioni, si rischia di arrivare ad un'uniformità totale.

Che cosa ci porterà il futuro?

Parleremo tutti la stessa lingua.
Saremo sempre giovani.

ESERCIZIO 11

Che cosa ci porterà il futuro?
Continuate voi con l'aiuto dei disegni.

ESERCIZIO 12

Lei è Mister X e legge il futuro al suo vicino.

ESERCIZIO 13

Con l'aiuto dello schema cercate di ricostruire il testo.

Oggi	In futuro
– un centinaio di radio private – una trentina di canali televisivi – possibilità di registrare i programmi su cassette audio e video – possibilità di collegamenti telefonici con gli spettacoli televisivi	– un migliaio di canali via satellite – televisione a tre dimensioni – possibilità di collegamenti video con gli spettacoli televisivi

1. Quali dei cambiamenti che ci porterà la tecnica sono utili o interessanti per voi?
2. In che modo sono cambiati i programmi televisivi negli ultimi anni?
3. Secondo voi, come dovrebbero essere i programmi del futuro?

ESERCIZIO 14

Rispondete alle domande secondo l'esempio:

~ Quanti sono i canali televisivi? (circa 100)
≈ Un centinaio.

1. Quanti chilometri ci sono da Firenze a Siena? (ca. 50) una cinquantina
2. Quante bottiglie di vino dobbiamo comprare per la festa? (ca. 20) una ventina / ca venti
3. Da quanti anni esiste questo caffè? (ca. 100) un centinaio d'anni
4. Quanti abitanti ha questo paese? (ca. 1000) un migliaio ca mille
5. Da quanti anni sono sposati i genitori di Maria? (ca. 30) da una trentina
6. Hai fatto una cura dimagrante? Quanti chili hai perso? (ca. 10) una decina

1 CHI NON LAVORA NON MANGIA

Lavorare stanca

Il lavoro è sempre un'ottima medicina

Il lavoro nobilita l'uomo

Il lavoro è sfruttamento

Chi non lavora non fa l'amore

Il lavoro dà un senso alla vita

2

Alla riscoperta dell'artigiano, questo sconosciuto

Gli artigiani in Italia sono tantissimi e si occupano praticamente di tutto: dall'agricoltura al turismo, dall'edilizia al settore artistico.

GLI ODORI DEI MESTIERI

Io so gli odori dei mestieri:
di noce moscata sanno i droghieri,
sa d'olio la tuta dell'operaio,
di farina sa il fornaio,
sanno di terra i contadini,
di vernice gli imbianchini,
sul camice bianco del dottore
di medicine c'è un buon odore.
I fannulloni, strano però,
non sanno di nulla e puzzano un po'.

Gianni Rodari, 1920–1980

ESERCIZIO 1

1. Come definireste un artigiano?
2. Quali tra le persone rappresentate nelle foto della pagina precedente o nominate nella poesia sono artigiani?
3. Le foto rappresentano una realtà diversa da quella del vostro paese oppure no?

ESERCIZIO 2

Ecco una lista di mestieri e professioni:

imbianchino
fornaio
avvocato
poliziotto
droghiere
orafo
falegname
parrucchiere
idraulico
elettricista
muratore
fotografo
fabbro
barbiere
farmacista
attore
sarto
ragioniere
pilota

Guardate la lista: di chi avete già avuto bisogno? Quando e perché?
Quali sono i mestieri e le professioni che oggi sembrano senza futuro?
Quali invece potrebbero essere quelli del futuro?
Che lavoro consigliereste a vostro figlio o a vostra figlia?

ESERCIZIO 3

Professione o mestiere	Posto di lavoro	Settore di lavoro
contadino	bottega	artigianato
muratore	campagna	commercio
orafo	scuola	agricoltura
commesso	cantiere	industria
insegnante	negozio	edilizia
operaio	albergo	pubblico impiego
portiere	fabbrica	turismo

Indicate per ogni professione o mestiere il posto e il settore di lavoro.

3 PARLA UN PROTAGONISTA

Marco Rossi, artigiano, 70 anni, lavora ancora nel suo laboratorio dove si fanno oggetti in ferro battuto. Questo laboratorio appartiene alla sua famiglia già da alcune generazioni.

Giornalista: Che cos'è per Lei il Suo lavoro?
Marco Rossi: Una grande passione. Io in bottega ci sono cresciuto. Quando ero bambino venivo qui ogni giorno perché mi piaceva aiutare mio padre. Purtroppo però oggi i tempi per noi artigiani non sono molto buoni e si fa molto poco per salvare la nostra tradizione.
Giornalista: Che difficoltà avete? La vostra produzione è diminuita?
Marco Rossi: Sì, in passato si produceva molto di più. Ma non è questo il nostro problema, perché un buon artigiano lavoro ne ha sempre. Il problema è la mano d'opera.
Giornalista: Ma se ci sono tanti giovani disoccupati in giro!
Marco Rossi: Sì, ma per molta gente il lavoro manuale non è „dignitoso". Tutti vogliono il posto in un ufficio.
Giornalista: Ma adesso le cose non sono un po' cambiate? So di giovani che vorrebbero imparare un mestiere, ma non hanno la possibilità di farlo.
Marco Rossi: E sa perché? L'apprendista oggi costa troppo e quando ha imparato il mestiere ti saluta e apre la sua bottega. Non è più come una volta quando chi veniva a imparare il mestiere stava con te tutta la vita e diventava parte della famiglia.
Giornalista: Lei manda avanti il Suo laboratorio da solo?
Marco Rossi: No, ho un cugino che lavora con me, ma anche lui è vecchio. Mio figlio non aveva interesse per questo lavoro e ha deciso di andare in fabbrica. Finché ho la salute tiro avanti, ma un giorno o l'altro devo chiudere.

Mio figlio non	aveva	interesse per questo lavoro,
non gli	piaceva	stare in bottega,
così	ha deciso	di andare in fabbrica.

ESERCIZIO 4

Completate con i verbi tra parentesi.

Il laboratorio dove lavora Marco Rossi è vecchio d'anni. Lo (aprire) . . . suo nonno tanti anni fa, poi (passare) . . . in mano a suo padre. A Marco da bambino (piacere) . . . aiutare suo padre e (stare) . . . sempre in bottega. È così che (imparare) . . . il mestiere. Oggi la produzione di questo laboratorio (diminuire) . . . ; un tempo si (produrre) . . . di più. Marco Rossi lavora solo con un suo cugino perché suo figlio (decidere) . . . di andare in fabbrica. Non (avere) . . . voglia di fare l'artigiano.

ESERCIZIO 5

Francesco Rossi telefona al suo amico Paolo.
Ricostruite il dialogo.

F.: Ciao, Paolo, sono Francesco, Sai . . .

P.: Come mai ti è venuta quest'idea? Proprio tu che hai la fortuna di lavorare in famiglia.

F.: . . .

P.: Ma se mi hai sempre detto che il tuo lavoro ti piaceva.

F.: . . .

P.: Lo so che tuo padre è un po' autoritario, ma tu non hai mai cercato di parlargli?

F.: . . .

P.: Sì, ma un padre non è mai come un padrone.

F.: . . .

ESERCIZIO 6

Francesco dice al padre che ha deciso di andare a lavorare in fabbrica. Padre e figlio discutono.
Fate il dialogo.

Steckbrief

IDENTIKIT DELL'OPERAIO D'OGGI

È maschio, sui 40 anni, figlio di operai o di piccoli impiegati. Ha un tenore di vita piccolo-borghese. Il suo divertimento principale è la TV.

4 LONTANO DALLA FABBRICA CHE TRISTEZZA!

Luigino Sfriso, saldatore, adesso è a casa con l'80 per cento del salario. A 44 anni si sente già come in pensione, escluso dal mondo del lavoro. Per lui la cassa integrazione non è stata una sorpresa, però non era preparato a quello che adesso prova. Solo chi vorrebbe lavorare e non può è in grado di capire la sua situazione.

Arbeitslosengeld

La storia di Luigino è molto semplice: ha incominciato giovanissimo a lavorare come operaio in una piccola impresa. Poi agli inizi degli anni '60 ha cambiato ditta ed è andato alla Breda di Porto Marghera, che allora aveva più di 40.000 dipendenti e sembrava un luogo sicuro. Qui si sentiva solo un numero, in mezzo a tanti altri numeri, ma credeva di avere almeno la sicurezza del lavoro. Poi quando sono arrivati gli anni della crisi, anche la sicurezza del lavoro è andata a farsi benedire. Sono ormai mesi che Luigino spera di tornare nella „sua" fabbrica.

ESERCIZIO 7

Luigino racconta la sua storia ad un giornalista:

„La mia storia è molto semplice: . . ." *Continuate.*

ESERCIZIO 8

Combinate.

1. Ieri mio marito		male in ufficio.
2. Chi è in cassa integrazione		come in pensione.
3. Negli anni '60 l'operaio della grande industria	si sente	sicuro del suo posto di lavoro.
4. Mentre lavorava Franco	si è sentito	male.
5. Ieri Pietro non è andato a lavorare perché		molto stanco.
6. In una grande fabbrica l'operaio	si sentiva	come un numero.
7. Francesco ha cambiato lavoro perché non		libero.

ESERCIZIO 9

Un ragazzo del Sud racconta la sua storia: „I miei genitori erano contadini, lavoravano in campagna . . ."

Continuate.

ESERCIZIO 10

E qual è la Sua storia?

Lieve calo della disoccupazione ma al Sud il 14,6% non ha lavoro

ROMA — Il tasso di disoccupazione in Italia è risultato in gennaio in lieve calo rispetto al gennaio '84: il 10,8% della forza lavoro, contro l'11% dello stesso mese dell'anno scorso. Dalla rilevazione trimestrale dell'Istat risulta infatti che gli occupati sono 20 mi- una diminuzione degli occupati (meno 86 mila unità), dovuta ad un forte calo degli addetti al settore agricolo, non compensato dal leggero aumento dell'occupazione nel terziario, mentre nell'industria la situazione è rimasta pressoché stabile.

ESERCIZIO 11

Rispondete alle domande secondo l'esempio:

Quante sono le donne che lavorano in Italia?
Di preciso non lo so, saranno circa l'80%.

1. Quanti sono i disoccupati in Italia?	2% 4% 10%
2. Quanti giorni di ferie hanno in media gli operai italiani?	20 giorni 30 giorni 40 giorni
3. A che età va in pensione la maggior parte degli italiani?	60 anni 55 anni 65 anni
4. Quanti italiani lavorano nell'industria?	1/3 (un terzo) 1/4 (un quarto) 1/8 (un ottavo)
5. Che posto occupa l'Italia nella classifica dei paesi industrializzati?	7. (settimo) posto 9. (nono) posto 15. (quindicesimo) posto
6. Quanti italiani lavorano all'estero?	1.000.000 3.000.000 5.000.000
7. Quanti sono i lavoratori stranieri in Italia?	500.000 800.000 2.000.000

5 MADRI CHE LAVORANO

Anna: Come mai sei in giro a quest'ora? Scommetto che hai di nuovo un giorno di vacanza. Eh, per voi insegnanti è comoda la vita: qualche ora di lezione e tante vacanze.

Giulia: Non incominciare anche tu con questi discorsi! Non li posso più sentire! Ma tu lo sai cosa vuol dire passare mattinate intere con 30 bambini? E poi guarda, io non sono in vacanza, ho smesso di lavorare per via del bambino.

Anna: Come mai? Con tutto il tempo libero che ha un'insegnante! Cosa dovrei dire io che ho due figli e sono qui in negozio dalla mattina alla sera?

Giulia: Ma io insegnavo a 20 km da qui e con la corriera tornavo a casa molto tardi. Prima c'era mia madre che mi aiutava, ma da quando si è ammalata ho dovuto lasciare il lavoro. Michele è troppo piccolo e non posso lasciarlo solo.

Anna: E non hai più intenzione di tornare a scuola?

Giulia: Certo! Appena trovo un posto all'asilo nido ricomincio a lavorare. Sai, insegnare mi piace molto, ma per farlo bene ci vuole tempo. E poi scusa, tu che parli tanto, dimmi un po': quand'è che hai aperto il negozio?

Anna: Beh . . . veramente . . . da quando i bambini vanno a scuola.

ESERCIZIO 12

Raccontate la storia di Giulia.

Giulia (insegnare) in un paese lontano
(dovere) viaggiare tutti i giorni
(stare) molte ore lontana da casa
e sua madre (occuparsi) del bambino
Poi sua madre (ammalarsi)
e Giulia non (potere) lasciare il bambino solo
ecco perché (lasciare) il lavoro.

ESERCIZIO 13

Per ogni frase trovate la risposta giusta.

1. Scommetto che anche oggi ti sei alzata tardi.
2. Per gli impiegati di banca è comoda la vita!
3. Con il mio lavoro sto molto tempo fuori casa.
4. Volevamo cambiare la macchina, ma adesso i prezzi sono così alti!
5. Secondo me dovresti dare più libertà ai tuoi figli.
6. Tu lo manderesti tuo figlio al nido?

a) Ma tu che parli tanto, li hai mai lasciati andare in vacanza da soli?

b) Non incominci anche Lei con questi discorsi!

c) Che cosa dovrei dire io che lavoro anche al sabato.

d) Con tutti i soldi che guadagna tuo marito non dovreste avere problemi!

e) Mah . . . veramente non ci ho mai pensato.

f) Sì, è vero.

ESERCIZIO 14

Maria e Giacomo aspettano il loro primo figlio. Sono felici, ma . . .

secondo Giacomo

- Maria dovrebbe lasciare il suo lavoro perché lui guadagna abbastanza per tutta la famiglia
- un bambino ha bisogno della mamma
- le donne che devono pensare al lavoro e alla famiglia sono sempre molto nervose
- anche una casalinga può avere una vita piena di interessi e incontrare gente

Maria invece

- non vorrebbe lasciare il suo lavoro perché lo trova interessante
- desidera stare in mezzo alla gente
- vuole essere economicamente indipendente
- è sicura che una donna che lavora è una madre migliore.

Prendete la parte del marito o della moglie e fate il dialogo.

1 Aiuto, arrivano i turisti!

Avete già visto qualcosa di simile? Dove?
Sapreste dare un titolo a queste foto?

Pronto un progetto per costruire altri mini appartamenti

La speculazione edilizia continua

Nel cantiere di Capo Palinuro si lavora anche di notte

2 IL ROVESCIO DELLA MEDAGLIA

~ Guarda come hanno ridotto questa costa!
≈ Sì, è veramente una cosa terribile: hanno rovinato il paesaggio!
~ Ti ricordi? Solo 10 anni fa qui non c'era niente: ci venivano le pecore a pascolare . . .
≈ . . . e adesso è un mare di cemento. Il Comune non avrebbe dovuto dare il permesso di costruire!
~ O almeno ci sarebbe voluto un piano regolatore!

Il Comune non	avrebbe dovuto	dare il permesso di costruire.
Ci	sarebbe voluto	un piano regolatore.

ESERCIZIO 1

Ecco tre opinioni diverse sullo sviluppo di questa zona. Quale potrebbe essere la vostra? *Spiegate perché.*

Avrebbero dovuto lasciare la costa com'era.

Per me questo sviluppo è positivo; altrimenti qui non sarebbe mai arrivato il turismo.

Era necessario fare qualcosa, però avrebbero dovuto rispettare il paesaggio.

ESERCIZIO 2

La vostra città o il vostro paese sono cambiati? In che modo?
Che cosa avrebbe potuto fare il Comune e che cosa avrebbe dovuto evitare?

ESERCIZIO 3

Continuate.

Sì, ma avremmo
incontrato molti amici.

E voi che cosa avreste preferito fare
durante le vacanze?

3 I PROBLEMI DI VENEZIA

La visita alle città italiane è spesso solo un giro frettoloso intorno ai monumenti, una foto ricordo e via.

Così Venezia si difende da 10 milioni di turisti
Ticket, numero chiuso, nuovi posti letto

Ogni anno Venezia viene visitata da circa 10 milioni di persone: il suo eccezionale ambiente storico e naturale è ammirato e fotografato da turisti provenienti da tutto il mondo. Ma che cosa significa tutto ciò per la città? È stato detto già da molti che Venezia rischia di trasformarsi in una città museo, in una città per i turisti. I ⅔ di questi turisti sono giornalieri, pendolari che vengono scaricati in piazza S. Marco la mattina e reimbarcati la sera, pizza congelata, coca cola e souvenir fabbricati a Hong Kong. L'enorme numero dei visitatori crea al Comune gravi difficoltà: le strutture esistenti non bastano, soprattutto quando d'estate la città si raddoppia e passa da 100 mila a 200 mila persone e più. Negli ultimi tempi sono state fatte numerose proposte per risolvere i problemi di Venezia legati al turismo di massa: allontanamento dal Canal Grande dei mezzi a motore, numero chiuso per i visitatori, pagamento di una tassa o di un biglietto d'ingresso alla città, posti letto più economici. Si spera in questo modo di promuovere un altro tipo di turismo con reali valori culturali.

Venezia	viene visitata è ammirata	da turisti di tutto il mondo.
Anche l'anno scorso	è stata visitata	da circa 10 milioni di turisti.

ESERCIZIO 4

Rispondete alle domande del giornalista con l'aiuto del testo precedente.

Giornalista: Quanti turisti visitano Venezia ogni anno?

Guida: ...

Giornalista: Da dove vengono tutti questi visitatori?

Guida: ...

Giornalista: Quanti giorni si fermano in media?

Guida: ...

Giornalista: La città ha le strutture necessarie per ospitare tanta gente?

Guida: ...

Giornalista: Quali proposte sono state fatte per risolvere i problemi di Venezia legati al turismo di massa?

Guida: ...

ESERCIZIO 5

Completate con le forme di „venire" *o di* „essere".

L'Italia . . . visitata da milioni di turisti, e ogni anno . . . spesi molti miliardi di lire nel nostro paese. La valuta che . . . lasciata dai turisti è importante per l'economia italiana, ma il turismo porta anche molti problemi. In pochi anni città, paesi e molte coste . . . trasformati con risultati non sempre positivi. Non tutti in Italia sono contenti del prezzo che . . . pagato per il boom del turismo.

4

Il settore dà lavoro a 800 mila persone a tempo pieno e a 700 mila part-time

Dai turisti stranieri l'anno scorso 12 mila miliardi all'Italia

In agosto si è registrato il maggior numero di presenze. Tra i migliori clienti del nostro paese ci sono i tedeschi, che arrivano quasi al 50% del totale. Seguono francesi, austriaci, inglesi e svizzeri.

ESERCIZIO 6

	V	F
1. Il turismo dà lavoro a più di 1 milione di persone.		
2. Per lo sviluppo del turismo l'Italia ha speso 12 mila miliardi di lire.		
3. Nel settore del turismo i migliori affari si fanno a luglio.		
4. I tedeschi sono quasi la metà dei turisti stranieri.		

ESERCIZIO 7

Intervista ad un albergatore. *Completate con:* buono – grande – maggiore – migliore – minore – ottimo – piccolo

~ . . . .
≈ Allora Lei è soddisfatto: fa . . . affari, vero?
~ Non c'è male, ma anch'io ho qualche . . . problema.
≈ Cioè?
~ Quest'anno il numero dei turisti è stato . . . di quello dell'anno scorso.
≈ Come mai? I giornali parlano di un giro d'affari sempre . . . .
~ No, guardi, i tempi del . . . boom sono passati. Se i nostri clienti continuano a venire qui è perché facciamo dei prezzi . . . .
≈ E chi sono i Suoi . . . clienti?
~ I tedeschi, ma abbiamo anche tanti clienti italiani.

5 ECCO I RISULTATI DEL GRANDE SONDAGGIO „INTERVISTATE LO STRANIERO"

La „Domenica del Corriere" ha invitato i suoi lettori ad improvvisarsi giornalisti e ad intervistare gli stranieri sui motivi che li spingono a venire in vacanza nel nostro paese. I lettori hanno risposto con entusiasmo a quest'invito e in redazione sono giunte migliaia di risposte da tutta Italia. Questi i dati raccolti:

VENGONO . . .

Per il clima	39,80%
Per la bellezza del paesaggio	21,60%
Per rivedere parenti o tornare nel paese di origine	11,20%
Per vedere i capolavori dell'arte	8,40%
Per il cambio monetario favorevole	5,80%
Per studiare la lingua italiana	4,60%
Per rivedere amici o su invito di amici	3,80%
Per trovare „l'anima gemella"	2,20%
Per motivi di lavoro	0,80%
Per ricordi di guerra	0,80%
Per vedere il papa	0,60%
Per motivi terapeutici	0,40%

CI „AMANO" PER . . .

Il carattere gentile e cordiale	32,71%
Il senso dell'ospitalità	15,33%
Il senso dell'amicizia, il calore umano	11,24%
Lo spirito d'iniziativa, l'arte di arrangiarsi	10,56%
La sensualità, la bellezza fisica	10,39%
La simpatia che ispiriamo	9,20%
La ricercatezza nell'abbigliamento	2,73%
L'ampiezza di vedute	2,56%
Lo spirito romantico e sentimentale	2,04%
La fantasia	0,69%
L'altruismo	0,34%
Il fatto che non siamo razzisti	0,17%

I PIATTI CHE PREFERISCONO . . .

Pasta asciutta, spaghetti	24,48%
Minestre, gnocchi, tortellini, risotti	21,08%
Pesce, antipasti	14,72%
Pizza	8,32%
Vino	5,12%
Tutto	4,80%
Carne alla brace, arrosti, cotolette	4,00%
Frutta e verdura	3,84%
Gelati, dolci	2,88%
Formaggi	1,76%
Polenta	1,28%
Caffè, cappuccino	0,80%

ESERCIZIO 8

1. Secondo queste tabelle perché la maggior parte degli stranieri viene in Italia?
2. Secondo gli stranieri qual è il miglior piatto italiano? A quanti stranieri piace la polenta?
3. Secondo la statistica qual è la caratteristica migliore degli italiani? Quanti li amano per la simpatia che ispirano?
4. Quanti stranieri vengono in Italia per vedere il papa?
5. E perché Lei va in Italia? Per Lei qual è la caratteristica migliore degli italiani? E qual è il miglior piatto italiano?
6. Che cosa invece non Le piace dell'Italia e degli italiani?

6 IL TURISMO CI DÀ IL LAVORO

La famiglia Pastacaldi è una delle tante famiglie italiane che vivono grazie all'industria del turismo. I Pastacaldi hanno un piccolo albergo, „La Barcarola", all'isola d'Elba. Lì abbiamo fatto la seguente intervista. *Ascoltatela attentamente.*

ESERCIZIO 9

Nell'albergo „La Barcarola" chi fa che cosa?

Il signor Pastacaldi	aiuta	della sala ristorante
La signora Pastacaldi	riceve	la cucina
Angela	cura	i clienti
Cristiana	si occupa	la parte amministrativa
Elisabetta	si dà da fare	in cucina
Paolo	dirige	un po' dappertutto

ESERCIZIO 10

Che cosa, nel seguente testo, non corrisponde a quello che hanno detto gli intervistati?

Il signor Pastacaldi non è dell'isola d'Elba, ma ci è venuto un paio di anni fa. Tutta la famiglia Pastacaldi, compreso il figlio più piccolo, lavora nel proprio albergo. Il lavoro alberghiero lascia abbastanza tempo per la famiglia. Adesso Cristiana, la figlia più grande, non è molto contenta di quello che fa, ma all'inizio lo era. Angela ogni tanto sente il bisogno di un lavoro più tranquillo. Elisabetta è contenta perché il suo lavoro le dà soddisfazione.

ESERCIZIO 11

a) Dividetevi i ruoli della famiglia Pastacaldi e parlate del vostro lavoro.
b) Tutta la famiglia Pastacaldi lavora per mandare avanti „La Barcarola". Che cosa ne pensate? Secondo voi è giusto o no pretendere l'aiuto dei figli in questo modo? La stessa cosa avviene anche in Germania? Potete fare degli esempi?

LA MIA RIMINI

Sono tornato a Rimini per via di questo libro[1]. Chi mi dà le notizie è il figlio del mio compagno di scuola. (. . .)
Questa che vedo è una Rimini che non finisce più. Prima, intorno alla città, c'erano molti chilometri di buio e la litoranea, una strada dissestata. Apparivano soltanto, come fantasmi, edifici di stampo fascista, le colonie marine. D'inverno, quando s'andava a Rivabella in bicicletta, si sentiva il fischio del vento dentro le finestre di quegli edifici, perché le imposte erano state portate via, per far legna.
Ora il buio non c'è più. Ci sono, invece, quindici chilometri di locali, di insegne luminose: e questo corteo interminabile di macchine scintillanti, una specie di via lattea disegnata coi fari delle automobili. Luce, dovunque: la notte è sparita, si è allontanata nel cielo e nel mare. Anche nella campagna, anche a Covignano, dove hanno aperto un night-club favolosissimo, che non si vede nemmeno a Los Angeles, nemmeno a Hollywood. (. . .)
Non sapevo più dov'ero. Ma qui non c'era la chiesa nuova? E il viale Tripoli dove sta? Siamo ancora a Rimini? (. . .)
La gente continuava a entrare nei negozi, in piena notte, venuta da tutte le parti del mondo, con facce gialle, rosse, verdi, illuminate dalle insegne, a comprare gelati imbellettati, pesce che viene dalla Spagna, pizze fatte male; gente che non dorme mai perché hanno il juke-box persino sotto il letto: un rombo continuo di canzoni urlate e di chitarre elettriche, ininterrottamente, per tutta la stagione. Allora, il giorno entra nella notte e la notte entra nel giorno, senza una pausa. Una lunghissima giornata di quattro mesi come al Polo Nord. Minghini, con gli occhi lucidi di soddisfazione, diceva: „Tu sei andato a Roma, ma qua . . ." Aveva ragione. (. . .)
Assistevo a una festa che non era più per me.
(. . .) Forse ero anche offeso, chissà! (. . .) Ero preso da una comica forma di gelosia. Avrei voluto chiedere a tutta quella gente, gli svedesi, i tedeschi: „Ma insomma, che cosa ci trovate di tanto bello? Che cosa ci venite a fare?"

[1] *„La mia Rimini",* Cappelli, Bologna 1967.

Federico Fellini, *Fare un film*

1 *Paese che vai... gente che trovi*

Gli uomini sono presuntuosi e donnaioli

Si sentono superiori a tutti

Vivono per lavorare

Sono una società di individualisti

Sono degli imbroglioni

Amano la disciplina

Sono organizzati ed efficienti

Sono pignoli

Sono attori nati

Sono onesti

Sanno godere la vita

Sono romantici

Sono dei parolai

Sono un popolo gentile e caldo, troppo caldo

Si sanno sempre arrangiare

Vivono e lasciano vivere

Questi sono forse solo luoghi comuni:
secondo voi quali vengono attribuiti agli italiani e quali ai tedeschi?
Sapreste spiegare perché nascono luoghi comuni come questi? Pensate anche alle vostre esperienze.

2 SIAMO COSÌ?

„. . . I tedeschi, gli inglesi o i finlandesi non sanno fare come gli italiani. Non sono abbastanza furbi, non abbastanza cinici, non abbastanza intelligenti, sono troppo rigidi, troppo ottusi, troppo dilettantistici. Hanno investito troppa energia nei loro sistemi ben ordinati, hanno delegato allo Stato troppe risorse, troppi compiti, troppe speranze. Hanno perduto l'allenamento ad agire per conto proprio e a dire: io ed il mio clan, la mia famiglia, la mia bottega, riusciamo a campare anche se gli altri crepano."

Hans Magnus Enzensberger

„Man ist stolz in Europa:
Deutscher zu sein.
Franzose zu sein.
Engländer zu sein.
Kein Deutscher zu sein.
Kein Franzose zu sein.
Kein Engländer zu sein."

Kurt Tucholsky

„Io penso che comunque sia molto difficile parlare di nazioni e di popoli. La mia tendenza, quando si parla di nazioni, è di tacere. Mi piace pensare a Giovanni, a Klaus, ad Angelika, ma non alla Germania o all'Italia: perché non so cosa siano."

Alberto Moravia

Penso Credo Trovo Mi sembra	che	sia difficile parlare di nazioni. Moravia (non) abbia ragione.

ESERCIZIO 1

- C'è qualcosa di vero nel giudizio di Enzensberger?
- Che significato hanno i versi di Tucholsky? Pensate che siano ancora attuali?
- Secondo voi, esistono differenze tra i vari popoli o no? Se sì, da che cosa sono determinate?

ESERCIZIO 2

Guardate le foto: credete che queste persone siano italiani o tedeschi? Perché?

ESERCIZIO 3

LONTANO DALL'ITALIA

Giuliana R., insegnante d'italiano in un liceo di Colonia, di ritorno da Roma, conversa in treno con un signore di Torino, Aldo C., impiegato al Consolato Italiano di Düsseldorf.

a) *Ascoltate il dialogo.* Quali giudizi positivi e negativi avete sentito sull'Italia e sulla Germania?
b) *Leggete i seguenti testi e riascoltate il dialogo.* Quali delle affermazioni sottostanti corrispondono al contenuto del dialogo, quali no?

Ho intenzione di tornare presto in Italia. È vero che i servizi sociali non funzionano bene come in Germania, ma in Italia la gente è più libera. E poi anche il clima è migliore.

Sono molto contento di abitare in Germania. Qui funziona tutto meglio.
In Italia c'è solo caos, anche mia moglie lo dice sempre. Gli italiani si sentono superiori a tutti, sono solo dei presuntuosi.

3 UNA LETTERA DALL'ITALIA

Montepulciano, 14 Aprile 1985

Caro Daniele,
ormai sono cinque mesi che abito qui a Montepulciano e vivere in Italia mi piace ogni giorno di più, anzi non capisco come tu, italiano, possa resistere nell' "ordinata" vita tedesca. Io non potrei più vivere a Francoforte. Credo che al nord contino solo il denaro, la tecnica, la disciplina. C'è troppa ricchezza, troppe nevrosi. In Italia la vita è più semplice, naturale, umana, non così anonima e fredda come in Germania. Non so se sia solo una questione di clima... Mi sembra che qui si viva meglio: le persone sono più contente e quindi più cordiali.

Io qui faccio tante cose: mi occupo del giardino, dipingo, ho tempo per riflettere ed in piazza incontro la gente del paese. In altre parole: sono più felice.

Spero che tu quest'estate trovi il tempo di venire.

Un abbraccio
Ulrike

Come ti trovi in Italia?

↓

Bene.	Spero che tu	trovi	il tempo di venire.
		venga	presto.
	Non capisco come tu	possa	vivere in Germania.

ESERCIZIO 4

Completate la risposta alla lettera di Ulrike con le forme del congiuntivo dei seguenti verbi:
essere, idealizzare, ripetere, parlare, esserci, avere, amare, vedere.

Cara Ulrike,

Mi fa piacere che tu ... tanto contenta di vivere in Italia, ma credo che tu la ... molto e ... i soliti luoghi comuni. L'amore per l'Italia è nato già al tempo di Goethe. Penso che da allora molti turisti del nord ... dell'Italia come di un paese "diverso", dove si può vivere meglio. Tu, come molti altri, quando sei in Germania critichi la pioggia acida e tutto il resto, in Toscana però ti sembra che non... problemi.

Disprezzi la ricchezza del nord, ma vivi con l'assegno che ti arriva puntualmente da Francoforte e non penso che tu ... intenzione di cercare un lavoro in Toscana. Mi sembra che tu ... l'Italia in un modo un po' superficiale. Anch'io amo il mio paese, lo sai, ma ho l'impressione che tu, qualche volta, non ... la realtà. Comunque a luglio verrò a trovarti e avremo l'occasione di riparlarne.

Con affetto
Daniele

ESERCIZIO 5

Dite che cosa pensate di queste opinioni:

1. In Italia si può trovare lavoro facilmente.
2. Anche in Italia c'è la pioggia acida.
3. In Italia le persone sono più cordiali.
4. Il carattere delle persone dipende anche dal clima.
5. In Germania si vive meglio che in Italia.
6. Tutti gli stranieri si trovano bene in Italia.
7. In nessun paese si sta bene come in Italia.

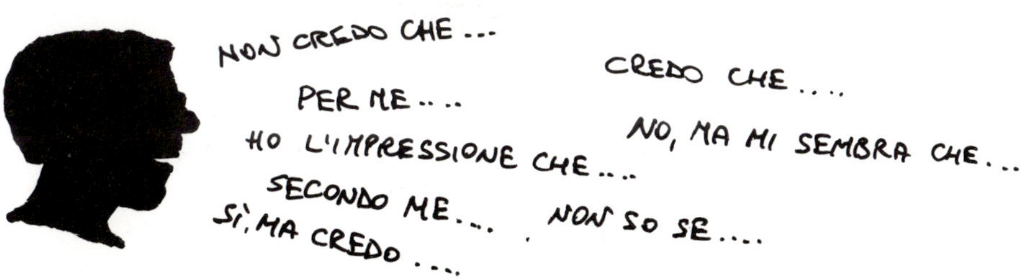

4 COM'È DIFFICILE METTERSI D'ACCORDO!

Paola: Allora si può sapere cosa vogliamo fare? È mezz'ora che discutiamo e non siamo ancora riusciti a metterci d'accordo.
Marisa: Per forza! Tu vuoi andare in piscina, Anna in discoteca, Giovanni è indeciso, Enrico non è ancora arrivato. Con voi non si riesce proprio a organizzare niente!
Renzo: Ma allora perché non proponi tu qualcosa, invece di criticare e basta?
Marisa: Io l'ho già detto: in piscina non vengo perché non so nuotare, per andare in discoteca la giornata è troppo bella; si potrebbe fare una passeggiata . . .
Paola: Ecco Enrico! Meno male! Sentiamo che cosa dice lui.
Enrico: Ciao! Ho fatto tardi perché mi ha telefonato Cristina. Fa una festa perché è passata all'esame di chimica. Mi ha detto di portare qualche amico. C'è qualcuno che sa suonare la chitarra?

ESERCIZIO 6

a) Secondo voi c'è qualcosa di tipicamente italiano in questa situazione?
b) Che cosa faranno i ragazzi? *Continuate voi la discussione.*

ESERCIZIO 7

Volete organizzare una festa insieme a degli amici. Ci sono tante cose da fare: preparare una stanza per la festa, telefonare per gli inviti, andare a fare la spesa, cucinare, riparare il giradischi, pensare a un gioco divertente, suonare uno strumento . . .

Dividetevi i compiti.

Verdi: Nabucco

Va, pensiero, sull'ali dorate
Va, ti posa sui clivi sui colli,
Ove olezzano tepide e molli
L'aure dolci del suolo natal:

Del Giordano le rive saluta,
Di Sione le torri atterrate.
Oh mia patria si bella e perduta
Oh membranza si cara e fatal!

Arpa d'or dei fatidici vati,
Perchè muta dal salice pendi?
Le memorie nel petto raccendi,
Ci favella del tempo che fu!

O simile di Solima ai fati
Traggi un suono di crudo lamento,
O t'ispiri il Signore un concento
Che ne infonda al patire virtù,
Che ne infonda al patire virtù,
Che ne infonda al patire virtù,
al patire virtù.

5 IL LINGUAGGIO DEI GESTI

La comunicazione in Italia non è fatta solo di parole, ma anche di tanti gesti, come dimostrano queste foto.

ESERCIZIO 8

a) *Osservate le foto e provate ad immaginare, in base ai gesti e all'espressione del viso, che cosa dicono i personaggi.*

b) *Ascoltate i dialoghi ed abbinateli alle fotografie.*

6 DUE CITTÀ

Abito a Bologna da una ventina d'anni. Vengo dalla provincia, da Carpi. Quando sono venuto a Bologna per studiare medicina la città mi sembrava una metropoli. Adesso la vedo come una piccola grande città dove è possibile trovare un po' di tutto e nello stesso tempo non si è isolati. Qui la gente si incontra e parla, non ha fretta, trova sempre il tempo di fare due chiacchiere e sa godere la vita.
Purtroppo da qualche anno le notti di Bologna sono cambiate. Quando ero studente le osterie erano sempre affollate, ci si incontrava sotto i portici con gli amici e si passava insieme la serata. Adesso di sera la gente esce di meno, anche qui, come in altre grandi città, ci si chiude sempre di più in casa.

Luigi Corradi, medico, 42 anni

Non è certo facile vivere da queste parti, anzi direi che non è facile sopravvivere. Ci si arrangia come si può, ci si abitua al disagio, alle difficoltà. Molti cercano un'esistenza migliore al nord, all'estero. Ad Avellino manca tutto: la casa, il lavoro, gli ospedali, gli asili nido. Dopo il terremoto le cose sono andate di male in peggio. Finita la scuola, ho cercato per molto tempo una occupazione e da circa un anno lavoro presso lo studio di un avvocato, a Napoli. Tutti i giorni mi alzo alle sei per prendere la corriera e alla sera non sono a casa prima delle sette.
Ma non posso lamentarmi, perché per fortuna ho trovato questo posto; molti ragazzi della mia età dipendono ancora economicamente dai genitori.

Rosa Colasanti, ragioniera, 21 anni

Come si vive ad Avellino?	Ci si arrangia. Ci si abitua alle difficoltà. Non si trova facilmente lavoro.

ESERCIZIO 9

Che cosa vuol dire:

1. fare due chiacchiere
   a) discutere
   b) parlare di tante cose
   c) parlare di un problema importante

2. avere fretta
   a) avere poco tempo a disposizione
   b) avere tempo da perdere
   c) avere poco da fare

3. godere la vita
   a) avere molti amori
   b) saper vivere
   c) essere sempre in vacanza

4. chiudersi in casa
   a) non uscire quasi mai
   b) chiudere tutte le porte e le finestre
   c) restare tutto il giorno in casa

5. andare di male in peggio
   a) cambiare completamente
   b) passare da una situazione positiva ad una situazione negativa
   c) diventare sempre più difficile

ESERCIZIO 10

Completate il testo con la forma impersonale dei verbi.

C'è un'Italia dove . . . (stare) bene e una dove . . . (vivere) male. Esistono differenze fra città e città, regione e regione, fra nord e sud.
Non sempre le province più ricche offrono anche le migliori condizioni di vita. A Milano, per esempio, . . . (lamentarsi) perché non . . . (riuscire) a trovare una casa in affitto, perché . . . (avere) paura della criminalità, perché . . . (sentirsi) solo un numero fra tanti.
Invece in città come Mantova, Cremona, Treviso, Trieste, Padova, Perugia, Asti . . . (godere) di una situazione privilegiata: sono città „a misura d'uomo", con un alto benessere economico e sociale.
Le province invece dove il disagio è maggiore si trovano in Campania, Puglia e Sicilia. In città come Napoli, Foggia e Caltanissetta . . . (abituarsi) a vivere in mezzo a mille difficoltà, . . . (arrangiarsi) come . . . (potere), con una disoccupazione che arriva al 60 per cento.

ESERCIZIO 11

a) Parlate della vita nella vostra città.
b) Dite cosa vi piace e cosa vorreste cambiare.
c) Esprimete le vostre speranze e le vostre paure.

1 L'ARTE: TANTI USI

Verona: Arena, sec. I d. C.

Donatello: David, sec. XV

Roma: Liceo E. Q. Visconti, Collegio Romano, 1583

Raffaello: Maria, sec. XVI

In che modo viene utilizzato il patrimonio artistico in questi casi?
Siete d'accordo con l'uso che ne viene fatto?

2 È NATA UNA DIVA, L'ARTE

Sono lontani i tempi in cui l'arte era un fatto per soli amatori. Oggi per ammirare le opere d'arte si fanno ore e ore di coda. A che cosa è dovuto il successo di questa nuova stella degli anni '80? Alcuni credono che questo amore per l'arte sia l'espressione di una nuova maturità, altri invece pensano che si tratti di una particolare forma di consumismo.

ESERCIZIO 1

Quale di queste motivazioni potrebbe essere la vostra?
Ne sapreste trovare delle altre?

3 AL TEMPIO DI SEGESTA

~ Scusi, sa se c'è una guida?
≈ Una guida? Veramente non lo so, io non ne ho mai avuto bisogno.
~ Vuol dire che Lei conosce bene questo posto. È di queste parti?
≈ Sì, sono nato qui vicino e il tempio lo conosco da quando ero bambino. Venivamo sempre qui in gita scolastica e mi ricordo che giocavamo a nasconderci dietro queste piante e queste colonne. Penso che i ragazzini del paese ci vengano ancora oggi.
~ È strano, però, che un posto simile non sia chiuso.
≈ Perché? È una fortuna che sia rimasto così!
~ Ma non c'è il pericolo che qualcuno lo rovini, scriva sulle colonne . . . ?
Ci è capitato di vedere certe cose!
≈ Per il momento qui non succede, forse perché di gente ne viene poca. Guardi, io adesso vivo al Nord e non ci venivo più da tanti anni, ma ho ritrovato tutto com'era, anche il paesaggio è sempre lo stesso.

È strano È bene È una fortuna	che questo posto	sia aperto a tutti. sia rimasto così.
C'è il pericolo	che qualcuno lo rovini.	

ESERCIZIO 2

a) *Completate:*

Marco:	Guarda che cosa ho portato dalla Sicilia!	
Giovanni:	Che roba è?	
Marco:	Ma non lo vedi? È una moneta romana. Pare che . . . più di 2000 anni.	avere
Giovanni:	È strano però che tu, come privato, . . . tenere in casa una cosa del genere. Un oggetto come questo bisognerebbe tenerlo in un museo.	potere
Marco:	Sì, ma poi c'è il pericolo che . . . in cantina e non lo . . . più nessuno. È meglio che queste cose . . . in mano a una persona che le conserva con cura.	finire vedere/andare
Giovanni:	Qui non si tratta di conservare. Come vuoi che si . . . degli studi se il materiale archeologico va a finire in mano ai privati?	fare

b) Chi pensate che abbia ragione, e perché?

ESERCIZIO 3

Guardate le foto qui sotto e quelle a pag. 58. Dite la vostra opinione con l'aiuto delle seguenti forme: non è giusto che, è un peccato che, è una vergogna che . . .

4 AL FORO ROMANO

~ Scusi, ci vuole il biglietto per visitare gli scavi?
≈ Sì, però, è meglio che torniate domani, perché per visitarli bene ci vogliono almeno due ore.
≈ Beh, ma è ancora presto . . .
≈ Eh sì, ma fra un quarto d'ora chiudiamo.
≈ Fra un quarto d'ora? Ma se sono appena le tre meno un quarto!
≈ Appunto. Guardi l'orario di apertura: in questa stagione è dalle 9 alle 15.

~ Ma non è possibile! Noi siamo qui di passaggio e non possiamo tornare domani. Bel modo di accogliere i turisti!
≈ Lei ha ragione, signora, ma lo sa da che ora siamo qui noi? Qui ci vorrebbe più personale, ma per pagare il personale ci vorrebbero i soldi.
~ Già . . . ma intanto noi abbiamo fatto tanti chilometri per niente. È un'indecenza! Queste cose succedono solo in Italia.
≈ Cosa vuole che Le dica, signora . . . Ci vuole pazienza!

Quanto tempo	ci vuole	per visitare gli scavi?

Ci vogliono	almeno 2 ore.

ESERCIZIO 4

Che cosa ci vorrebbe per salvare queste ed altre opere d'arte?

Secondo me . . .
Penso che . . .
Forse . . .

PIU' SOLDI
ORGANIZZAZIONE
MENO TURISTI
MENO MACCHINE
PIU' PERSONALE SPECIALIZZATO
NUOVE TECNICHE DI RESTAURO
SOVVENZIONI INTERNAZIONALI
RISPETTO PER L'ARTE

5 ITALIA: TERRA D'ARTE O CIMITERO D'ARTE?

I musei archeologici italiani soffocano: sono pieni di materiale, di cui solo una parte è inventariata. Gli archeologi cercano, con i pochi mezzi a disposizione, di mettere ordine nelle cantine dei musei, in cui si trovano abbandonate le testimonianze di millenni di storia. Con questo materiale si potrebbero organizzare centinaia di nuove mostre. Statue, marmi, bronzi, vasi, anfore, si trovano infilati in scatole di cartone o in sacchetti di plastica, senza un ordine preciso. La situazione è drammatica: una soluzione sarà possibile solo grazie ad interventi straordinari: nuovi investimenti, formazione di personale specializzato, uso del computer negli archivi, collaborazione con l'iniziativa privata.

ESERCIZIO 5

Completate con: su cui, di cui, che, a cui.

Ecco la foto della statua ... ti ho parlato.

È un monumento ... ha circa 2500 anni.

È un' opera ... non si conosce l'autore.

È stata trovata a Mozia, un'isoletta vicino alla Sicilia ... i Fenici avevano fondato una colonia.

La statua, ... mancano le braccia, è stata modellata in un unico blocco di marmo.

Gli archeologi ... hanno diretto gli scavi dicono che l'isola è ancora tutta da scoprire.

6 DIBATTITO ALLA RADIO

Moderatore: „Dall'estero continuano a chiederci in prestito opere d'arte per organizzare mostre o per altre manifestazioni. Ma lo spostamento di un'opera d'arte non è una cosa così semplice.
Voi siete pro o contro l'invio delle opere d'arte all'estero?"

a) Contro, perché gli altri paesi non sono sempre disposti a mandare le loro opere in Italia.

c) Contro, perché chi ha visto un'opera d'arte all'estero non viene più a vederla in Italia.

b) Pro, perché è bene favorire gli scambi culturali.

d) Pro, perché l'arte non è un bene nazionale.

e) Contro, perché è troppo rischioso.

ESERCIZIO 6

Combinate le seguenti affermazioni con le opinioni dei partecipanti alla tavola rotonda.

1. Ci sono troppi pericoli.
2. Mandare le opere d'arte all'estero danneggia il turismo.
3. L'arte non dovrebbe conoscere frontiere.
4. Bisogna sviluppare i contatti con gli altri paesi.
5. All'Italia non vengono inviate opere d'arte dall'estero.

ESERCIZIO 7

Il primo programma della radio indice spesso delle inchieste su temi di attualità. Gli ascoltatori telefonano per dire la propria opinione.

Ascoltate alcune telefonate sul tema „L'invio dei Bronzi di Riace a Los Angeles". Indicate quindi le opinioni degli ascoltatori:

	pro	contro	incerto
1.			
2.			
3.			
4.			
5.			
6.			
7.			

Il Paradiso non può attendere

di FABRIZIO DENTICE

Stanno restaurando il dipinto su tela più grande del mondo. È il „Paradiso" di Tintoretto, 197 metri quadrati. Per rimetterlo a nuovo, si sta lavorando dal 1982: c'è voluta una chiesa intera per contenerlo.

7

Marc'Aurelio presto tornerà a cavallo

Stanno per essere ultimati i lavori di restauro

ESERCIZIO 8

Che cosa stanno facendo o stanno per fare queste persone?

8 LE VILLE VENETE

C'era una volta un popolo che per le ville aveva una vera e propria passione. Anzi, a dire il vero, quella dei veneziani era una mania, durata circa quattro secoli: dal '400 all' '800.
Le ville dovevano essere in terraferma, a due passi dalla città. Nelle ville si respirava aria pura e si sorvegliava il lavoro dei campi, perché una volta, invece di mettere i soldi in Svizzera, si investiva nella terra. Ogni patrizio veneto degno del suo nome doveva assolutamente avere almeno una villa in campagna.
Per ogni palazzo che si specchiava sul Canal Grande c'era una seconda, una terza, una quarta casa in terraferma. E con la casa, opere d'arte: quadri, statue, affreschi. I ricchi investivano e gli architetti costruivano. Si andava in villa il 12 giugno, vigilia di S. Antonio, e si ritornava in città gli ultimi giorni di luglio. E poi di nuovo in villa dai primi di ottobre all' 11 novembre, S. Martino. Queste vacanze erano la disperazione dei 200 caffè e dei 18 teatri di Venezia che perdevano per mesi la loro clientela più ricca.
Con il tempo molte ville sono passate nelle mani di contadini che per pagare meno tasse hanno cercato di declassarle: allora via i frontoni, via le statue, via tutto quello che poteva dare l'idea del lusso.

E se possiamo ancora ammirare molte di queste ville lo dobbiamo all' „Ente per le ville venete", che negli anni passati ne ha salvate 420. Oggi il lavoro dell' Ente viene continuato dall' „Istituto per le ville

venete", che con meno di quattro miliardi è riuscito a restaurare 95 antiche costruzioni. I progetti dell' Istituto sono tanti, ma manca, come sempre, il denaro.

ESERCIZIO 9

Vero o falso? Le lettere che corrispondono alle risposte giuste danno il nome di un famoso architetto del '500.

	V	F	
1. I ricchi veneziani mettevano i soldi in Svizzera.	C	P	P
2. Dalla villa si controllava il lavoro dei contadini.	A	E	A
3. I ricchi veneziani avevano anche più di una villa fuori città.	L	R	L
4. Le ville erano semplici case di campagna.	R	L	L
5. In villa si passavano le vacanze.	A	O	A
6. Queste ville oggi non sono più abitate.	E	D	D
7. Ci sono delle istituzioni che si occupano della conservazione delle ville.	I	E	I
8. Oggi l'Ente per le ville venete non esiste più.	O	A	O

Palladio:
1508 - 1580

1 LE NOSTRE ABITUDINI

Che momenti della giornata rappresentano le foto?
Notate qualche differenza dalle abitudini tedesche?
Quali sono le vostre abitudini?

2 CENA IN FAMIGLIA

ESERCIZIO 1

NE VUOLE ANCORA?

CHI PRENDE IL CAFFÈ?

TI POSSO SERVIRE IO?

LO PRENDETE UN DIGESTIVO?

OTTIMO! COMPLIMENTI!

NE PRENDA ANCORA UN PO'! NON FACCIA COMPLIMENTI!

LE DISPIACE PASSARMI IL PANE?

CHE BUONO! MI DAI LA RICETTA?

1. In quali situazioni si possono usare queste espressioni?
2. Con chi le usereste?
3. Sapreste trovare per ogni espressione almeno una risposta adatta?

3 ALLA MENSA DELL'ALFA SUD

~ Ah, oggi ci sei anche tu! Non ti fai mai vedere in mensa.
≈ Infatti quando posso vado sempre a casa. Abito qui a due passi.
~ Allora se sei qui vuol dire che hai litigato con tua moglie!
≈ Ma dai! Oggi i bambini sono in gita scolastica a Paestum e Francesca è andata dai suoi. Quando a casa non c'è nessuno, mi fermo qui. E tu?
~ Ah, io mangio sempre qui. Prima di tutto, abito lontano, e poi, anche se vado a casa, non trovo niente di pronto: io vivo da sola.
≈ Allora è chiaro che per te è più comodo venire in mensa.
~ E poi ti dirò: qui, in fondo, non si mangia tanto male!
≈ Eh sì! Se uno non ha famiglia è senz'altro una buona soluzione.

Dove vai a mangiare?	Di solito, quando ho tempo, vado a casa. Se oggi c'è qualcosa di buono, mi fermo qui.

ESERCIZIO 2

LAMENTI DI UN GENERO

Inserite „se" *e* „quando".

... andiamo a cena da tua madre, prepara sempre il risotto, anche ... ormai dovrebbe saperlo che non mi piace. ... anche stasera prepara il risotto, è la volta buona che lo lascio lì. ... lei viene a casa nostra, noi le prepariamo sempre altri primi e ... si parla di riso cerco di farle capire che non è proprio il mio piatto preferito. Ma lei, anche ... forse l'ha capito da tanto tempo, fa sempre finta di niente.

4 LE DUE ITALIE: QUELLA DELL'OLIO E QUELLA DEL BURRO

Da sempre, cioè prima ancora della conquista romana, nel Nord Italia si è usato come condimento il burro. È il burro l'elemento che unisce le popolazioni di queste regioni a quelle del Centro Europa e le separa da quelle mediterranee che usano l'olio d'oliva.
Una testimonianza di questo fatto la troviamo nelle „Vite parallele" di Plutarco. Una sera, a Milano, Cesare viene invitato a cena assieme ad alcuni suoi ufficiali da Valerio Leone. All'inizio della cena, come antipasto, diremmo noi, Valerio Leone fa servire ai suoi ospiti asparagi con un „unguento" sconosciuto: il burro fuso. Così, infatti, si sono sempre mangiati gli asparagi in questa regione. I commilitoni di Cesare, che si aspettano per condimento l'olio d'oliva, arricciano il naso e non mangiano. Il burro, dicono, serve solo come unguento per i massaggi o come lubrificante per i carri. Cesare, invece, mangia quella pietanza e poi dice ai suoi ufficiali:
„È villano chi critica una pietanza preparata secondo il costume locale".

Nell'Italia del Sud	si è sempre usato l'olio. si sono sempre mangiate le olive.

ESERCIZIO 3

In Germania si è sempre bevuta la birra. E negli altri paesi?
Formate delle frasi.

Germania	usare	birra pomodori
Italia del Nord	mangiare	riso polenta
Italia del Sud	coltivare	vino patate
America	bere	spezie pasta
Paesi Orientali	produrre	caffè

E cosa potete dire della vostra città o del vostro paese?
Continuate l'esercizio.

ESERCIZIO 4

1. Sapreste indicare delle differenze fra le varie cucine regionali tedesche?
2. In che modo i ristoranti e i negozi stranieri hanno influito sulle abitudini dei tedeschi in cucina?

5 COLTIVAZIONI TIPICHE ITALIANE

Uliveto

Risaia

Vigneto

Campo di mais

Agrumeto

6 UN PIATTO TORNATO DI MODA: LA POLENTA

Parlare delle origini della polenta come noi la conosciamo oggi è difficile: la polenta si fa con la farina di mais, ma da dove proviene il mais? Alcuni lo indicano originario della Persia, tanto è vero, dicono, che il mais viene comunemente chiamato „granturco"; altri, invece, sostengono che è stato importato in Europa dopo la scoperta dell'America e che le prime coltivazioni di mais si sono avute in Andalusia nella prima metà del Cinquecento. A partire dal '600, la polenta fatta con farina di mais diventa l'alimento base dei contadini di molte parti d'Italia, soprattutto al Nord. Il motivo è semplice: il mais non è difficile da coltivare e la polenta, siccome occupa molto spazio nello stomaco, dà presto la sensazione di essere sazi. Oggi il rilancio delle tradizioni ha contribuito a riportare la polenta sulle nostre tavole.

Gnocchi gialli al burro e salvia

Ingredienti: 3 etti di farina gialla 1 litro d'acqua 1 etto di burro 2 rametti di salvia abbondante parmigiano

Mettete l'acqua a bollire in un paiolo di rame. Nell'acqua bollente leggermente salata versate la farina a pioggia e cominciate a girare con un bastone o un cucchiaio di legno in modo che non si formino grumi. Continuate a girare sempre nello stesso senso fino alla fine della cottura. Se durante la cottura la polenta diventa troppo dura aggiungete un mestolo d'acqua bollente. Quando la polenta si stacca dalle pareti del recipiente, vuol dire che è cotta, ma se prolungate la cottura di un quarto d'ora la polenta risulterà migliore. Togliete la polenta dal fuoco e a cucchiaiate mettetela in una pirofila imburrata. Formate due o tre strati. Condite ogni strato con burro fuso, foglie di salvia e abbondante parmigiano. Passate per qualche minuto in forno caldo.

ESERCIZIO 5

Leggete la ricetta e poi mettete i disegni in ordine cronologico.

1 5

2 2

3 1

4 4

5 6
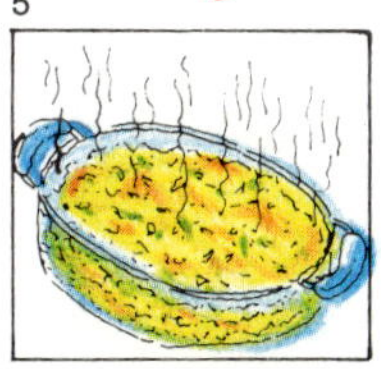

6 3

7 NON TUTTI MANGIANO LA CARNE

~ Vado io a prendere i panini per tutti: ve li prendo al prosciutto?
≈ No, per me no. Se c'è, me lo prendi con la frittata, se no va bene anche con il formaggio.
≋ Ah, è vero che tu non mangi carne . . .
~ Ma chi te lo fa fare?
≈ Il motivo è semplice: prima di tutto sono contro la violenza verso gli animali, e poi la carne non fa neanche bene . . .
~ E chi te le ha messe in testa queste idee? Io senza carne non sto in piedi.
≈ Ma hai mai provato? Io da quando sono diventato vegetariano sto molto meglio!
≋ Ah, sentite: io ho fame! Questo benedetto panino glielo prendi come vuole lui e non se ne parla più.

Ma chi	ti / le / gli	ha detto che la carne fa male?

Me l' / Gliel'	ha detto il dottore.

ESERCIZIO 6

Completate la lettera con i doppi pronomi.

Cara Brigitte,

da tre giorni mio figlio è a Norimberga, ospite di una famiglia tedesca. Non so se . . . avevo già detto l'ultima volta che ci siamo sentite, non mi ricordo più, comunque Lorenzo voleva fare a tutti i costi questa esperienza ed io . . . ho lasciata fare. A quattordici anni non è più un bambino. Spero solo che si abitui alla cucina tedesca. Gli ho detto che non è la stessa cosa di quella italiana e che dovrà adattarsi ad altri gusti, ma lui non ha dato importanza alla cosa. Io però non riesco proprio ad immaginar . . . davanti a un piatto di carne con contorno di spaghetti, non proprio al dente. Lui che è così esigente nel mangiare!
Ma sarà senz'altro contento di trovare tanti tipi di dolci. Quelli alla frutta . . . ho consigliati particolarmente.
In ogni caso penso che questa vacanza all'estero gli farà proprio bene. Il tuo numero di telefono . . . ho dato, così probabilmente il resto . . . racconterà lui personalmente, uno di questi giorni.

A risentirci presto. Ti abbraccio

ESERCIZIO 7

Trovate per ogni domanda Ⓓ la risposta giusta Ⓡ e completatela. Il primo che risponde continua il gioco con la domanda sottostante.

Ⓓ Vorrei fare lo sformato di verdure. Chi mi dà la ricetta?

Ⓡ ... trovo io. Fidatevi di me.

Ⓓ Ho notato che Valerio non mangia più carne da quando si è sposato. Come mai?

Ⓡ ... ha portate mio zio.

Ⓓ Mi puoi prestare tre uova, per piacere?

Ⓡ ... proibito la moglie: è vegetariana.

Ⓓ Che belle pesche! Ma dove le hai comprate?

Ⓡ ... do io.

Ⓓ Dove potremmo trovare dell'olio di oliva buono?

Ⓡ Mi dispiace, ma ... posso dare soltanto due, non ne ho più.

ESERCIZIO 8

Sono sempre più numerose le persone che eliminano la carne dalla propria alimentazione.
Voi cosa ne pensate?
Leggete gli argomenti pro e contro, trovatene degli altri e poi fate il dialogo.

Pro

- Se si mangia carne l'organismo si sviluppa meglio.
- La carne dà al corpo proteine e non fa ingrassare.
- Dopo una bella bistecca ci si sente in forma.

...

Contro

- Le proteine si trovano anche nei legumi.
- Una dieta a base di cereali, verdure e frutta alleggerisce la digestione.
- Mentre nel Terzo Mondo si muore di fame noi usiamo il 40% dei cereali come foraggio per il bestiame.

...

8 LA CUCINA DEI SARDI

Le famiglie sarde consumavano generalmente tre pasti giornalieri, il primo dei quali consisteva nel „caffè", spesso fatto di ceci, grano o orzo tostati. Il latte era riservato ai vecchi e ai bambini. Il secondo pasto, che gli uomini consumavano in campagna, prevedeva pane, pomodori o cipolla cruda, formaggio, ricotta o lardo.
L'unico vero pasto della giornata era quello serale, dopo il ritorno degli uomini dalla campagna, per il quale tutta la famiglia si riuniva attorno alla grande tavola, al camino o più spesso attorno al focolare, una buca scavata al centro della cucina. Qui veniva acceso il fuoco per preparare il pasto, che consisteva quasi sempre in un unico piatto e veniva servito in un unico recipiente. Si trattava in genere di una minestra o di un minestrone a base di erbe selvatiche, legumi, patate, lardo, cotenne.
La distinzione fra primi e secondi piatti esisteva solo nella cucina borghese, che univa a quelli locali altri piatti d'importazione, più variati.
Le famiglie di pastori e di contadini potevano permettersi la carne solo nei giorni festivi. Proprio per questo le minestre di tutti i giorni venivano arricchite con lardo e cotenne e ogni famiglia allevava un maiale per le provviste invernali.
La carne, preparata con la massima cura, era simbolo di festa, di ospitalità: era riservata all'ospite, allo straniero, era l'eccezione alla regola. Ecco perché non dobbiamo meravigliarci di trovare descrizioni di grandi mangiate nei racconti dei viaggiatori in Sardegna, mentre è rimasta in ombra la realtà quotidiana fatta di legumi, cavoli, patate e cotenne, pochi ingredienti „poveri", con i quali si cercava di realizzare pasti saporiti.

Wie salzig schmeckt das Brot der anderen bitter

Canti[1] dell' Emigrazione

Mamma mia, dammi cento lire
che in America voglio andar.
Cento lire io te le do
ma in America no, no, no!

Cara moglie di nuovo ti scrivo
che mi trovo al confine di Francia
anche quest'anno c'è poca speranza
di poterti mandar dei dané.

O cara moglie, miei cari figlioli,
mi piange il cuore dovervi lasciare,
vado in Svizzera lavoro a cercare
per dare a voi un migliore doman.

I campi si svuotano
si riempiono le officine
Sicilia Puglia Calabria
mille treni parton di disperati.

Quel giorno che so' andato al settentrione
l'hai maledetto tanto, moglie mia.
È stato per la disoccupazione
che ho dovuto lasciar la terra mia.

Quali sono i problemi e i sentimenti espressi dai canti degli emigranti?

Abbinate le foto alle diverse strofe.

2 CENT'ANNI D'EMIGRAZIONE

Dalla fine dell'800 ai nostri giorni circa 27 milioni d'italiani sono emigrati per cercare lavoro. La prima grande emigrazione di massa (1876–1900) è partita dalle zone più povere dell'Italia del Nord (Veneto, Friuli e zona alpina soprattutto). In inverno, non potendo trovare lavoro nelle campagne, molti contadini partivano per l'America del Sud, affrontando un viaggio di 40 giorni con la nave a vapore. In Argentina e in Brasile venivano assunti come stagionali per la raccolta del caffè o la mietitura. Non pochi finivano per stabilirsi definitivamente in questi paesi, fondando colonie con lingua e cultura italiane.

In seguito (1901–1920) l'emigrazione è avvenuta prevalentemente dalle regioni dell'Italia meridionale verso gli Stati Uniti, dando origine alle „little Italy" e alla figura dell'italo-americano.

Nel secondo dopoguerra, ed in particolare negli anni sessanta, si sviluppava il mercato europeo del lavoro: migliaia di lavoratori italiani si trasferivano nei paesi del Centro e del Nord Europa, come la Svizzera, la Germania, la Francia, il Belgio, rispondendo alla forte richiesta di manodopera dell'industria.

Attualmente si parla di „seconda generazione di stranieri", cioè dei figli degli emigrati che sono nati all'estero, dove i genitori vivono spesso da più di 20 anni. Molti di questi ragazzi hanno problemi d'identità, sentendosi divisi fra due lingue e due culture.

Molti contadini sono partiti		abbandonando e hanno abbandonato	la campagna.
Vivendo Siccome vivono	in Germania,	gli stranieri della seconda generazione conoscono bene il tedesco.	

ESERCIZIO 1

Modificate il testo sostituendo al gerundio la congiunzione e la forma verbale adatte.

Vivo a Sesto San Giovanni dal 1963. Sono siciliano e da ragazzo ho lavorato al mio paese come muratore, imbianchino, bracciante, insomma ho fatto un po' di tutto. Guadagnando poco e non avendo un posto sicuro, ho deciso di trasferirmi al Nord. Erano gli anni del miracolo economico e l'industria aveva bisogno di manodopera. Molti miei amici partivano per Milano, Torino o Genova cercando un'occupazione in fabbrica. Alcuni si trovavano bene, altri invece non riuscivano ad abituarsi al nuovo ambiente, venendo spesso rifiutati e chiamati „terroni". Non sapevo decidermi. Poi un amico mi ha scritto che nella fabbrica dove lavorava si cercavano ancora operai, convincendomi così a partire. Qui a Sesto, frequentando le scuole serali, ho preso un diploma. Adesso, come operaio specializzato, guadagno abbastanza bene. Mi sono abituato al Nord, ho sposato una settentrionale e torno in Sicilia solo d'estate. Al mio paese purtroppo ci sono quasi solo vecchi, essendo i giovani tutti emigrati.

ESERCIZIO 2

1. Che difficoltà incontrano i meridionali trasferendosi nell'Italia settentrionale?
2. Che vantaggi può presentare la vita in una città del Nord?
3. Com'è la popolazione di molti paesi del Sud?
4. Esistono anche in Germania paesi abbandonati a causa dell'emigrazione interna?

3 AL CORSO SERALE DI LICENZA MEDIA

Corso serale di licenza media per lavoratori italiani

Al corso possono iscriversi tutti i lavoratori italiani che hanno compiuto i 16 anni di età.

Le iscrizioni saranno aperte

**dal 2 al 13 settembre 1985
presso Don Bosco Haus
Goldmühlestr. 41
7032 Sindelfingen**

Il 2 settembre si terrà un incontro con gli insegnanti, che daranno tutte le informazioni necessarie.

Vito: Come mai ha deciso di partecipare a questo corso?
Lorenzo: Per imparare, anche se ho già 50 anni. Se non si ha un po' d'istruzione, non si conoscono neanche i propri diritti e si è indifesi; in un paese straniero ancora di più. Ma perché non ci diamo del tu?
Vito: Sì, hai ragione. Anch'io ho deciso di tornare a scuola per lo stesso motivo. Soprattutto per imparare il tedesco, perché senza conoscere la lingua ci si sente isolati e anche inferiori agli altri.
Lorenzo: Da quanto tempo sei in Germania?
Vito: Da due anni, ma, lavorando in fabbrica, non ho avuto la possibilità di imparare il tedesco. Pensavo da tempo di iscrivermi ad un corso serale, però, sai com'è, la sera si è stanchi e si è contenti di avere qualche ora di riposo.
Lorenzo: Ma come mai ti sei iscritto ad un corso italiano di licenza media?
Vito: Perché qui non solo imparo il tedesco, ma posso anche prendere un diploma che mi potrà servire se torno in Italia.
Lorenzo: Eh già, tu sei ancora giovane. Alla mia età, invece, il diploma non serve più. Ma bisogna lo stesso essere pronti ad imparare.
Vito: È vero, e poi qui, insieme agli altri, non si è così soli.

In un paese straniero	si è isolati	se non si conosce la lingua.
È necessario	essere istruiti	per conoscere i propri diritti.

ESERCIZIO 3

Raccontate com'è la vita di molti emigrati usando le forme impersonali: si è, bisogna, *ecc.*

Esempio: La vita di un emigrato non è semplice. Ci si sente . . .

La mia vita, come emigrato, non è semplice. Mi sento spesso solo, perché la mia famiglia è lontana. Ho difficoltà con la lingua e così sono abbastanza isolato, ho solo contatti con altri emigrati. Le giornate sono tutte uguali: mi alzo presto per andare a lavorare. Il lavoro è monotono e, nelle brevi pause, non parlo molto con i colleghi. Quando torno a casa sono stanco e bisogna ancora che mi cucini qualcosa, che lavi i piatti e la biancheria sporca. Alla sera sono solo capace di guardare la televisione e spesso non riesco nemmeno a tenere gli occhi aperti. Sono contento solo quando arrivano le ferie e posso rivedere la famiglia e gli amici.

4 OPINIONI SULL'EMIGRAZIONE ITALIANA IN SVIZZERA

Abbiamo chiamato dei lavoratori, sono venuti degli uomini. E come uomini, oltre che come cittadini della CEE, gli italiani vogliono essere trattati.

Max Frisch, scrittore

Gli italiani fanno lavori umili e malpagati, che nessuno di noi vuol fare. Negli ultimi anni, però, ne sono venuti troppi. Non c'è più posto per loro nelle nostre città. È già difficile adesso trovare un appartamento. Il nostro governo dovrebbe proibirne l'accesso.

Anna Wunderli, impiegata

Gli italiani all'estero, perché? È proprio necessario? Io credo che sia compito del governo italiano procurare il lavoro ai propri cittadini, invece di costringerli a emigrare. Molti vengono anche con l'illusione di fare soldi, non sanno che qui il costo della vita è più elevato, anche se si guadagna di più.

Willy Gunzinger, poliziotto

ESERCIZIO 4

Alla radio ascoltate una trasmissione sull'emigrazione. Sapreste dire in quali punti il resoconto del giornalista corrisponde all'opinione dei singoli intervistati?

ESERCIZIO 5

1. Quanti pensa che siano gli stranieri in Germania?
2. Da quali paesi provengono?
3. In quali settori lavorano?
4. In quali zone della Germania vivono?
5. Avete già visto scritte e manifesti di questo genere? Che cosa ne pensate?
6. Com'è il rapporto con gli stranieri nella vostra città?

5 LAVORATORI STRANIERI IN ITALIA: QUANTI SONO?

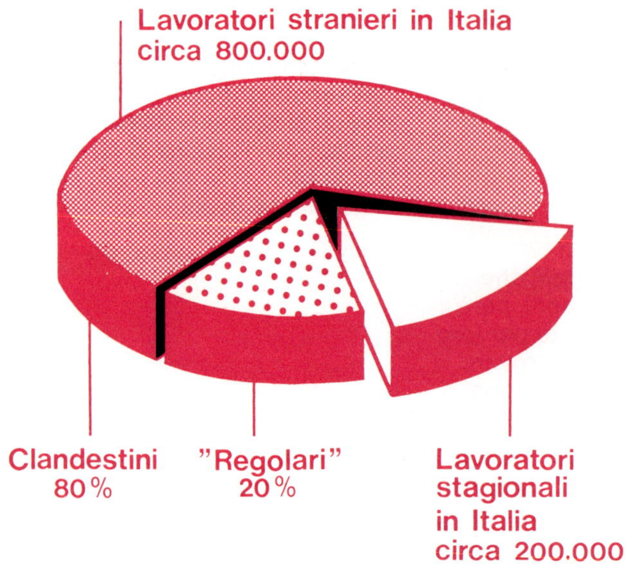

Circa 800 mila, secondo la più recente stima del Censis (Centro studi investimenti sociali).
A questi vanno aggiunti gli „stagionali", che arrivano nel nostro paese per 4–5 mesi all'anno.
Almeno l'80% dei lavoratori stranieri provenienti dal Terzo Mondo sono clandestini.

Da: *L'Espresso,* 27 Febbr. '84

Mentre ormai i rientri degli italiani dall'estero superano gli espatri, è in continuo aumento il numero degli stranieri che vengono in Italia a cercare lavoro.
Provengono per la maggior parte dal cosiddetto Terzo Mondo e hanno scelto l'Italia per due ragioni: 1) è considerata un paese ospitale, 2) è facile entrarci, basta il visto turistico. In realtà in Italia li aspetta una situazione precaria e difficile: non hanno il permesso di soggiorno, quindi sono costretti a svolgere un lavoro nero. Ben presto si accorgono di essere sfruttati, di dover fare i lavori più faticosi e di non avere diritti, essendo clandestini. La loro presenza è diventata un problema nazionale. Sono state fatte diverse proposte per risolverlo: per alcuni va limitato l'afflusso degli immigrati, per altri è soprattutto urgente garantire i diritti di questi lavoratori. Purtroppo manca ancora una legislazione adeguata per affrontare questa situazione.

Che cosa si deve fare per risolvere il problema dei lavoratori clandestini in Italia?

Ne va controllato l'afflusso.

Vanno garantiti i loro diritti.

Si devono fare delle leggi adeguate.

Bisogna dargli il permesso di soggiorno.

ESERCIZIO 6

Che cosa si può fare per migliorare la condizione dei lavoratori stranieri?

È necessario Si deve Si devono Va Vanno Bisogna	fare organizzare dare favorire visitare	corsi di lingua. nuove leggi. contatti fra bambini. diritto di voto. viaggio nel loro paese. incontri. manifestazioni culturali.

6 CI PORTANO VIA IL PANE QUESTI STRANIERI!

~ Guardi quei ragazzi, poveretti!
≈ Eh sì, ne vedo sempre di più in giro. Anche la Stazione Termini è piena di questa gente. Ma cosa vengono a cercare in Italia?
~ Un lavoro, cara signora! Ma lo sa in che condizioni vivono? Me lo ha detto una ragazza sudamericana che fa la cameriera a ore. Sa quanto guadagna al mese? 280.000 lire. Uno stipendio da fame! E lavora 12 ore al giorno per 6 giorni alla settimana.
≈ Sarà, ma molti non hanno voglia di far niente. Glielo dico io. Perché stanno lì seduti sulle panchine? Il lavoro non piove dal cielo!
~ Ma cosa crede? Le sembra che si divertano a fare questa vita in un paese straniero? Sono venuti in Italia perché al loro paese stavano male, perché speravano di trovare qualcosa di meglio. Lei non se li immagina nemmeno certi problemi!
≈ Ma chi glielo ha detto di venire proprio in Italia? Noi di disoccupazione ne abbiamo già abbastanza.

ESERCIZIO 7

Se vi dicono:

Gli stranieri sono sporchi.
Ci portano via il lavoro.
Tra gli stranieri ci sono molti criminali.
Hanno troppi figli.
Si costruiscono la casa al loro paese con i soldi che guadagnano qui.
Non mi sembra più il nostro paese.
Se non vogliono vivere come noi che tornino al loro paese.
Ho visto che difende gli stranieri. È straniero anche Lei?

Come potete rispondere?

Non sono della Sua opinione . . . Non è assolutamente vero . . . E allora? . . .
È solo un pregiudizio . . . Questo lo dice Lei . . . Non direi . . .
A me non sembra . . . Non sono d'accordo . . . Sarà anche vero, ma . . .

1 Come eravamo e come siamo

- Secondo voi, quanti anni separano queste foto fra di loro?
- Quali cambiamenti sono evidenti?
- In quale di queste foto vi riconoscete?
- È più facile essere giovani oggi o era più facile una volta?

2 LA VIA DELLA NON COMUNICAZIONE

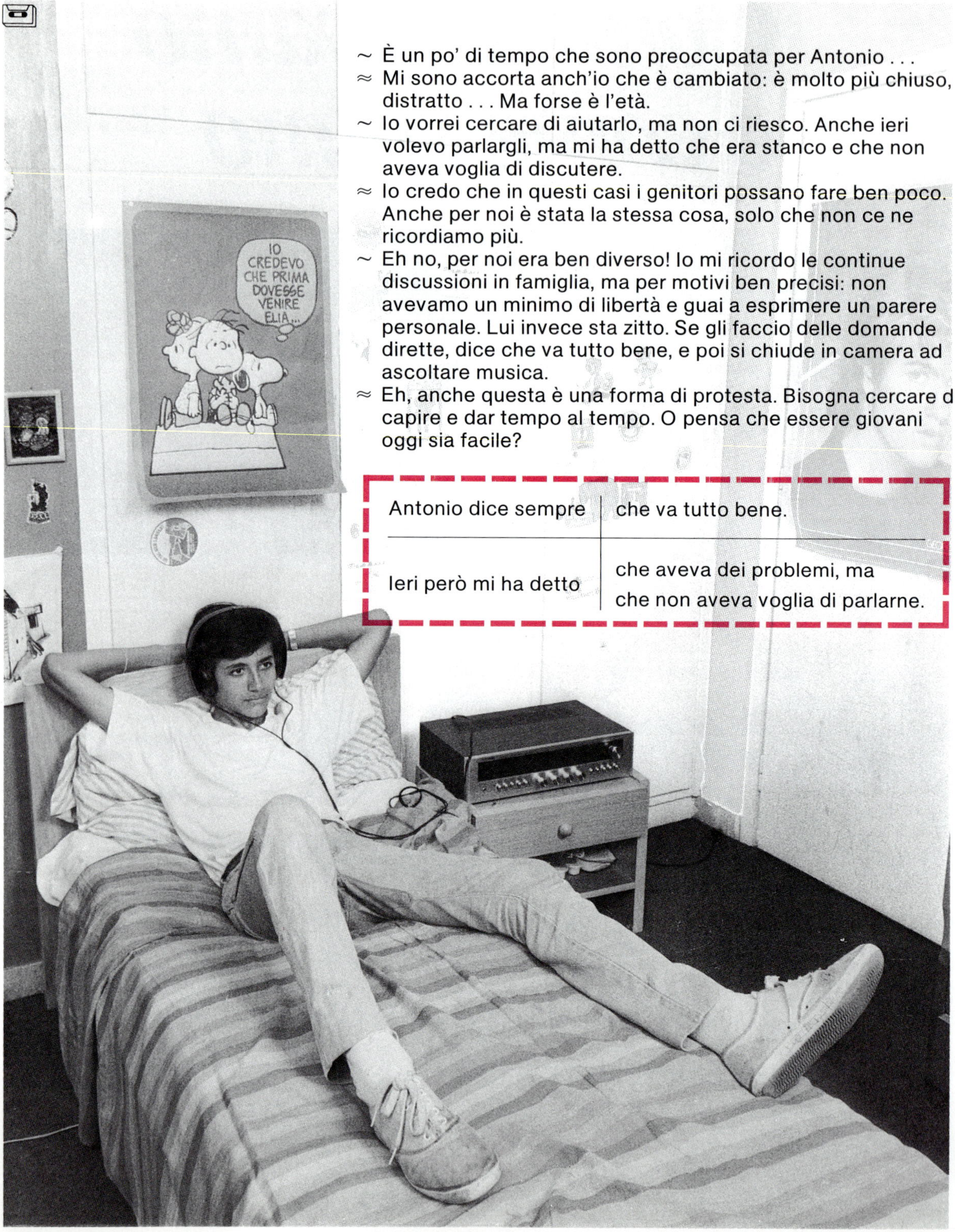

~ È un po' di tempo che sono preoccupata per Antonio . . .

≈ Mi sono accorta anch'io che è cambiato: è molto più chiuso, distratto . . . Ma forse è l'età.

~ Io vorrei cercare di aiutarlo, ma non ci riesco. Anche ieri volevo parlargli, ma mi ha detto che era stanco e che non aveva voglia di discutere.

≈ Io credo che in questi casi i genitori possano fare ben poco. Anche per noi è stata la stessa cosa, solo che non ce ne ricordiamo più.

~ Eh no, per noi era ben diverso! Io mi ricordo le continue discussioni in famiglia, ma per motivi ben precisi: non avevamo un minimo di libertà e guai a esprimere un parere personale. Lui invece sta zitto. Se gli faccio delle domande dirette, dice che va tutto bene, e poi si chiude in camera ad ascoltare musica.

≈ Eh, anche questa è una forma di protesta. Bisogna cercare di capire e dar tempo al tempo. O pensa che essere giovani oggi sia facile?

Antonio dice sempre	che va tutto bene.
Ieri però mi ha detto	che aveva dei problemi, ma che non aveva voglia di parlarne.

ESERCIZIO 1

Francesco telefona ad Antonio.

~ Ciao, Antonio. Come stai?
Che cosa fai di bello?

≈ Ciao, Francesco. Sto ascoltando musica. Ho molti compiti da fare, ma non ho voglia di iniziare. Oggi c'è anche mia madre a casa. Continua a venire in camera mia e a fare delle domande. Tanto per cambiare, rompe.

Il giorno dopo vede Maria che gli chiede notizie di Antonio:

~ È da tanto tempo che Antonio non si fa più vedere.
≈ Io gli ho telefonato ieri.
~ Ah sì? E che cosa ti ha detto?
≈ Sai, le solite cose, che . . .

Continuate voi.

ESERCIZIO 2

a) *Ascoltate l'intervista che un giornalista ha fatto ad un gruppo di giovani in un locale di Firenze.*

b) *Completate l'articolo del giornalista con i verbi sottostanti mettendo, dove è necessario, la forma impersonale:*
andare, ascoltare, avere, ballare, divertirsi, essere, fare, potere, suonare, stare, volere.

Volevo intervistare alcuni giovani e sono andato in uno dei loro locali: un posto piccolo con musica di sottofondo. Chi giocava a shangai, chi a carte, chi a monopoli. Tutti erano giovanissimi. Ho chiesto ad alcuni di loro se . . . voglia di rispondere a qualche domanda. Hanno accettato e mi hanno raccontato che in quel locale . . . musica, . . . insieme, ma non . . . . Chi . . . ballare . . . al Last Exit, un posto lì vicino dove . . . il rock duro, ma dove la gente di una certa età non . . . entrare. Poi i ragazzi mi hanno spiegato che la cosa più importante per loro . . . trovarsi con gente con gli stessi gusti, lo stesso modo di vestire. Anche se non sempre . . . , se non altro . . . qualcosa.

Un primato negativo dell'Italia

Giovani senza lavoro in parcheggio forzato

Il 31% dei giovani sotto i 25 anni è senza impiego. Una gran parte di questi giovani ha frequentato le scuole superiori e l'Università.

3 DI CHI È LA COLPA?

~ Perché hai scelto di frequentare questa scuola?
≈ Io ero molto indecisa sulla scelta della scuola perché avrei voluto fare tante cose, ma senza avere le idee chiare. Qui prendi un diploma con cui puoi trovare un posto di lavoro, almeno in teoria, oppure puoi decidere se continuare gli studi. Poi non è detto che chi ha la laurea trovi un posto di lavoro più in fretta. È tutta questione di fortuna. Se non conosci nessuno e non hai delle raccomandazioni, puoi aspettare anni e anni.
~ Ma, secondo te, perché è tanto difficile per un giovane trovare lavoro?
≈ I motivi sono tanti: la crisi, il disinteresse dei politici, il clientelismo . . . La colpa è un po' di tutti. Una volta con un titolo di studio trovavi subito un posto, oggi invece si va all'Università tanto per fare qualcosa, per prendere tempo . . .
~ E tu hai già deciso che cosa farai dopo il diploma?
≈ Gliel'ho già detto: non lo so ancora. Vedremo . . . Certo mi piacerebbe non dover dipendere dalla famiglia ancora per molto tempo.
~ Perché, non ti trovi bene con i tuoi?
≈ Non sempre, ma forse è anche colpa mia.

Di chi è la colpa?

È (colpa) mia.
È (colpa) un po' di tutti.
È sempre (colpa) degli altri.

ESERCIZIO 3

Le foto sottostanti mostrano ragazzi che si bucano, scippano, vivono in condizioni disagiate.
Secondo voi, di chi è la colpa?
Nel vostro paese ci sono situazioni simili?

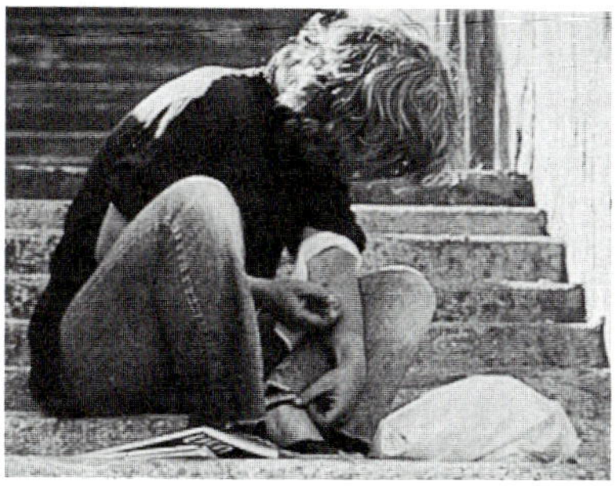

ESERCIZIO 4

La pensate anche voi così?
„In Germania le raccomandazioni non servono: basta un titolo di studio per trovare un lavoro."
„Il clientelismo esiste solo in Italia."
„Andare all'Università significa dipendere economicamente dalla famiglia."
„Oggi è meglio cominciare a lavorare subito. Un titolo di studio non serve più."

ESERCIZIO 5

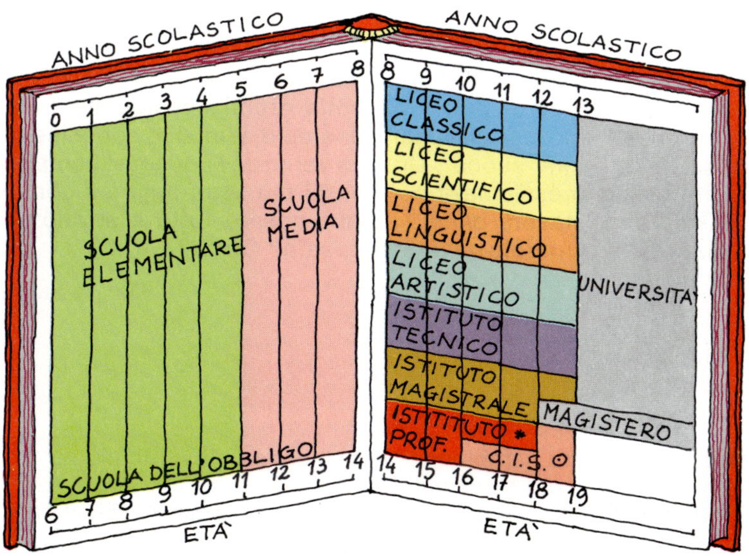

* ISTITUTO PROFESSIONALE
○ CORSI INTEGRATIVI SPERIMENTALI

Quali differenze notate tra il sistema scolastico tedesco e quello italiano?

4 LA CASA NON È PIÙ UNA PRIGIONE

È in diminuzione il numero dei giovani che „rompono" con la famiglia. Ancora qualche anno fa il mito della „fuga" e della „libertà" affascinava i giovani. Oggi le difficoltà e i disagi che deve affrontare chi se ne va di casa non attirano più le nuove generazioni. Che cosa è cambiato? I giovani hanno aperto gli occhi o li hanno chiusi?

ESERCIZIO 6

a) *Ascoltate le opinioni e le esperienze di alcuni giovani:* Alberto, 19 anni, Michele, 27 anni, Marina, 20 anni e Grazia, 25 anni.
b) Chi di loro non pensa di andarsene di casa e perché? Chi invece se n'è andato, perché l'ha fatto?
c) Vi è capitato di vivere esperienze simili?

5 COME PARLANO I GIOVANI

Ecco come un rappresentante dell'„altra generazione" giudica il linguaggio dei giovani:

Molti parlano come i disc-jockey delle radio private. La comunicazione è affidata ad un poker di parole tuttofare. Anche quest'anno più che mai l'Italia è „il dolce paese dove l'*okkèi* suona". Un *okkèi* che può essere affermazione, esclamazione, aggettivo, avverbio: *okkèi*, vengo stasera; *okkèi*, si va in discoteca!; una pizza *okkèi*; lui nuota *okkèi*, e via americanizzando. Poi ci sono le parole che una volta erano considerate parolacce: casino, per esempio, vuol dire semplicemente confusione. Si va verso un linguaggio sempre più povero: uno dei verbi più usati oggi è il genericissimo *cosare*. Si può *cosare* tutto e si può *cosare* niente. Vi ho *cosato? Okkèi?*

Da: *La Stampa*, 15 agosto 1983

ESERCIZIO 7

1. La lingua, attraverso i giovani, sta cambiando? In che senso? Diventa più povera o più ricca? Che cosa direste del linguaggio dei giovani in Germania?
2. Vi sembra che il giudizio di questo signore sia obiettivo o polemico? Trovate il suo stile divertente o noioso?

„Ogni generazione si ritiene più intelligente della precedente e più saggia della successiva."
(George Orwell)

6 GENERAZIONI A CONFRONTO

~ Guarda, c'è un articolo sui giovani, mi sembra interessante.
≈ Fammelo vedere. Chissà cos'hanno scoperto di nuovo.
~ Quello che ti ho già detto tante volte: che oggi non c'è più impegno politico.
≈ E voi, col vostro impegno politico, che cosa avete fatto? Dimmelo un po'.
~ Ti faccio solo un esempio: se voi oggi avete tanta libertà, lo dovete a noi.
≈ Queste cose me le hai già dette e ridette. Ma perché non guardi quello che succede oggi? Le manifestazioni per la pace e per il Terzo Mondo chi le fa? Soprattutto i giovani!
~ Sì, va bene, fate queste cose, ma senza un progetto politico. Noi . . .

Sul giornale c'è un articolo sui giovani.

Fammelo vedere. Me lo faccia vedere.

ESERCIZIO 8

Rispondete alle domande usando i verbi tra parentesi e i pronomi adatti.

Esempio: Ti ho già dato l'invito per la riunione di stasera? (No, . . . dare).
No, dammelo.

NO

1. Le ho fatto vedere il nuovo manifesto del partito radicale? . . . (fare vedere)
2. Ti ho già detto per chi ho votato? . . . (dire)
3. Maria ha già letto questo libro? . . . (prestare)
4. Hai capito che cosa ho detto? . . . (ripetere)
5. I Bianchi hanno già ricevuto il programma della manifestazione? . . . (mandare)

ESERCIZIO 9

- Quali interessi hanno i giovani d'oggi?
- Sapreste portare degli esempi del loro impegno nella vita quotidiana?

QUANT'È BELLA GIOVINEZZA

Quant'è bella giovinezza
che si fugge tuttavia!
Chi vuol esser lieto, sia:
di doman non c'è certezza.
. . .

Lorenzo il Magnifico, 1449–92

ED È SUBITO SERA

Ognuno sta solo sul cuore della terra
trafitto da un raggio di sole:
ed è subito sera.

Salvatore Quasimodo, 1901–68

1 Made in Italy

Quali altri articoli vengono esportati in Germania?

Quali avete già comprato?

Perché il made in Italy ha successo secondo voi?

2 LO „SCARPARO" MILIARDARIO

Napoli. Ancora oggi, ricco e famoso, lo chiamano „'o scarparo". Mario Valentino, già da ragazzo, frequentava il negozio del padre che faceva le scarpe più belle di Napoli. Divenne ufficialmente „scarparo" quando, trent'anni fa, aprì per conto suo un laboratorio artigianale alla Sanità, un quartiere povero di Napoli. Il laboratorio è sempre lì, ma è diventato uno stabilimento moderno di vetro e di acciaio. Da qui Mario Valentino controlla il suo impero di grande artigiano, re della moda italiana, che esporta in tutto il mondo. Sta seduto dietro un'enorme scrivania di cristallo, mentre la telescrivente manda messaggi da Tokio, Parigi, New York. È voluto tornare a vivere nella sua città con la famiglia dopo aver fatto fortuna negli Stati Uniti. Come arrivò in America? Inventò una serie di scarpe incredibili agli inizi degli anni cinquanta: le famose scarpe con il tacco a spillo. Poi, nel 1954, a Roma, presentò una piccola follia: un sandalo di corallo che finì al Museo della Calzatura. Così gli americani lo scoprirono. Dopo aver girato per tutta l'America, tornò a Napoli e iniziò a costruire il suo impero, aprendo negozi lussuosi nella sua città e a Roma, Firenze, Milano, Parigi, Hong Kong, Singapore ecc., dove sono esposte le sue scarpe da donna e da uomo, le borse, le valigie, l'abbigliamento in pelle.

ESERCIZIO 1

Ricostruite il testo combinando le frasi seguenti:

Lo chiamavano „'o scarparo" già da ragazzo,	quando inventò le scarpe con il tacco a spillo e disegnò un sandalo di corallo.
Ufficialmente iniziò la sua attività una trentina d'anni fa,	dove visse e lavorò per alcuni anni.
Riceve messaggi da Tokio, Parigi, New York,	aprendo un laboratorio artigianale.
La sua fortuna iniziò negli anni 50,	perché frequentava il negozio di calzature del padre.
Per le sue idee originali fu chiamato in America,	stando seduto dietro un'enorme scrivania di cristallo.

3 C'È PASTA . . . E PASTA

„Pastificio La Rocca", Via Mazzini, Torre Annunziata. L'insegna quasi non si nota. Si arriva al pastificio attraversando un labirinto di vicoli, deserti nell'ora della siesta. La famiglia La Rocca è riunita intorno agli spaghetti al sugo di pomodoro. Alfonso La Rocca pensa alla sua infanzia, quando intorno al tavolo sedevano in dodici. Ora sono rimasti solo lui e un fratello a continuare l'attività del padre Francesco, iniziata nel 1939, a produrre cioè artigianalmente „pasta corta" e „pasta lunga".

Il signor Alfonso si lamenta: „Prima di essere prodotta su scala industriale la pasta si faceva ancora come da noi, con passione e fatica, e aveva tutto un altro sapore. Adesso le grandi industrie, come la Barilla di Parma o la Buitoni di Perugia, ci fanno concorrenza. Fanno inventare persino nuove forme per la pasta da famosi designer, come Giugiaro, quello che ha disegnato anche la Fiat Panda. Ma la loro pasta non sa di niente lo stesso." Dopo aver prodotto pasta per quasi 50 anni, l'azienda familiare dei La Rocca riuscirà a tener testa alla concorrenza? Chi continuerà la tradizione di famiglia? Il figlio del signor Alfonso, ventunenne, vorrebbe diventare fotografo e la figlia, diciottenne, insegnante di ginnastica . . .

ESERCIZIO 2

Trovate il contrario delle seguenti parole. Le lettere iniziali dei contrari vi daranno il nome di tre famosi prodotti italiani.

enorme	nero	caldo
chiudere	dolce	uscire
povero	piangere	domandare
antico	pessimismo	silenzioso
esportare	veloce	basso
piccolo	disonesto	mandare
finire		credibile
andare via		
vecchio		
libero		

4 LA PAROLA ALL'ESPERTO

Abbiamo intervistato il sig. Pietro Gorini, giornalista del „Messaggero" di Roma.

~ Com'è la situazione economica in Italia? Che prodotti esportiamo e quali importiamo?

≈ La situazione economica è in netta ripresa. L'inflazione è scesa all'8,6%, ben lontana dal 20% degli anni passati. Esportiamo soprattutto nel settore alimentare e in quello del cosiddetto made in Italy, cioè dell'abbigliamento, dell'alta moda e della pelletteria. Importiamo invece soprattutto materie prime, fra cui il petrolio è al primo posto. Le importazioni incidono molto sulla nostra bilancia dei pagamenti, anche perché le materie prime vanno pagate in dollari.

~ Si può ancora parlare di un Sud non industrializzato? Quali altri investimenti sarebbero opportuni per l'economia del Mezzogiorno?

≈ Anche se la maggior parte dell'industria è al Nord, non si può certo parlare di un Sud non industrializzato. Negli anni Sessanta è stata istituita la Cassa del Mezzogiorno, con il fine di stimolare l'insediamento dell'industria al Sud. Però la psicosi della fabbrica a tutti i costi ha a volte snaturato le caratteristiche peculiari del Sud: agricoltura e turismo. Ecco perché oggi è in atto un ripensamento: si cerca infatti di privilegiare e incentivare questi settori.

~ Per risolvere il problema della disoccupazione si discute anche da noi sull'introduzione delle 35 ore?

≈ La disoccupazione resta uno dei più gravi problemi italiani e comunitari. L'eco delle lotte sostenute dai lavoratori tedeschi per le 35 ore ha avviato anche in Italia un dibattito sul tema. Per il momento, delle tre confederazioni sindacali italiane (C.G.I.L., C.I.S.L. e U.I.L.), solo la C.I.S.L. ha presentato un progetto per l'introduzione delle 35 ore.

~ Quali sono le differenze principali fra la situazione economica in Italia e in Germania?

≈ In Italia l'economia tedesca viene chiamata „la locomotiva d'Europa". Se ne ammira l'efficienza, la capacità d'innovazione tecnologica, la collaborazione fra sindacati e imprenditori, una combinazione „magica" di elementi che permette di contenere l'inflazione al di sotto del 4%. L'economia italiana, pur ricca di creatività di mezzi e di uomini, è ostacolata da frequenti conflitti sindacali e da mali finora incurabili, come l'evasione fiscale, i numerosi enti inutili e l'indebitamento dello Stato.

ESERCIZIO 3

1. Made in Italy e made in Germany: che cosa rappresentano?
2. Qual è stata la funzione della Cassa del Mezzogiorno?
3. Perché l'economia tedesca viene definita „la locomotiva d'Europa"?
4. Condividete l'opinione che il giornalista ha dell'economia tedesca?

Fiat, produzione della Ritmo, Cassino

Italsider, Taranto

Montedison, Porto Marghera

Setificio De Negri, San Cencio (Caserta)

Su 100 occupati
lavorano nell'industria

- meno di 35
- da 35 a 45
- più di 45

Media europea: 40

5 RADIO TRE, ORE 21.40 – ATTUALITÀ

Alla trasmissione partecipano: Marco Bevilacqua, sindacalista della C.I.S.L., Gianfranco De Vecchi, della Confindustria, Annamaria Mori, operaia, e Giovanni Greco, studente.

ESERCIZIO 4

Dopo aver ascoltato la trasmissione dite di chi sono le seguenti opinioni:

„Sì alle 35 ore. Bisogna ridurre l'orario di lavoro per dare un posto a tutti. Così i costi degli enti sociali diminuirebbero e in questo modo potremmo compensare l'aumento del costo del lavoro.

„Non si può certo risolvere la crisi lavorando di meno. Le 35 ore farebbero solo peggiorare la situazione economica."

„Non basta introdurre le 35 ore, secondo me occorre un cambiamento più radicale: uomini e donne dovrebbero poter scegliere un lavoro part-time."

„La disoccupazione sta provocando gravi disagi. Per offrire più posti di lavoro vanno introdotte le 35 ore."

ESERCIZIO 5

Continuate voi la discussione sulle 35 ore prendendo spunto dai seguenti argomenti:

- tempo libero
- ritmo di lavoro
- costo della manodopera
- posti di lavoro
- competitività

- famiglia
- salute
- qualità della vita
- disoccupazione
- stipendio / salario

2 RICERCHE DI COLLABORATORI		
A.A.A. Cercasi collaboratori giovani per servizio ristorazione. Orario di lavoro flessibile. Telefonare allo 02-25.78.40. **BOUTIQUE** centro cerca commessa bella presenza per tre giorni settimanali. Per informazioni telefonare 02-30.28.65. **CERCASI** esperta/o di contabilità generale e fiscale con minimo 5 anni di esperienza pratica anche part-time. Telefonare 541.193 ore pomeridiane.	**DATTILOGRAFA** centralinista è richiesta urgentemente da azienda commerciale metalli. Indispensabile buona padronanza inglese e francese. Telefonare 02-43.90.990. **DIRETTORE** o direttrice società operante nel settore moda giovane ricerca per 2 negozi in Milano. Richiesta provenienza dal settore e residenza in Milano. Telefonare allo 0331 - 78.87.04. **SERIA** ditta cerca giovani corrispondenti italiano massima velocità in dattilografia. Scrivere inviando curriculum vitae a G.E.V. Ricambi Spa, via Botticelli 61 - 10154 Torino.	**SOCIETÀ** internazionale assume liberi subito max. 28enni fisso mensile 875.000 presentarsi oggi 27 giugno ore 10/12 15/18 Viale Etiopia 4 Roma. **SPEDIZIONIERE** internazionale cerca impiegati pratici settore import con buona esperienza francese e/o tedesco. Tel. 039-32.24.60. **TRADUTTRICE TEDESCA** ufficio rappresentanze macchine tessili, cerca corrispondente-traduttrice madrelingua tedesca, buon italiano parlato e scritto, orario pieno. Tel.: 02-79.25.38.

6 A.A.A. CERCASI

1. Sono Ursula Kellinger. Ho letto sul Corriere di oggi il vostro annuncio in cui cercate una traduttrice tedesca. Con chi potrei parlare per avere delle informazioni?

2. Con il dottor Giubilato, il responsabile dell'ufficio personale. Attenda un momento, glielo passo.

3. Buongiorno, signora Kellinger. Lei telefona per il posto di traduttrice: ha già esperienza in questo campo?

4. Non molta, perché avevo appena cominciato a lavorare come interprete a Colonia quando ho deciso di trasferirmi in Italia.

5. Veramente avevamo previsto di assumere una persona con qualche anno d'esperienza . . . Non importa, fissiamo lo stesso un appuntamento per un colloquio.

Quando ho telefonato al dott. Giubilato,	era già uscito.
Quando sono venuta in Italia,	avevo appena finito la scuola.

ESERCIZIO 6

Tiziana si è trasferita a Berlino da alcune settimane perché ha trovato un posto di lettrice all'Università. A un seminario di letteratura italiana contemporanea conosce Ute.

Completate il dialogo inserendo i verbi al tempo giusto:

U.:	Prima di venire a Berlino . . . già . . . in Germania?	(essere)
T.:	Sì, ma solo per brevi periodi. . . . diverse volte . . .	(andare a trovare)
	degli amici a Costanza. Allora . . . spesso	(passare)
	le vacanze in Germania, perché . . . a studiare	(cominciare)
	il tedesco e . . . conoscere il paese e imparare	(desiderare)
	la lingua sul posto.	
U.:	. . . fin dall'inizio di trasferirti in Germania dopo l'Università?	(decidere)
T.:	No, non . . . mai . . . Poi, per caso, un amico	(pensarci)
	tedesco mi . . . che cercavano una lettrice a Berlino,	(dire)
	così . . . la domanda e ora eccomi qui.	(presentare)

ESERCIZIO 7

Ascoltate adesso tre telefonate tenendo sotto gli occhi gli annunci della pagina precedente.
Sapete dire per quale posto hanno telefonato le tre persone?

7 COM'È ANDATA?

Renato: Piero! Ma che ti è successo? Non ti avevo riconosciuto!
Piero: Sto cercando lavoro. Stamattina ho dovuto presentarmi per un colloquio. Mi sono fatto tagliare la barba, mi sono fatto prestare questo vestito grigio e . . .
Renato: Beh, com'è andata?
Piero: Mi hanno fatto fare un test psicoattitudinale. Speriamo che non sia stato tutto inutile.

ESERCIZIO 8

Piero è stato assunto. Dopo alcuni mesi Renato gli chiede:

Il capo ti	fa lascia	andare in ufficio senza cravatta? lavorare molto? prendere le ferie in luglio? leggere il giornale in ufficio? telefonare a casa? fare anche gli straordinari? lavorare molto al computer?

Fate le domande e rispondete.

ESERCIZIO 9

Leggete il curriculum vitae di Antonia Causio e raccontate la sua vita usando, dove è possibile, „prima di" e „dopo . . ."

1940	nata a Perugia
1959	diploma di ragioniera
1960	soggiorno in Inghilterra
1961–63	impiego presso la ditta F.lli Scovolini di Terni
1964	iscrizione alla facoltà di economia e commercio dell'università di Roma
1965–66	nei mesi estivi attività nel settore turistico come accompagnatrice
1967	matrimonio con Marcello Valenti
1968	nascita del figlio Roberto
1970	conseguimento della laurea
1971–80	impiego presso il Banco di Roma
1980	trasferimento a Taranto
dal 1982	impiego presso l'INPS (Istituto Nazionale per la Previdenza Sociale)

1

A che cosa vi fa pensare questo manifesto?
Vi interessate di ecologia? C'è interesse per l'ecologia nel vostro paese?

2 GLI ITALIANI E L'AMBIENTE

Alpi maestose, snelle Dolomiti, dolci Appennini, laghi, vulcani, fertili pianure. Benché l'Italia sia ricca di bellezze naturali, poche sono quelle rimaste intatte. Gravi sono infatti i danni arrecati all'ambiente, soprattutto a causa del disinteresse politico verso i problemi ecologici.
La triste realtà italiana si può riassumere così: disastro di Seveso, estinzione della fauna marina, caccia indiscriminata anche alle specie protette, speculazione edilizia, raffinerie e industrie chimiche che devastano i nostri mari, fiumi inquinati che avvelenano le nostre riserve di acqua potabile, immondizie che invadono il paesaggio.
Dal 1982 esiste un Ministero per l'Ecologia, che dovrà cercare di salvare quanto resta del patrimonio naturale, ma è compito di ognuno imparare a sentirsi responsabile del bene comune e proteggerlo.

Sebbene Benché	l'Italia sia	ricca di bellezze naturali, poche sono quelle rimaste intatte.
Anche se	l'Italia è	

ESERCIZIO 1

1. Di chi è la responsabilità dei danni arrecati all'ambiente in Italia?
2. Quali sono i danni arrecati all'ambiente nel vostro paese?
3. Che cosa può fare ognuno di noi per difendere e proteggere la natura?

„A parte i fosfati e i metalli pesanti mi pare che stamattina l'acqua abbia un aspetto migliore"

ESERCIZIO 2

Sebbene il mare sia inquinato, molta gente continua a fare il bagno.

Continuate voi usando „sebbene", „benché", „anche se".

3 LA CROCIATA ECOLOGICA

Per salvare le coste italiane, compriamole!

Il WWF ha lanciato una grande campagna: compriamo le coste italiane ancora intatte. Con la collaborazione della rivista „Panorama" ha chiesto a tutti i lettori di „adottare" simbolicamente uno o più metri di costa al prezzo di Lit. 10.000 al metro.
A chi sottoscrive verrà inviato un certificato di adozione.
Il denaro raccolto verrà usato concretamente per l'acquisto di aree costiere, affinché siano protette per sempre da ogni rischio e per sempre a disposizione di tutti.

Corso di laurea in scienze ambientali: il primo in Europa.

Dal 1985, presso la facoltà di chimica industriale dell'università di Venezia, verrà istituito un corso di laurea in scienze ambientali, il primo non solo in Italia, ma anche in Europa.

Tutti insieme per salvare la bella Italia

Il Fondo per l'Ambiente Italiano (FAI), un'organizzazione privata per la tutela del patrimonio artistico e naturale, acquista o riceve in dono terreni e fabbricati, li restaura e vi crea centri di cultura attiva aperti al pubblico.

L'Italia, paradiso per le aquile reali

L'aquila reale, quasi scomparsa da 30 anni, è tornata sulle Alpi e sugli Appennini. Gli ecologisti della Lega Italiana per la Protezione degli Uccelli (LIPU) dichiarano: „Senza rapaci non c'è equilibrio ecologico. Il ritorno dell'aquila è il primo passo per cercare di riportare nel mondo animale la normalità distrutta".

Un bosco in città

A Milano, in un terreno del comune a 7 km dal Duomo, „Italia nostra" e un piccolo esercito di volontari, tra cui studenti, insegnanti e pensionati, hanno piantato 10.000 querce, betulle e altri alberi per dare un'area verde alla città.

ESERCIZIO 3

Combinate le frasi tenendo presente che non sempre la preposizione è necessaria:

Molti italiani preferiscono		leggere riviste ecologiche.
sono disposti		eliminare il piombo dalla benzina.
cominciano		scoprire la natura.
hanno deciso	di	fare qualcosa per l'ambiente.
desiderano		proteggere.
cercano	a	riciclare i rifiuti.
si divertono		restaurare.
In Italia ci sono molti monumenti	da	osservare gli uccelli.
molte aree verdi		rinunciare all'auto.
molte zone costiere		salvare.

ESERCIZIO 4

1. Quali di questi animali sono in via d'estinzione e quali no?
2. Conoscete altri esempi di fauna da proteggere?
3. Che cosa si fa nel vostro paese per proteggere le specie in pericolo?

4 UN'ESTATE POSSIBILE

AGRITURISMO in Maremma. Ospitiamo chi vuole imparare a fare il formaggio, il pane, lo yoghurt e lavori di campagna. Altre attività: teatro spontaneo, burattini, pallavolo e lezioni d'inglese – Portare il sacco a pelo – Aziende Agricole Collepagiano – 58050 Polveraia (Gr).

ESCURSIONI DOMENICALI, trekking dell'Appennino, per monti e foreste tra Marche, Toscana ed Emilia da giugno a settembre.

SI VA IN BICI.
Una pedalata fra Pescara e il delta del Po è organizzata in giugno da Arcipelago verde sui temi dell'inquinamento dell'Adriatico.

VACANZE PER BAMBINI, nel Trentino. 15-30 giorni di vacanza sana a contatto con la natura, con cibi di nostra produzione, camminate, lavoro nell'orto e bagni nel torrente. Niente televisore e tanto entusiasmo.

ESERCIZIO 5

Sempre più gente si interessa ad un tipo di vacanze diverse.

Ascoltate il dialogo fra due amici.

1. Che tipo di vacanza piacerebbe a Paolo?
2. E voi quale scegliereste? Perché?

ESERCIZIO 6

Paolo scrive alle Aziende Agricole Collepagiano per avere ulteriori informazioni.
Ecco la sua lettera:

Torino, 20/6/1986

Ho letto il vostro annuncio su "Terra-nuova". Vorrei trascorrere le vacanze da voi in Maremma e mi interesserebbe sapere per che periodo è previsto il soggiorno e quanto dura. È possibile venire solo per una settimana?
Vorrei inoltre sapere quanto costa la vacanza e se è necessario versare un acconto per l'iscrizione.
Potreste anche darmi delle informazioni su come arrivare a Polveraia?
Il mio indirizzo è:

Paolo Certaldo
via Cavour 10
10100 Torino

Vi ringrazio e vi invio cordiali saluti

Paolo Certaldo

Anche voi siete interessati ad uno degli annunci della pagina precedente e vorreste saperne di più.
In particolare vi interessa:

- data d'inizio
- quota d'iscrizione
- numero dei partecipanti
- indirizzo o luogo d'incontro

Scrivete al giornale.

ESERCIZIO 7

Anna telefona a Chiara e le racconta che ha deciso di fare il trekking sull'Appennino. Che cosa dice Anna? *Completate il dialogo usando, dove possibile,* „(non) ce l'ho":

~ Ah ciao, Anna! Che cosa mi racconti?

≈ . . .

~ Davvero! Che sportiva! Ma hai già tutta l'attrezzatura per il trekking?

≈ . . .

~ Per la tenda non preoccuparti. Posso chiederla a Giorgio, lui ne ha una piccola che va benissimo. Ti mancano altre cose?

≈ . . .

~ Ti conviene chiedere a qualcuno che ha già fatto trekking. Le scarpe sono importanti. Ma senti, ci vediamo prima che tu parta?

≈ . . .

~ Benissimo! Allora a domani sera. Ciao.

SALVIAMO LA NATURA

A questo gioco possono partecipare due o più giocatori. Ogni giocatore avrà una pedina. Ogni faccia del dado corrisponde ad un colore. Se, dopo aver tirato il dado, compare un numero che corrisponde ad un colore diverso dal grigio, il giocatore potrà spostare la propria pedina nella prima casella del colore corrispondente e quindi fare avanzare la natura. Se, invece, apparirà un numero che corrisponde al grigio, il giocatore che ha lanciato il dado si troverà minacciato dall'inquinamento. Per poter continuare, il

giocatore dovrà descrivere la situazione in cui si trova e chiedere aiuto agli altri. Se i partecipanti sapranno trovare una soluzione al problema dell'inquinamento, il giocatore potrà riprendere il gioco, altrimenti dovrà stare fermo un giro. Bisogna ricordare che tutti i giocatori non partecipano per una vittoria personale, ma insieme contro il "nemico" inquinamento che, come si spera, verrà sconfitto. Il gioco sarà finito quando tutti i giocatori saranno arrivati al traguardo (la coda del serpente).

5 NATURALE È BUONO

Stanno spuntando ovunque come i funghi. Hanno nomi poetici, come „Fiordaliso", „Il melograno", „La terra canta": sono i negozi che vendono prodotti alimentari biologici ed integrali, le erboristerie, i ristoranti vegetariani. Rispecchiano il desiderio di ritorno alle cose sane, alla natura.

Anna lavora in uno di questi centri.

~ Che cosa vendi in questo negozio?

≈ Tutta roba sana. Vendo erbe, pasta e riso integrali, cereali coltivati biologicamente, miele e marmellate senza zucchero.

~ Da un po' di tempo c'è una richiesta crescente di questi prodotti. Come mai? Pensi che la gente oggi dia più importanza a quello che mangia?

≈ Magari! Se fosse così nessuno comprerebbe più i cibi di cui i supermercati sono pieni e che, a dir la verità, di naturale non hanno più niente.

~ Ma non è una questione di costo? Se i prodotti naturali non fossero così cari, si venderebbero di più.

≈ È vero che i nostri prodotti costano di più, ma d'altra parte sono anche più nutrienti, perciò ne bastano delle quantità minori. È questione di cambiare mentalità e abitudini anche in cucina.

Se fossi più informato Se avessi più informazioni	non parleresti così.

ESERCIZIO 8

Combinate le frasi:

1. Se avessi più soldi
2. Le strade non sarebbero così sporche
3. I fiumi non sarebbero così inquinati
4. Se fossi in te
5. Se avessi delle vacanze più lunghe
6. Se Paolo non fosse un fanatico del campeggio
7. Se non ci fossi tu
8. Non andresti sempre in ufficio in macchina
9. Se non foste così pigri
10. Se avessimo più rispetto per la natura

a) smetterei di fumare.
b) se avessi davvero una coscienza ecologica.
c) andrei in Sicilia in bicicletta.
d) comprerei una casa col giardino.
e) se la gente non avesse l'abitudine di buttare i rifiuti per terra.
f) potrei fare quello che voglio, per esempio osservare gli uccelli anche per delle ore.
g) se ci fossero delle leggi più severe per tutelare l'ambiente.
h) andrei in vacanza con lui.
i) ci comporteremmo in modo diverso.
l) potremmo salire a piedi sull'Abetone.

6

Bologna ha riscoperto bici e motorini

Il 70% dei cittadini di Bologna ha risposto con un sì al referendum sulla chiusura del centro storico al traffico.

L'esperienza di Bologna ha riaperto la discussione sulla tutela dei centri storici e sulla qualità della vita nelle metropoli. Finora il mito dell'automobile ha resistito, ma adesso la gente sente il bisogno di aria pulita, di silenzio, di verde, insomma di condizioni di vita più umane.

~ Se il traffico in città diminuisse, si starebbe certamente meglio. D'estate è diventato impossibile sedersi in un caffè all'aperto, perché si rischia di diventare sordi per il rumore e di soffocare per i gas di scarico.

≈ Io sarei anche disposto a rinunciare alla macchina in città se i mezzi pubblici funzionassero meglio. Adesso i tram e gli autobus sono sempre in ritardo e così affollati che passa la voglia di prenderli.

≈ Io sono contrario a queste iniziative. Per noi commercianti sarebbe la rovina. La gente, oggi, se non ha la macchina non si muove.

Se abitassi in città	uscirei tutte le sere.
Se uscissi tutte le sere	spenderei un sacco di soldi.
Se spendessi troppi soldi	non potrei più vivere in città.

ESERCIZIO 9

Completate il dialogo con le forme del congiuntivo o del condizionale necessarie:

~ Accidenti! Che traffico! Io in questa città divento nevrotico. Se (noi) . . . ad abitare in campagna . . . tutta un'altra cosa. Ma tu non vuoi.	(andare/essere)
≈ Non voglio perché se (io) . . . in campagna mi . . . tutto quello che offre la città e . . . prendere sempre la macchina per spostarmi.	(vivere/mancare) (dovere)
~ Tu vedi solo gli svantaggi. Se (tu) . . . un po' anche ai lati positivi forse . . . idea. Se (noi) . . . in campagna, per esempio, . . . avere una casa col giardino, . . . anche a te. Anche per i bambini . . . meglio. Se . . . più spazio per giocare, . . . più sani.	(pensare) (cambiare/abitare) (potere/piacere) (essere/avere/crescere)
≈ Fra qualche anno i bambini saranno grandi e vorranno uscire con gli amici. Come faranno se vorranno andare da qualche parte la sera?	
~ Beh, se (si) . . . avere un po' più di pace e di verde anche in città, anch'io . . . restare qui.	(potere) (preferire)

Gioco di gruppo. Uno di voi (A) deve uscire dalla stanza. Il resto del gruppo sceglie una persona (B) fra i presenti. (A) rientra e deve indovinare chi è (B) ponendo delle domande.

Esempio: Se (B) facesse un viaggio dove andrebbe?

- leggere un libro
- ascoltare un disco
- costruire una casa
- comprare un vestito
- amare un animale / una pianta
- andare a vedere un film
- fare uno sport
- avere un hobby
- scegliere una professione
- ordinare un piatto in un ristorante
- andare in vacanza

. . .

1 Cosa conta veramente nella vita?

In che cosa credono ancora gli italiani.

Alla domanda: Lei ha piuttosto fiducia o sfiducia in . . .

2000 italiani hanno risposto così:

	fiducia %	sfiducia %
la famiglia	86,6	13,4
l'amicizia	80,7	19,3
il matrimonio	77,5	22,5
la fedeltà	73,8	26,2
la religione	67,8	32,2
la patria	61,8	38,3
la Chiesa cattolica	54,8	45,2
la giustizia	42,5	57,5
il Parlamento	35,5	64,5
i sindacati	31,8	68,2
i partiti	25,5	74,5

2 TORNA A FIORIR L'ANELLO

Sembrava una cerimonia sepolta sotto le ceneri della contestazione. E invece si scopre che i ragazzi hanno ricominciato a fidanzarsi. Per far contenta la mamma, per voglia di ufficialità oppure per opportunismo?
Racconta Paola, 22 anni:
„I miei fratelli maggiori si sono tutti fidanzati ufficialmente, però in modo molto informale. Ciascuno è andato dal suocero a chiedere la mano della ragazza. Oddio, non proprio a chiederglielа, diciamo a comunicargli che l'avrebbe sposata. I genitori della fidanzata hanno invitato a colazione la nostra famiglia; un modo di fare conoscenza senza cerimonie."
Un ritorno nostalgico ai riti del buon tempo andato? Emma Bonino, deputata radicale, ha qualche dubbio:
„Ma sì, è vero che c'è una gran voglia di sicurezza, di ritorno alla famiglia. In giro non si dice altro. Io, però, ho il sospetto che c'entri anche la crisi economica. Chi può permettersi di mettere su casa senza l'aiuto di mamma e papà? E allora, perché non dargli un contentino?"

Quando i genitori		
della mia fidanzata	hanno saputo	che ci saremmo sposati presto
	hanno detto	che avrebbero invitato i miei a colazione.

ESERCIZIO 1

a) Guido ha promesso al futuro suocero tante cose. Non tutto, però, è andato come pensava. Alcuni anni dopo il matrimonio, il suocero gli ricorda le sue promesse: „Dicevi che volevate sposarvi in chiesa, che avreste fatto una granda festa . . ." *Continuate voi.*

b) Come sono andate in realtà le cose? *Provate a immaginarvelo!*

ESERCIZIO 2

a) *Ascoltate come la pensava Paola 5 anni fa prima di conoscere Francesco, suo marito.*
b) *Raccontate quello che allora diceva Paola.*

ESERCIZIO 3

1. Che significato ha il dono dell'anello?
2. Secondo voi, perché tanti giovani tornano a fidanzarsi?
3. Conoscete altri esempi di riti, usi e costumi legati al fidanzamento e al matrimonio?

3

SOTTO LO STESSO TETTO

Giacomo: Ciao, gente!
Padre: Hai messo la macchina in garage?
Giacomo: Non ancora, ho una fame da lupi e poi forse uscirò di nuovo.
Paola: Eh no, caro, non ti sembra di esagerare? La macchina dopo serve a me. Quella di Francesco è dal meccanico e non credo che sia pronta prima di domani. Questa sera vogliamo sbrigare ancora tante cose. Piuttosto, speriamo che il mobilificio tenga aperto anche la sera!
Giacomo: I mobili, i mobili . . . Ma da quando avete deciso di sposarvi non sento parlare d'altro. In fin dei conti non avete ancora trovato l'appartamento!
Paola: È già deciso. Per i primi tempi andremo ad abitare dai genitori di Francesco. Hanno una casa così grande e sono felici di aiutarci. Pensa a quanto risparmieremo d'affitto!
Giacomo: Sai che bellezza vivere con la befana! La mamma di Francesco io non la posso soffrire . . .
Madre: Ma pensate ancora di farcela per giugno?
Paola: Se penso a tutti i preparativi ancora da fare mi sembra di impazzire!
Giacomo: Mamma, ma insomma, si mangia o no?
Madre: Subito, subito, non devo mica pensare solo alla cena!
Giacomo: Ah sì, adesso c'è l'aerobica, la dieta per fare bella figura al matrimonio . . .
Madre: Sei un maleducato, non ti vergogni? Questo è il ringraziamento per la montagna di camicie che ti ho appena stirato, e tu Paola, potresti anche darmi una mano!
Paola: Ma perché non ti fai aiutare da Giacomo o da papà? In questa casa loro ci stanno solo per comandare.
Madre: Lascialo stare tuo padre! Non ha mai imparato a farsi un caffè da solo, figuriamoci!
Padre: Lo sapevo che adesso era il mio turno. Ma smettetela una buona volta! Un povero cristo, dopo aver lavorato tutto il giorno, non può permettersi neanche di leggere il giornale in santa pace. Non ce la faccio più a sentire le vostre beghe . . .

Pensi	di farcela?
	che Giacomo ce la faccia?

Come no? Penso di sì. Forse . . .
Mah, chissà . . . Non credo.

ESERCIZIO 4

Che cosa pensano, credono, sperano Paola, Giacomo, il padre e la madre?
Lavorate individualmente e poi confrontate i vostri risultati.

Esempio: La madre pensa di aver sbagliato. Le sembra che i figli non la capiscano.
Giacomo crede . . .

Forse ho sbagliato, i figli non mi capiscono.

Non può andare d'accordo con quella befana.

Risparmieremo l'affitto.

Gli uomini esistono solo per comandare.

Le donne, certe cose non le possono capire.

Ma questo è un manicomio!

4 FARSI COMPAGNIA

Conosci qualche anziano? No? Eppure ce ne sono, tanti. Forse vicino a te, magari nella tua stessa casa. Fai tu il primo passo. Avvicina un anziano, salutalo, e fagli questa proposta: „Ci diamo del tu?" Ecco, il ghiaccio è rotto. Perché la cosa più importante è conoscersi. Poi, una volta fatta amicizia, scoprirai che puoi fare tantissime cose per il tuo nuovo amico anziano, una commissione, qualche lavoretto, la spesa, tanti piccoli favori. Piccoli per te, ma grandi per lui. E in cambio, anche lui può darti tanto. Che cosa? Anche questo lo scoprirai frequentandolo. Un anziano è stato ragazzo prima di te, e sa bene cosa può far piacere ad un ragazzo come te.
Senti, perché non ne parli con i tuoi amici, e organizzate qualcosa insieme? Qualunque iniziativa prenderai, è sempre meglio che non fare niente.
La cosa più bella che puoi fare per te, è fare qualcosa per gli altri.

PUBBLICITÀ PROGRESSO

Vincenzo: Buongiorno, signor Pasquale, come va?
Pasquale: Eh, si tira avanti, e Lei?
Vincenzo: Eh, i soliti reumatismi, purtroppo non siamo più giovanotti!
Pasquale: Signor Vincenzo, guardi qui che pubblicità fanno sulle riviste: „Adotta un nonno!"
Vincenzo: Finalmente capiscono che anche noi anziani abbiamo ancora qualcosa da insegnare!
Pasquale: Pensi che io ieri sono stato perfino intervistato da Marco, il figlio della portinaia. Il ragazzo diceva che due riviste avevano organizzato il concorso „Nonno, racconta la tua storia", e siccome lui non aveva conosciuto i suoi nonni, si era ricordato di me.
Vincenzo: Sono proprio interessanti queste iniziative, ma, in fondo, se manca l'amore della famiglia . . .
Pasquale: Sì, è vero, me ne rendo conto anch'io. Da quando mio figlio si è trasferito a Roma con la famiglia soffro molto la solitudine.
Vincenzo: Eh, adesso posso capirla. I miei sono andati tutti in vacanza e la casa è così vuota senza di loro. Per fortuna c'è Angelo.
Pasquale: Come, suo nipote è rimasto qui?
Vincenzo: No, Angelo è il cane.
Pasquale: Ah, volevo dirle, questa sera al circolo c'è un torneo di bocce, andiamo a farci una partitina?

Marco mi ha detto che non aveva mai conosciuto i suoi nonni.

ESERCIZIO 5

Che cosa racconta la nonna? *Completate con la forma esatta dei verbi tra parentesi.*

Mio padre, un uomo molto autoritario, diceva sempre che lui e soltanto lui (dare) ordini in casa. E se qualche volta uscivo, mi rimproverava perché (farsi vedere) in giro da sola. E mia madre mi ripeteva sempre che le ragazze per bene non (andare) a ballare. Se provavo a discutere mi rispondeva che quando (avere) dei figli anch'io (capire).
Ma anche mio marito la pensava in questo modo. Infatti mi diceva spesso che (essere) un uomo fortunato e che mi (sposare) proprio perché (essere) una donna seria. Naturalmente con nostra figlia ha dovuto aggiornarsi. Quando nostra figlia ci ha detto che (innamorarsi), lui ha fatto all'inizio un sacco di storie. Mia figlia allora mi ha confidato che presto (sposarsi) anche senza il consenso di suo padre . . .

ESERCIZIO 6

1. Quando si può dire che una persona è anziana?
2. Perché nella società di oggi sono necessarie iniziative come la pubblicità qui sopra?
3. In che cosa consiste il contributo degli anziani nella società e come potrebbe essere rivalutata la loro funzione?
4. Quali sono i problemi degli anziani che vivono da soli o in un ospizio? A quali difficoltà vanno incontro quelli che vivono in famiglia?

5 CI VORREBBE UN AMICO . . .

„Chi trova un amico trova un tesoro", afferma un proverbio italiano. E oggi più che mai, anche se è tanto facile fare conoscenza e darsi del tu, l'amicizia è considerata qualcosa di raro, prezioso, al vertice delle cose che, come la famiglia, contano veramente nella vita. „Tu sei il mio amico carissimo, né soldi né donne né politica potranno mai dividerci", canta Riccardo Cocciante. L'amico vero è quello a cui vogliamo bene anche per i suoi difetti, e non quello che ci è utile, che frequentiamo per interesse.

„Lei è Rossi? Io sono Bianchi, amico di Verdi." Quante volte si sentono in Italia frasi di questo genere. Molti italiani, quando parlano di amicizia, spesso intendono conoscenza occasionale, privilegio, favore personale, raccomandazione. Infatti, quando le strutture economiche sono insufficienti, la burocrazia lenta e le istituzioni statali inefficienti, con un amico al posto giusto si possono risolvere tanti problemi. Per esempio trovare un posto di lavoro, fare carriera, sbrigare velocemente delle pratiche come riscuotere una pensione o ottenere il passaporto, avere un trattamento migliore in ospedale, aiutare i figli a scuola o trovare semplicemente un bravo idraulico. L'italiano, insomma, è convinto che non si ottiene nulla se non si hanno „Santi in Paradiso".

ESERCIZIO 7

1. Cosa significa avere un vero amico?
2. Per gli italiani la parola amicizia ha almeno due significati. Quali?
3. In quali occasioni è importante avere un amico al posto giusto?
4. Che cosa significa l'espressione „avere Santi in Paradiso"?

ESERCIZIO 8

- Dei proverbi, quale vi piace di più, e perché?
- Per voi cosa significa l'amicizia?

6 DALLA PARTE DEL PADRE

Si dice che mamma si nasce e papà si diventa. Ma è vero? L'esperienza delle giovani coppie e le ricerche degli scienziati tendono a dimostrare il contrario: il padre ha le stesse identiche capacità della madre di allevare i figli. Ne è un esempio Claudio Stroppa, docente di sociologia all'università di Pavia, il primo padre che, dopo la separazione dalla moglie, ha ottenuto l'affidamento del figlio. Claudio Stroppa ha raccontato a „Panorama" la sua esperienza.

P.: Professor Stroppa, lei è stato il primo „ragazzo padre" italiano autorizzato dalla legge. Vuol raccontare la sua storia?

S.: 12 anni fa, quando mio figlio Gian Matteo aveva solo 8 mesi, mia moglie se n'è andata. Da quel momento è cominciata la mia avventura di padre. Con un sacco di problemi, come può immaginare. Le donne se la cavano sempre, hanno conoscenze tramandate di generazione in generazione, ma a noi uomini al massimo ci insegnano a fare il playboy, non certo il padre . . .

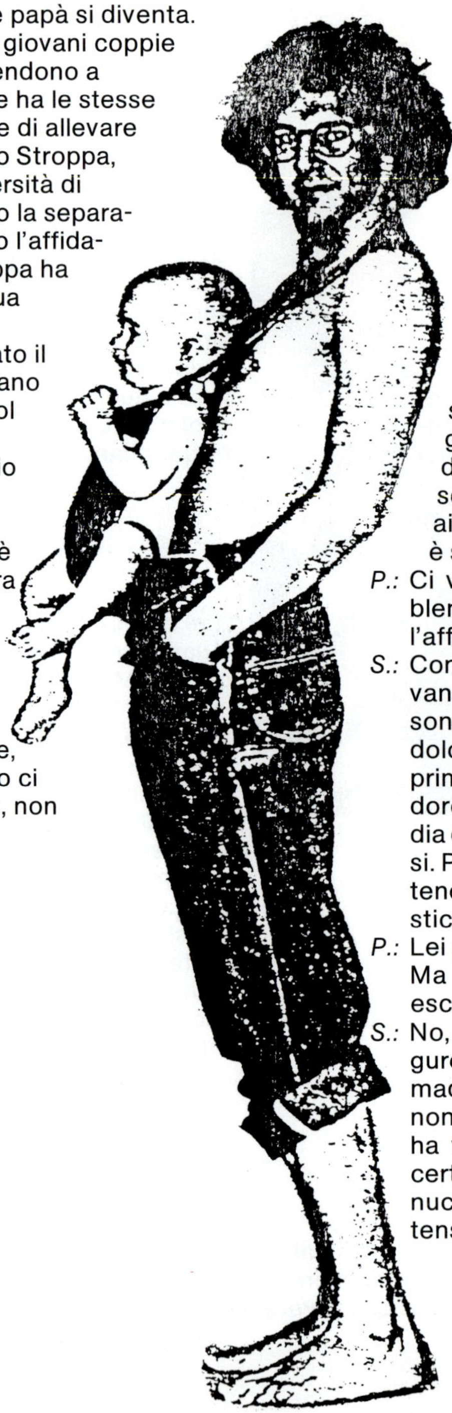

P.: E Lei come ha fatto ad impararlo, questo mestiere di padre?

S.: Ma sbagliando, naturalmente!

P.: E la gente, gli amici, i vicini, che atteggiamento avevano nei suoi confronti?

S.: Meraviglioso. Dapprima mi guardavano tutti increduli. I miei amici per esempio, quando facevo il bagno a Gian Matteo, mi raccomandavano ogni minuto di stare attento e di non farlo annegare. Ma dopo ho avuto una solidarietà immensa. Le vicine di casa, soprattutto, facevano a gara per aiutarmi. Gian Matteo (ed io con lui) è stato adottato da tutto il palazzo.

P.: Ci vuole spiegare un po' quali problemi legali ha dovuto affrontare per l'affidamento?

S.: Con la separazione legale i figli venivano affidati alla madre, ma io mi sono opposto. C'è stata una lunga e dolorosa battaglia legale e alla fine, la prima sentenza, giudice Livia Pomodoro, che affidava al padre la custodia del figlio. Con degli obblighi precisi. Per esempio, mi hanno imposto di tenere in casa, per 5 anni, una domestica e una baby-sitter fisse.

P.: Lei passa molto tempo con suo figlio. Ma il suo non è un amore troppo esclusivo, soffocante per il bambino?

S.: No, Gian Matteo ha tante altre figure di riferimento oltre alla mia: sua madre, che abita qui vicino, e poi i nonni, gli amici. Lui dice sempre che ha tante stanze e tante case. Vive certamente meglio così che in un nucleo familiare ristretto e pieno di tensioni.

ESERCIZIO 9

Anche Francesco è un ragazzo-padre. 5 anni fa sua moglie se n'è andata e l'ha lasciato solo con la bambina piccola. In quel periodo gli amici ed anche i vicini di casa cercavano di aiutarlo con tanti consigli e raccomandazioni.

Stia attento, non le dia troppi dolci!

La faccia dormire regolarmente!

Usi soltanto il sapone neutro per lavare la bambina!

Mi raccomando, per sua figlia compri solo roba fresca da mangiare!

Mi chiami pure se ha bisogno di aiuto!

E non fumare quando la bambina mangia.

Coprila bene quando la porti a spasso.

Non dire tante parolacce davanti a tua figlia!

Portala pure da noi quando vuoi uscire da solo!

Da' un po' di vino alla bimba,
perché mi sembra un po' pallida!

Che cosa gli dicevano allora?

Esempio: La sua vicina gli consigliava di usare soltanto il sapone neutro.
Il suo vicino gli diceva . . .
gli raccomandava . . .

ESERCIZIO 10

Sandro e Anna sono andati a trovare per alcuni giorni la famiglia di lei. È arrivato il momento della partenza. Sandro è già in macchina, il motore è acceso, ma ci sono ancora gli ultimi saluti e raccomandazioni . . .

Ascoltate il dialogo due volte. Quali consigli danno i parenti a Sandro ed Anna?
Riferite usando il discorso indiretto.

7 CHIAMATE TORINO 2121

Sono tutta sconvolta!
Dove ho sbagliato?

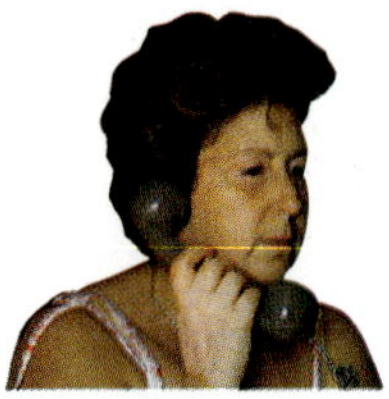

I nostri bambini sono veramente troppo viziati e coccolati?

Scusi, professore, è questo il mammismo di cui si parla tanto?

Esattamente, le mamme italiane sono iperprotettive!

Oggi a Radiodue si discute sui problemi dell'educazione. Gli ascoltatori sono invitati a telefonare.

Ascoltate la trasmissione.

ESERCIZIO 11

Anche la signora De Angelis ha ascoltato il programma alla radio e ne parla con la sua vicina di casa. Durante la trasmissione, però, si è un po' distratta e nel suo racconto non tutto corrisponde a quello che è stato detto.

Che cosa è giusto e che cosa è sbagliato?

~ Hai sentito oggi „Chiamate Torino"?
≈ No, sono stata al mercato. Di che cosa hanno parlato?
~ Ah, era molto interessante. Hanno discusso, tra l'altro, sull'educazione dei bambini da noi e in Germania.
≈ In Germania? Come mai?
~ Ha telefonato una tedesca per criticare il modo in cui vengono educati i bambini italiani.
≈ Eh, penso che da loro sia molto diverso.
~ Mah, secondo l'esperto, non ricordo più come si chiama, ormai non ci sono più molte differenze nello stile di educazione fra i due paesi.
≈ Ah sì? Penso invece che i bambini tedeschi siano più disciplinati.
~ Poi, verso la fine della trasmissione, ha telefonato un'altra signora che si sentiva molto giù.
≈ Forse ha dei bambini terribili come i miei.
~ No, no. Era triste perché suo figlio sarebbe andato via di casa, credo, per lavorare in un altro posto.
≈ Sì, lo capisco, ma sai, certe volte anche noi madri esageriamo.

ESERCIZIO 12

Come pensate che sia andata la discussione fra la signora italiana e la sua amica tedesca?

ESERCIZIO 13

Quando direste così?

Non c'entra – ti voglio bene – ho una fame da lupi – questa persona non la posso soffrire – non ce la faccio – mi sembra di impazzire – vorrei fare una bella figura – mi dai una mano? – è un povero cristo – dai! – smettila –

AVERE AMICI È DIFFICILE

Ho letto perfino Seneca, il filosofo, ma non è servito a niente. Sono permaloso per natura, mi offendo subito, ho un carattere cattivo e qualcuno dice cattivissimo. Così finiremo per restare soli, dice mia moglie, perderemo tutti gli amici per colpa tua e moriremo soli e al buio come due scarafoni. Mia moglie parla strano certe volte, esagera, drammatizza. Devo ammettere però che ha le sue ragioni. L'estate scorsa durante le vacanze in Calabria ho litigato con Aristide che è un mio collega al ministero. Qualche mese prima avevo tolto il saluto ai Peruzzi marito e moglie dopo una riunione di condominio. Noi e i Peruzzi abitiamo sullo stesso pianerottolo.

Quando penso a Aristide ancora non riesco a spiegarmi come ho fatto a sopportarlo durante la prima settimana di vacanza. Non faceva altro che tirare paragoni dalla mattina alla sera. La sua macchina era più veloce della mia e lui naturalmente guidava meglio di me, il motore del suo gommone aveva non so quanti cavalli più del mio, io nuotavo così male che correvo il rischio di affogare ogni volta che entravo in acqua, non gli andavano a genio né i miei occhiali da sole né mia moglie. Io sopportavo e tacevo stringendo i denti, avevo appena letto Seneca quando dice a Lucilio sii tollerante con gli amici, fai finta di non vedere i loro difetti. Mi comportavo come diceva il filosofo. Errore gravissimo: più ero tollerante e più Aristide diventava offensivo. Prendeva la mia saggezza filosofica, proprio saggezza filosofica, per debolezza e infingardaggine e diventava ogni giorno più arrogante.
Un giorno ha avuto il coraggio di spiegarmi che lui era stato promosso vice direttore centrale nel ministero non perché aveva fatto lega con un sottosegretario ladro e malversatore e lo aveva aiutato a coprire le sue malversazioni, ma semplicemente per la sua intelligenza. Sottinteso: io invece non avevo fatto carriera perché ero stupido. A questo punto mi sono detto basta, queste non sono più vacanze. Ho caricato mia moglie sulla macchina, proprio caricata come una valigia perché lei voleva restare, e siamo partiti senza salutare nessuno.
Da quel giorno Aristide non l'abbiamo più visto. Ci ha telefonato due volte a Roma, ha parlato con mia moglie perché io mi sono rifiutato di andare al telefono, niente altro. Le rare volte che lo incontro nei corridoi del ministero lo saluto appena senza fermarmi e l'estate prossima non andremo più al mare insieme come facevamo da sei o sette anni. Ho già deciso che vado in Grecia così sono sicuro di non incontrarlo. Ecco che cosa succede a dare ascolto ai filosofi, succede che si perdono gli amici.
Sarei disonesto però se dicessi che la colpa è tutta di Seneca. Quando ho seguito i suoi consigli di moderazione è andata male, ma nei piccoli rapporti giorno per giorno quando dimentico i suoi precetti filosofici è andata ancora peggio. Abito in una strada molto corta dove ci si conosce tutti, ma io ci sto ormai come in esilio. Mi sono offeso con il giornalaio perché un giorno non ha voluto prendere indietro una rivista che avevo comprato non sapendo che l'aveva già comprata anche mia moglie. Io evito i battibecchi, mi sono lamentato con discrezione dicendo che il suo modo di fare non era mica tanto gentile, e lui niente, sembrava sordo. Da allora non ho mai più comprato un giornale nella sua edicola: chiuso, per sempre. Così adesso devo andare da un giornalaio lontano da casa e ancora più antipatico di questo. *Luigi Malerba*

1 La Costituzione dice ...

articolo 1: L'Italia è una Repubblica democratica fondata sul lavoro.

articolo 3: Tutti i cittadini hanno pari dignità sociale e sono eguali davanti alla legge, senza distinzioni di sesso, di razza, di lingua, di religione, di opinioni politiche, di condizioni personali e sociali.

articolo 4: La Repubblica riconosce a tutti i cittadini il diritto al lavoro e promuove le condizioni che rendano effettivo questo diritto.

Confrontate le foto con i tre articoli della costituzione italiana (1948).
Quali potrebbero essere i problemi dei gruppi manifestanti?

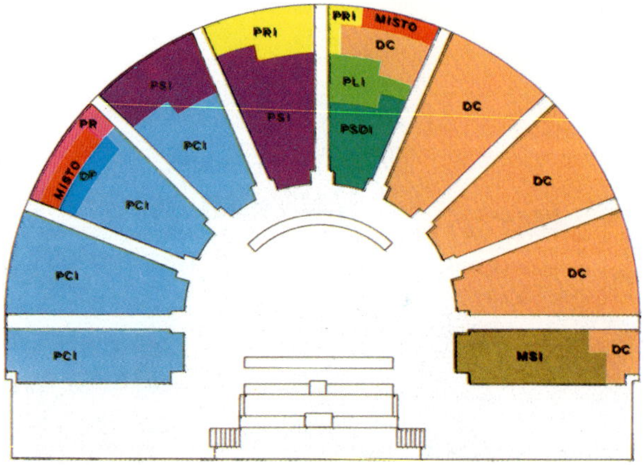

2 ULTIME NOTIZIE

roma. secondo una notizia ufficiosa, con il nuovo concordato gli italiani sarebbero liberi di destinare l'8 per mille dell'imposta personale sul reddito alla chiesa o allo stato.

roma. secondo voci vicine al vaticano, il papa avrebbe sollecitato i vescovi a scendere in campo a favore della dc nelle amministrative.

roma. il parlamento avrebbe approvato una legge che garantisce la partenza e l'arrivo puntuali di aerei e treni.

catanzaro. secondo voci non smentite, a rossano, comune calabrese di 38 mila abitanti, dc e pci si sarebbero messi insieme per governare il paese.

roma. prolungato di oltre 10 ore il colloquio tra presidente della repubblica e presidente del consiglio sulla situazione del paese. secondo fonti vicine al governo i due statisti avrebbero prolungato il colloquio per poter parlare di tutti i guai e le calamità del paese.

ESERCIZIO 1

Quali notizie sono vere?

3 VINO E POLITICA

Guido e Luciano sono amici di vecchia data. Spesso s'incontrano all'osteria „Da Mario" per passare il tempo.
Anche Mario, l'oste, quasi sempre si unisce a loro per discutere.
Le discussioni sono sempre molto animate perché i tre hanno idee politiche diverse. Oggi stanno parlando di missili, armamenti e tasse.
A causa delle nuove leggi Mario è stato costretto a comprare un registratore di cassa . . .

Ascoltate il dialogo.

ESERCIZIO 2

Riferite il contenuto del testo servendovi delle seguenti indicazioni:
Guido e Luciano – viaggio di Craxi – posizione del capo del PSI sul problema degli armamenti – viaggio negli USA – un successo – i socialisti – posizioni poco chiare – voti – il PRI – registratore di cassa – tasse

AMICI PER LA PELLE

ESERCIZIO 3

1. Qual è l'atteggiamento dei partiti tedeschi nei confronti degli armamenti?
2. Quali sono i problemi discussi oggi in Germania dai partiti?
3. Chi è un qualunquista?

A chi è diretta la satira delle vignette? A che cosa alludono?

4 STORIE DI TUTTI I GIORNI

Ordine di cattura a Palermo contro l'esponente politico dc
In fuga l'ex sindaco Insalaco accusato di falso e corruzione

EDITORIALE
Non piove, governo ladro
di GIOVANNI VALENTINI

Per le licenze edilizie «facili»
Al Comune di Bologna altri avvisi di reato

Calogero: Hai visto sul giornale? Il sindaco di Palermo è stato accusato di falso e corruzione.
Lorenzo: Già, e chi l'avrà denunciato?
Calogero: Ma chi vuoi che sia stato! Saranno stati gli avversari politici.
Lorenzo: Eh, sempre al Sud queste storie . . . autorità corrotte, amministrazioni che non funzionano, commissioni d'inchiesta inefficienti, politici che approfittano del potere, mafia dappertutto . . .
Calogero: No, guarda, queste cose non succedono solo al Sud. Leggi un po' sul „Corriere" l'articolo sul comune di Bologna: scandalo edilizio! Vedi, in realtà tutto il mondo è paese. A leggere i giornali si direbbe che ci siano solo scandali.
Elisabetta: Oh, sentite, non esagerate, qualcosa di buono ogni tanto il nostro governo lo fa. Sull'„Espresso" c'è un ottimo articolo di Valentini. Leggetelo! Quando l'avrete letto cambierete idea.
Calogero: È quello che parla della ripresa economica e dell'inflazione che è scesa?
Elisabetta: Sì, proprio quello, e parla anche della legge per impedire l'evasione fiscale. Finalmente tutti, anche i commercianti, dovranno pagare le imposte.
Lorenzo: Mah, sarà, però secondo me, anche quando avranno varato la nuova legge, ci sarà sempre chi troverà il modo per evaderla.

Chi l'avrà denunciato?

Saranno stati gli avversari politici.

ESERCIZIO 4

CHI L'AVRÀ SCRITTO?

Modello: L'avranno scritto i pacifisti.

- *Popolo, il comunismo ti farà schiavo!*
- *Siamo armati di non violenza*
- *Il manzo aumenta, mangeremo Agnelli!!*
- *Femministe a morte*
- *Animali uccisi, sarete vendicati!*
- *Io sono mia*
- *M il governo*

ESERCIZIO 5

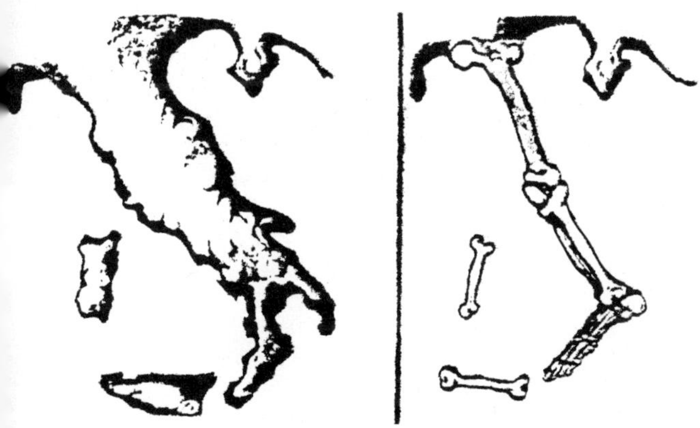

Che cosa vi suggerisce questa vignetta?
Sapreste darle un titolo?

ESERCIZIO 6

Raggruppate i seguenti termini nelle categorie sottostanti:

autorità – tasse – confusione – rapporti – speculazione – disarmo – elezioni – missili – potere – coalizione – governo – inflazione – evasione – interessi – distensione – trattati.

economia: . . . .
politica interna: . . . .
politica estera: . . . .

BRESCIA
SBARCO DI
GIUSEPPE GARIBALDI

5 IL PASSATO PRESENTE

Stefan è andato in Italia a perfezionare il suo italiano. Al corso di cultura generale stanno trattando l'argomento „Gli italiani e lo Stato":

Stefan: Professore, si parla tanto dell'individualismo degli italiani, ma che cosa si intende di preciso?

Prof.: Beh, è difficile dare una definizione. L'individualismo si manifesta in tanti modi. Per esempio nella diffidenza della gente verso lo Stato, nella tendenza a risolvere da sé i problemi e a svolgere un'attività indipendente . . .

Stefan: E come si spiega questa caratteristica, professore?

Prof.: Un famoso politico ha detto „Siamo quel che la razza, il clima, il luogo, la storia hanno voluto che fossimo". Senza dubbio gli avvenimenti storici hanno avuto grande influenza. Per secoli in Italia c'è stata una successione di dominazioni straniere. Greci, Arabi, Teutoni, Celti, Normanni, Spagnoli governarono le diverse regioni.

Stefan: E il popolo come reagiva?

Prof.: Beh, sentiva ogni nuovo governo come una presenza estranea, ostile. Cercava di sopravvivere, di conservare le proprie cose e la propria identità, pur subendo in qualche modo l'influenza delle diverse culture straniere.

Stefan: E il Risorgimento, allora, cosa è stato?

Prof.: Il Risorgimento . . . ecco, non è certamente stato un movimento di massa. Vi aderirono soprattutto intellettuali, borghesi e aristocratici. Nelle città le idee patriottiche del Risorgimento trovarono dei simpatizzanti anche tra i lavoratori. Rimase però un movimento di pochi fino alla fine.

Stefan: Ma allora, se non ci fossero stati questi piccoli gruppi, l'Italia non avrebbe raggiunto l'unità e si parlerebbe ancora del Regno di Sicilia, di Piemonte . . .

Prof.: Andiamo piano; non è poi stato così semplice e soprattutto non si può dire cosa sarebbe successo se non ci fossero stati i patrioti.

Stefan: Ma per quelli che non avevano seguito il movimento patriottico, il governo piemontese non era solo uno dei tanti governi stranieri?

Prof.: Certo. E in un certo senso oggi la situazione non è molto diversa; la gente continua ancora a considerare il governo piuttosto come un avversario e pensa che sia sempre nelle mani dei più forti.

Se non ci fosse stato il Risorgimento	l'Italia non avrebbe raggiunto l'unità. l'Italia oggi sarebbe diversa.

ESERCIZIO 7

„Mai o quasi mai accolgono con il dovuto rispetto il sovrano a cui dovrebbero mostrare obbedienza." (Ottone di Frisinga, XI sec.)

„Gli italiani sono nature improvvisatrici . . . per loro lo Stato non può essere che una cosa accidentale." (Hegel)

„È un insieme di famiglie, non uno Stato." (Longanesi)

Potete citare degli esempi che confermino o contraddicano queste affermazioni?

ESERCIZIO 8

Teodorico
454 ca. –526

– Se io non (far costruire) . . . il mio mausoleo, i turisti oggi non (andare) . . . a visitarlo.

Se io non avessi fatto costruire . . .

Continuate.

Carlo Magno
742–814

– Se i Franchi (vedere) . . . il gesto del Papa quando mi incoronò a Roma, (essere) . . . felici.

Barbarossa
1123 ca. –1190

– Se i Milanesi mi (ubbidire) . . . io non (distruggere) . . . la città.

Ruggero II
1095–1154

– Se noi normanni non (essere) . . . in Sicilia, ora non ci (essere) . . . siciliani biondi.

Che cosa direbbero?

Napoleone

Maria Antonietta

C. Colombo

Eva

LA SICILIA NEL „GATTOPARDO"

Sicilia, 1860. Il Principe Fabrizio di Salina riceve la visita di Aimone Chevalley di Monterzuolo, gentiluomo piemontese che vuole convincerlo ad accettare la nomina di senatore del nuovo Regno d'Italia.
Ecco che cosa risponde il Principe Fabrizio.

Siamo vecchi, Chevalley, vecchissimi. Sono venticinque secoli almeno che portiamo sulle spalle il peso di magnifiche civiltà eterogenee, tutte venute da fuori, nessuna germogliata da noi stessi, nessuna a cui noi abbiamo dato il la; noi siamo dei bianchi quanto lo è lei, Chevalley, e quanto la regina d'Inghilterra; eppure da duemilacinquecento anni siamo colonia. Non lo dico per lagnarmi: è colpa nostra. Ma siamo stanchi e svuotati lo stesso . . . Il sonno, caro Chevalley, il sonno è ciò che i Siciliani vogliono, ed essi odieranno sempre chi li vorrà svegliare, sia pure per portar loro i più bei regali. (. . .)

D'altronde vedo che mi sono spiegato male: ho detto i Siciliani, avrei dovuto aggiungere la Sicilia, l'ambiente, il clima, il paesaggio siciliano. Queste sono le forze che insieme e forse più che le dominazioni estranee e gl'incongrui stupri hanno formato l'animo: questo paesaggio che ignora le vie di mezzo fra la mollezza lasciva e l'arsura dannata; che non è mai meschino, terra terra, distensivo, come dovrebbe essere un paese fatto per la dimora di esseri razionali; questo paese che a poche miglia di distanza ha l'inferno attorno a Randazzo e la bellezza della baia di Taormina; questo clima che c'infligge sei mesi di febbre a quaranta gradi; li conti, Chevalley, li conti: maggio, giugno, luglio, agosto, settembre, ottobre; sei volte trenta giorni di sole a strapiombo sulle teste; questa nostra estate lunga e tetra quanto l'inverno russo e contro la quale si lotta con minor successo; lei non lo sa ancora, ma da noi si può dire che nevica fuoco come sulle città maledette della Bibbia; in ognuno di quei mesi se un siciliano lavorasse sul serio spenderebbe l'energia che dovrebbe essere sufficiente per tre; e poi l'acqua che non c'è o che bisogna trasportare da tanto lontano che ogni sua goccia è pagata da una goccia di sudore; e dopo ancora le pioggie, sempre tempestose, che fanno impazzire i torrenti asciutti, che annegano bestie e uomini proprio lì dove due settimane prima le une e gli altri crepavano di sete.
Questa violenza del paesaggio, questa crudeltà del clima, questa tensione continua di ogni aspetto, questi monumenti, anche, del passato, magnifici ma incomprensibili perché non edificati da noi e che ci stanno intorno come bellissimi fantasmi muti; tutti questi governi, sbarcati in armi da chissà dove, subito serviti, presto detestati, e sempre incompresi, che si sono espressi soltanto con opere d'arte per noi enigmatiche e con concretissimi esattori d'imposte spese poi altrove: tutte queste cose hanno formato il carattere nostro, che così rimane condizionato da fatalità esteriori oltre che da una terrificante insularità d'animo.

Giuseppe Tomasi di Lampedusa, *Il Gattopardo*

1 UN PAESE A TANTE FACCE

- Sarnano, Marche
- Pesca del tonno in Sicilia
- Valli di Comacchio (Ferrara)
- Rionero in Vulture, Basilicata
- Alta Brianza, Lombardia
- Genova
- Ostuni, Puglia
- Lavorazione della paglia a Sorrento (Campania)
- Pascolo alpino, Dolomiti

2 STATO E REGIONI

La Costituzione italiana del 1948 riconosce alle regioni una certa autonomia in campo amministrativo tenendo conto dei caratteri comuni ambientali, storici e linguistici di ciascuna di esse. Ci sono voluti tuttavia decenni per raggiungere questa autonomia che è stata infatti realizzata soltanto negli anni 70. Oggi le regioni possono amministrare, per esempio, ospedali, musei, biblioteche; controllare i piani urbanistici, la costruzione di strade e i lavori pubblici sul loro territorio; si occupano inoltre della protezione del paesaggio, dell'agricoltura e della promozione del turismo.
Cinque regioni a statuto speciale, Friuli-Venezia Giulia, Trentino-Alto Adige, Valle d'Aosta, Sicilia e Sardegna, hanno poteri legislativi più ampi di quelli previsti per le altre regioni. Esse hanno infatti esigenze particolari, derivanti dalla loro posizione geografica e dalla loro storia. Di conseguenza, sia nella Val d'Aosta, dove la maggioranza della popolazione parla un dialetto franco-provenzale, sia nel Trentino-Alto Adige, dove è presente una notevole minoranza di lingua tedesca, è stato adottato il bilinguismo negli atti amministrativi e nell'istruzione scolastica. Per l'espletamento delle loro funzioni, le regioni si servono di organi propri i cui rappresentanti vengono eletti ogni cinque anni; non si può tuttavia parlare di un vero e proprio stato federale, infatti né le regioni a statuto speciale, né quelle a statuto ordinario hanno ministeri propri. Tutti i ministeri sono centralizzati e hanno sede a Roma.

ESERCIZIO 1

1. Che differenze ci sono tra i Länder tedeschi e le regioni italiane?
2. Che caratteristiche hanno le regioni italiane a statuto speciale?
3. Ci sono dei Länder che si differenziano particolarmente dal resto della Germania per lingua, tradizioni e storia?

CHI LO SA?

Quali delle seguenti informazioni si riferiscono al Trentino-Alto Adige, al Friuli-Venezia Giulia, alla Val d'Aosta, alla Sicilia e alla Sardegna?

a) Vi si trovano i nuraghi, antiche abitazioni fortificate in cui si ritirava la popolazione per difendersi dalle invasioni.
b) Nel Parco Nazionale del Gran Paradiso vengono protetti camosci, stambecchi e altre specie animali in via d'estinzione.
c) In alcune località si parla il ladino.
d) È al secondo posto nella produzione delle mele, dopo l'Emilia-Romagna.
e) Vi sono presenti ancora molte usanze arabe, come quella di mangiare il cuscús.
f) È importante per la produzione di latticini, in particolare del famoso formaggio „fontina".
g) Vi si trova un monte che emette caldi fumi bianchi e la cui cima d'inverno è tutta coperta di neve.
h) Vi si producono vini pregiati, come il pinot, il cabernet ed il merlot.

3 A PROPOSITO DI CAMPANILISMO . . .

In occasione della Fiera del Mobile di Milano, il commendator Busnaghi, di Milano, il dottor Mancarella, di Roma e il ragionier Alinari, di Firenze, si incontrano per una cena d'affari.

M.: Questa fiera è organizzata proprio bene. Bisogna riconoscere che voi milanesi in queste cose ci sapete fare.
B.: Eh sì, voi romani potete dire quello che volete: Roma caput mundi, eccetera, ma quando si tratta di organizzazione e di efficienza avete tutto da imparare.
M.: Mbé, caro commendatore, voi sarete più efficienti, qui funzionerà tutto meglio, io però me ne resto a Roma. Voi sapete organizzare, ma noi sappiamo vivere. E poi . . . Roma è bella. Per me non c'è nessuna città che abbia lo stesso fascino.
A.: Macché Milano e Roma! Da noi c'è tutto! Efficienza, fascino e, soprattutto, c'è cultura. Basti pensare che il Manzoni è dovuto venire a Firenze „a risciacquare i panni in Arno". E perché? Perché è l'unica città in cui si parli il vero italiano.
B.: Beh, lasciamo perdere. Adesso vi faccio provare un bel risotto alla milanese e vedrete che è il migliore che abbiate mai mangiato.

Non c'è	nessuna città che abbia	il fascino di Roma.
Firenze è	l'unica città in cui si parli	il vero italiano.

ESERCIZIO 2

1. Sono campanilisti anche i tedeschi? Esistono particolari rivalità tra le città?
2. Provate a difendere da campanilisti i pregi della vostra città (o di una città che amate particolarmente).

ESERCIZIO 3

Completate le frasi scegliendo il modo adatto: indicativo o congiuntivo?

1. L'Umbria è l'unica regione dell'Italia centrale che io non (visitare). Secondo quello che ho sentito dire (dovere) essere una regione molto verde.
2. Pare che l'origine degli Etruschi (essere) incerta. Alcuni studiosi affermano che (provenire) dall'Asia Minore. Molti resti della civiltà etrusca si trovano in Toscana, in Umbria e nel Lazio.
3. Mi hanno detto che in Calabria e in Sicilia (esistere) delle comunità albanesi. Io però non conosco nessuno che (parlare) l'albanese.
4. Quest'anno una mia amica ha trascorso le vacanze a Montepulciano. Mi ha detto che il „Cantiere internazionale d'arte" è una delle manifestazioni culturali più interessanti a cui (assistere).
5. Sebbene Gaby (andare) molte volte in Italia non sa ancora parlare bene l'italiano. Penso che quest'anno (volere) iscriversi ad un corso all'Università di Perugia.
6. È meglio che tu (andare) a Roma in ottobre. Se ci (andare) in agosto fa troppo caldo e trovi solo turisti.

4 COME È NATO L'ITALIANO?

Alla fine del secolo XIII, quando Dante era ancora solo un giovane poeta fiorentino, uno dei tanti, nella penisola italiana, divisa in molti comuni e stati, si parlavano molti dialetti diversi e nello scrivere si adoperava in genere il latino, usato allo stesso fine un po' in tutta l'Europa. In diverse zone del paese si era però andato affermando l'uso di adoperare i dialetti nativi nello scrivere versi e canzoni d'amore e canti religiosi. In quest'uso primeggiavano soprattutto alcune regioni e città: la Sicilia, Bologna, diverse città toscane (Lucca, Arezzo, Firenze), l'Umbria.

Agli inizi del Trecento, Dante compone, in fiorentino, la *Divina Commedia,* un capolavoro capace di affascinare le persone più raffinate, ma anche un poema che, trattando di questioni scottanti dell'Italia d'allora, interessò molti ed ebbe larga diffusione. In pochi decenni la *Divina Commedia* si diffuse da un capo all'altro d'Italia e il fiorentino cominciò così ad avere una buona notorietà fuori di Firenze.

Si è detto da molti: la stessa fortuna poteva capitare a qualsiasi dialetto. E questo è certo vero. Se Dante fosse nato a Napoli o a Milano, alla base dell'italiano ci sarebbe oggi il napoletano o il milanese. Ma il fiorentino e, più in genere, i dialetti toscani avevano un altro vantaggio per essere compresi da italiani di altre regioni più e meglio di altri dialetti della Penisola: i dialetti toscani sono restati vicini al latino più di ogni altro dialetto italiano. Ciò ci è confermato da fatti di ogni genere. Eccone ad esempio qualcuno nello specchietto seguente:

Dialetti toscani	Latino	Dialetti settentrionali	Dialetti meridionali
tempo	**tempus**	**téimp**	**tièmb(e)**
nudo	**nudum**	**nüu**	**annùr(e)**
padre	**patrem**	**pèr**	**pàt(e)**

Per la sua vicinanza al latino, un dialetto toscano era facilmente comprensibile a chiunque in Italia conosceva il latino: notai, giudici, preti, medici ecc. Questo fatto, senza dubbio, ha favorito grandemente il fiorentino usato da Dante nella sua ascesa da dialetto locale a lingua comune italiana.

Raffaele Simone, *Libro d'italiano*

S' I' FOSSE FOCO . . .

S'i' fosse foco, arderei 'l mondo;
s'i' fosse vento, lo tempesterei;
s'i' fosse acqua, i' l'annegherei;
s'i' fosse Dio, mandereil'en profondo;

s'i' fosse papa, sare' allor giocondo,
ché tutti cristïani imbrigherei;
s'i' fosse 'mperator, sa' che farei?
A tutti mozzarei lo capo a tondo.

S'i' fosse morte, andarei da mio padre;
s'i' fosse vita, fuggirei da lui:
similemente farìa da mi' madre.

S'i' fosse Cecco, com'i' sono e fui,
torrei le donne giovani e leggiadre:
e vecchie e laide lasserei altrui.

Cecco Angiolieri, 1260–1312

ESERCIZIO 4

Confrontate la lingua usata da Cecco Angiolieri con l'italiano moderno: quali parole si potrebbero usare ancora oggi? Quali sono invece cambiate?

5 CHE LINGUA PARLIAMO?

I linguisti danno grande importanza a una statistica del 1982 secondo la quale, per la prima volta nella storia d'Italia, un po' più del 50% degli italiani parla in lingua e non in dialetto anche quando si trova in casa, nel relax della vita domestica.
Può sembrare una cosa ovvia e invece per arrivare a questa relativa unità linguistica ci sono voluti più di cent'anni di vita nazionale e l'aiuto di mass-media potenti, come il cinema e la televisione. Questa lingua nazionale non è qualcosa di puro, ma è un intreccio di più lingue, di più dialetti, vi è infatti un continuo scambio di elementi tra la lingua e i vari dialetti. Gli italiani usano parole come scippo, scassare, menare, sfizioso, bustarella, teppista, scugnizzo, tarocchi, etc. come se fossero „italiane", invece sfogliando il vocabolario, si scopre per esempio che scippo e menare sono di origine romana, scassare e scugnizzo di origine napoletana e che teppista è una voce lombarda. Altri vocaboli, al contrario, hanno un uso limitato ad alcune città o regioni. A Venezia, per esempio, il bicchiere di vino, che viene abitualmente preso come aperitivo, si chiama „ombra" o „ombretta" e i forestieri diventano „foresti".

ESERCIZIO 5

Completate il testo con i pronomi relativi mancanti.

L'impiego di vocaboli stranieri, . . . era stato vietato durante il fascismo, è esploso nell'ultimo dopoguerra. Gli anglicismi . . . ci serviamo sono sempre di più; basta guardare l'uso che se ne fa nel linguaggio pubblicitario. Così oggi tutti i ceti sociali si esprimono usando parole inglesi . . . è diventato difficile o scomodo trovare un corrispondente italiano. Non c'è nessun dubbio che un vocabolo come jet, . . . possiamo tradurre con „aereo a reazione", è più comodo: 3 lettere contro 14. Vi sono anche altre ragioni, però, . . . hanno contribuito alla diffusione dell'inglese, . . . il „prestigio" e l'importanza economica dell'America.

ESERCIZIO 6

Quando italiani di diverse regioni si incontrano, qualche volta nascono dei malintesi o si fa dell'ironia sui rispettivi modi di esprimersi, come nei dialoghi che ascolterete.

Che cosa significano le parole seguenti nei dialoghi ascoltati? *Trovate la definizione giusta.*

mesticheria
- bar
- negozio di generi alimentari
- negozio di casalinghi

pedalini
- piccoli pedali
- scarpe per bambini
- calzini

sciocco
- non troppo intelligente
- spiritoso
- insipido

6 SAN GREGORIO ARMENO, NAPOLI

«Quanto volete per questo fondale di presepe?»
« Dottò, perché siete voi ottomila lire. »
« Ottomila lire?! *Ma fusseve asciuto pazzo?!* Io l'anno scorso, tremila lire e non me lo sono voluto comprare! »
« A parte il fatto che io l'anno passato questo fondale qua non me lo vendevo per meno di cinquemila lire, avete fatto male voi a non comprarvelo. E già perché adesso per fare un fondale di questa posta ci vogliono tremila lire di materiale e due giorni di fatica. Metteteci pure *'e stelletelle 'argiento, 'a cumeta e 'a farina azzeccata pe fa 'a neve* e poi fatevi il conto. »
« Va bè va, voglio fare una pazzia: eccovi le cinquemila lire. »
« Dottò, mi dispiace per voi, ma non vi posso accontentare: qua se non escono settemila lire, una sopra all'altra, io il fondale dal muro non lo posso nemmeno staccare. »
« Santa pace di Dio! Io l'ho detto che a San Gregorio Armeno non ci debbo piú venire! Ma lo sapete che Upím vende i poster a duemila lire con tutte le montagne che volete? Ce ne sta uno dove si vedono pure le Dolomiti. »
« E voi compratevi i poster all'Upím. Vuol dire che, quando è Natale, a Gesú bambino lo fate nascere in mezzo alle Dolomiti e a S. Giuseppe *'o vestite 'a tirolese!* »

Luciano De Crescenzo, *La Napoli di Bellavista*

ESERCIZIO 7

a) Traducete in italiano le espressioni dialettali che trovate nel testo.
b) Che vantaggi/svantaggi può avere esprimersi in dialetto?

7 „MA LEI È PUGLIESE?" „OUI"

Invece che a Parigi o a Bonn l'italiano potrà perfezionare il suo francese in Val d'Aosta o il tedesco in Alto Adige. Ma queste non sono le uniche lingue in cui possa impratichirsi senza andare all'estero. Potrà imparare anche altre lingue meno diffuse, come il greco, l'albanese, lo sloveno, il croato, il catalano e perfino la lingua d'oc e l'idioma degli zingari. La Val d'Aosta non è la sola regione in cui si parli il francese, lo si può sentire addirittura in Puglia, nel Foggiano. Il croato lo si può esercitare in alcuni paesi molisani, il greco nella „Magna Grecia", e precisamente nella zona ad est di Reggio Calabria. Il catalano lo si può ascoltare ad Alghero, in Sardegna, e l'albanese, per esempio, a Piana degli Albanesi, in provincia di Palermo.

IL DIRITTO ALLA DIFFERENZA

Sarebbe giusto che queste lingue venissero conservate nell'ambiente in cui sono radicate. Invece stanno morendo, insieme alle tradizioni, ai costumi e alle culture diverse che esse rappresentano. Dopo più di un secolo di mancata tutela da parte dello stato, esse vengono sempre più respinte in un ghetto dalla scuola, dalla burocrazia, dall'amministrazione della giustizia e dai mass-media, che hanno imposto e continuano a imporre alle minoranze l'italiano. La civiltà dei consumi sta completando questo genocidio linguistico, culturale e sociale. Nello stesso tempo sfrutta queste culture „diverse", riducendole a manifestazioni folcloristiche per l'industria del turismo.

ESERCIZIO 8

Se apparteneste ad una minoranza etnico-linguistica cosa vorreste che si facesse per tutelare la vostra identità?

Sono di madrelingua catalana. Vorrei che si insegnasse il catalano anche a scuola, che i ragazzi crescessero bilingui . . .

Mi piacerebbe che . . .

Sarebbe meglio se . . .

Bisognerebbe che . . .

8 SULL'ESPRESSO REGGIO CALABRIA-MILANO

~ Va a Milano anche Lei?
≈ Sì, purtroppo lunedì devo riprendere il lavoro.
~ È stata in vacanza in Calabria?
≈ Sì, sono stata a San Cosmo Albanese, a trovare i nonni.
~ E dove si trova, è sul mare?
≈ No, è un paesino dell'interno, in provincia di Cosenza.
~ Ah sì, è uno dei paesi di origine albanese? Ho sentito dire che alcuni calabresi parlano albanese, ma io non ne ho mai conosciuti.
≈ Sì che ce ne sono, e pure i miei nonni parlano albanese! E in paese hanno conservato anche molte tradizioni. Aspetti, Le faccio vedere delle fotografie che abbiamo fatto per la festa del patrono.
~ Che bei costumi! Non ne avevo mai visti di così belli! Li mettono solo per le feste?
≈ In genere sì, però ci sono alcune donne che li portano sempre. Anche alla televisione poco tempo fa hanno fatto delle trasmissioni sulle comunità albanesi, non le ha viste? . . .

ESERCIZIO 9

Lei è appena ritornato da un viaggio in Calabria. Un suo amico Le fa delle domande.
Risponda utilizzando le informazioni che trova sulla cartina.

Es.: Hai fatto delle escursioni a piedi? – Sì, ne ho fatta una nella Sila.

Hai visitato delle comunità albanesi? (alcune)
Hai visto dei lupi nel parco del Monte Pollino? (no)
Hai comprato dei prodotti artigianali? (diversi)
Hai visto qualche festa in costume? (una)
Hai assaggiato delle specialità della cucina locale? (molte, per esempio . . .)
Hai comprato dei vini locali? (qualche bottiglia)
Hai fatto delle foto? (tante)

LINGUA E DIALETTU

A un populu,
mittitici i catini
spugghiatilu
attuppatici a vucca,
ed è ancora libiru.

Livatici u travagghiu
u passaportu
u lettu unni dormi
a tavula unni mancia
ed è ancora riccu.

Un populu,
diventa poviru e servu,
quannu ci arrobbanu a lingua
addutta di patri,
a perdi pi sempri.
. . .

Ignazio Buttitta

LINGUA E DIALETTO

A un popolo mettete le catene,
spogliatelo, tappategli la bocca,
ed è ancora libero.

Levategli il lavoro, il passaporto,
il letto dove dorme, la tavola
dove mangia, ed è ancora ricco.

Un popolo diventa povero e servo,
quando gli rubano la lingua ereditata
dai padri, quando la perde per sempre.
. . .

Versione di T. De Mauro

1 *Via con la musica!*

A che tipo di musica vi fanno pensare le illustrazioni?
Riconoscete qualche personaggio?
Che cosa aggiungereste in questa immaginaria via della musica?

TOSCA
G. PUCCINI

DAISY
FOLKLORE
stereo
DAISY LUMINI CANTA LA VECCHIA TOSCANA

2 EL BÉS GALILÌ

El Bés Galilì è un gruppo musicale bresciano. Questa sera durante le prove arrivano Francesca ed Antonio, che stanno passando le vacanze a Brescia. *(B. = Bernardo, L. = Luisa, G. = Guido, M. = Marisa, F. = Francesca, A. = Antonio)*

B.: Che ne direste di fare una pausa?
L.: Ehi, guardate, stasera abbiamo anche il pubblico. Come mai da queste parti?
A.: Ciao, sono qui con un'amica. A proposito, lei è Francesca.
F.: Siete veramente bravi, complimenti! Cos'è l'ultimo pezzo che avete suonato?
B.: È un'antica danza della Val Caffaro nella montagna bresciana.
A.: Ed esiste ancora questa danza?
B.: Sì, sì, a Bagolino e a Ponte Caffaro, i due paesi della valle, la gente si tramanda di generazione in generazione i canti e i balli che, normalmente, vengono eseguiti solo durante il Carnevale. Gli anziani insegnano ai più giovani a suonare il violino e a ballare tenendo così in vita una tradizione antica.
F.: Allora non è vero che la musica popolare sta scomparendo!
B.: Beh, in parte purtroppo è vero. Quella musica che il popolo produceva e cantava nelle campagne, nelle piazze, nelle osterie, . . . che esprimeva amore, gioia, dolore, rabbia, protesta, ecco quel tipo di musica sta scomparendo.
M.: Per esempio, oggi chi è che va a fare la serenata sotto la finestra della sua bella? Al massimo si parcheggia la macchina davanti alla casa della ragazza e si lascia lo stereo a tutto volume . . .
G.: D'altra parte oggi ci sono tanti che, come noi, sentono il bisogno di autenticità, di ritrovare le proprie radici culturali . . .
L.: E poi noi questa musica la suoniamo più che altro per un interesse culturale, quindi non ha la funzione della musica di una volta . . .
G.: Però, Luisa, devi dire anche che lo facciamo per divertirci, per stare insieme.
A.: E le informazioni, come fate a trovarle?
B.: Beh, giriamo nella zona e cerchiamo di parlare con la gente che ancora si ricorda delle vecchie canzoni; sai, il più delle volte non esistono testi scritti, ma sono tramandati oralmente.
L.: Poi, una volta trovato il materiale originale, lo arrangiamo.
F.: E cosa significa il vostro nome? Sono proprio curiosa di saperlo.
B.: El Bés Galilì, nella tradizione popolare della nostra provincia, è un animale magico, fantastico con il corpo di serpente, le ali di drago e la testa di gallo.
F.: Ci fate sentire ancora qualcosa?
G.: Allora, gli facciamo sentire il „bas de tach", che ne dite?

Finite le prove	andiamo a bere qualcosa.
Dopo aver finito le prove	siamo andati a bere qualcosa.

ESERCIZIO 1

Costruite 3 frasi combinando tutti gli elementi del puzzle.

aver sentito | Una volta | è | Dopo | in vacanza | scritto | la tournée | si
la bambina | il testo | Finita | componiamo | una ninna nanna | andiamo
la musica | tranquillizzata

ESERCIZIO 2

1. Secondo voi cosa vuol dire „musica popolare"?
2. Una volta la musica popolare accompagnava diversi momenti della vita dell'uomo. Sapreste indicarne qualcuno?
3. Se è vero che la musica popolare sta scomparendo come vi spiegate il rinnovato interesse per questo genere di musica?

3 L'AMORE, LA PROTESTA, L'OSTERIA, . . .

Mamma vo' prende' moglie

Mamma vo' prende' moglie
datemelo un consiglio
nun so se io la piglio
o se fo senza

Datemi la licenza
d'andarmela a cercare
che io da giovanotto
'un vo' invecchiare.

– O caro figlio bello
nun so se ti consiglio
ma bada se la pigli
d'apri' gli occhi

Guarda se porta i fiocchi
se invece è incappellata
se la sarà scollata
all'uso d'oggi

Guardala nella schiena
se s'orna con le trine
se porta le scarpine
alla gentile

Guardala ni' vestire
guardala alla specchiera
e se nun è sincera
nun va bene

Guarda se l'alza gli occhi
se i' padre l'è arrogante
la madre petulante
oppure avara

Guardala ni' mangiare
guarda cosa sa fare
se sa ben cucinare
e sa fa' tutto

Guardagli dietro l'uscio
se bene ci ha spazzato
o un po' di sudiciume
ci ha lasciato

Guardagli i' viso e i' collo
se bene l'ha lavato
se la l'ha rosso i' naso
di bottiglia

Guardala parimenti
se ci ha la cispa agli occhi
se in capo ci ha i pidocchi
oppure niente

E tienlo bene a mente
la donna pare bona
ma dietro le apparenze
l'è birbona

O caro figlio bello
se voi campa' cent'anni
bada la 'un abbia grilli
ni' cervello.

– Madre io vi ringrazio
mi par d'ave' capito
e lo farò partito
con giudizio

Ora farò la scelta
che indietro nun si torna
pregando bene Iddio
che 'un abbia corna.

Dimmi bel giovane

Dimmi, bel giovane
onesto e biondo,
dimmi la patria
tua qual è.

Adoro il popolo,
la mia patria è il mondo,
il pensier libero
è la mia fe'.

La casa è di chi l'abita,
è un vile chi lo ignora;
il tempo è dei filosofi,
la terra di chi la lavora.

Addio mia bella
casetta, addio
madre amatissima
e genitor.

Io pugno intrepido
per la Comune,
come Leonida
saprò morir.

La casa è di chi l'abita,
è un vile chi lo ignora;
il tempo è dei filosofi,
la terra di chi la lavora.

Pellegrin che vien da Roma

Pellegrin che vien da Roma
el va al birocc
cun li scarpi ruti ai pé
birocc el va birocc el va
pellegrin che vien da Roma
cun li scarpi ruti ai pé.

Non appena fu arrivato
all'osteria se ne andò

Buona sera signor oste
c'è una camera per me?

Camera ce n'è una sola
dove dorme me muier

Per maggiore sicurezza
metteremo un campanel

Mezzanotte era suonata
campanel sentì a suonar

Sporcaccion d'en pellegrino
sa ghe fat a me muier?

Se campassi anche cent'anni
de pellegrin en tegni pö

4 OPERA QUI, OPERA LÀ

Questa sera alla Scala si rappresenta il „Nabucco" di Giuseppe Verdi, diretto da Riccardo Muti. Durante l'intervallo il signor Felicini, entusiasta, si rivolge alla sua vicina.

~ Ah, è fantastico questo Muti. Non trova signorina?
≈ Sì, sono d'accordo con Lei. Speriamo che non ce lo porti via qualche orchestra straniera. Ho sentito dire che è richiestissimo.
~ È vero, negli ultimi anni i grandi direttori d'orchestra non sono più così numerosi come al tempo di Toscanini.
≈ Ah, il matto! Mio nonno sosteneva addirittura che fosse il più grande di tutti.
~ Matto? Ma, signorina, Lei sta scherzando? Era un genio!
≈ Sì, sì, ma non si diceva che spesso avesse spaccato bacchette e orologi?
~ Ah, i soliti aneddoti . . . Mi scusi, ho una domanda indiscreta. Lei è molto giovane e, normalmente, quelli della sua età il sabato preferiscono la discoteca o il concerto. Come mai si interessa tanto di lirica?
≈ Guardi, non sono un'intenditrice di musica. Certe arie mi sembra di conoscerle da sempre, forse perché da piccola mio padre me le cantava per farmi addormentare.
~ E funzionavano queste ninne nanne?
≈ Mah, non so se riuscivo a dormire con il „Barbiere di Siviglia" cantato ad alta voce. I nostri vicini di casa certamente no. Comunque, a quanto mi dicono, smettevo subito di piangere.
~ Suo padre è un cantante?
≈ Certamente non è un Pavarotti, ma ha cantato nel coro di un piccolo teatro di provincia.
~ Allora Lei ha ereditato dalla sua famiglia la passione per la lirica.
≈ Beh, diciamo così. Soprattutto da mio padre. Si figuri che lui spesso si esprime con versi di arie. „Tutti mi chiamano, tutti mi vogliono" si mette a cantare quando è molto occupato. Oppure, quando è arrabbiato con mia madre o con noi figlie, si sfoga con la sua aria preferita „La donna è mobile qual piuma al vento . . ."

Pensavo che mio nonno non amasse la musica.
Non sapevo che da giovane avesse cantato in un coro.

ESERCIZIO 3

Durante una conversazione con un vostro amico alcune sue affermazioni vi meravigliano un po'.
Esprimete la vostra sorpresa secondo gli esempi:

~ Il maggior successo di Verdi fu l'Aida.
≈ Davvero? Credevo che fosse stato il Nabucco.

~ La lirica non mi piace.
≈ Ah, mi sembrava invece che ti piacesse.

1. „Non ho visitato ancora l'Arena di Verona."
2. „I più grandi tenori sono spagnoli."
3. „Amo molto la musica leggera."
4. „Mia moglie ed io ci siamo conosciuti al conservatorio."
5. „Alla Scala non hanno mai fatto rappresentazioni gratis."
6. „Verdi morì molto giovane."
7. „Mio figlio suona la chitarra."

ESERCIZIO 4

In quali occasioni un appassionato di musica lirica userebbe espressioni come:

„Oh, che gelida manina!"
„Bella figlia dell'amore, schiavo son dei vezzi tuoi"
„Ridi pagliaccio!"
„Molti bicchieri ne hai tracannati"

5 COME NACQUE L'OPERA

L'opera è uno spettacolo teatrale dalle origini lontane. Si dice infatti che i drammi liturgici medioevali ne siano stati i precursori. Tuttavia fu solo alla fine del '500 che si ebbe la prima teorizzazione del rapporto fra musica e parola, rapporto diversamente risolto dai compositori nelle varie epoche. Così nel '600 predominò l'elemento recitativo su quello musicale e nel '700 il virtuosismo degli interpreti, il cosiddetto bel canto.

Nella prima metà dell' '800 l'opera, soprattutto per merito di compositori come Bellini, Donizetti e Verdi, si rinnovò, arricchendosi di elementi drammatici e musicali. I compositori in quel tempo si ispiravano spesso alle melodie popolari; e il popolo che affollava i teatri, a sua volta, prendeva dalle loro opere le melodie più facili che, stampate su fogli volanti, diventarono poi canzonette di piazza.

ESERCIZIO 5

1. E a voi piace andare all'opera o no?
2. Se siete un appassionato di lirica convincete una persona del vostro corso, che non se ne interessa, a venire con voi all'opera.

   Se invece l'opera non la potete proprio soffrire rifiutate il più gentilmente possibile l'invito.

Ascoltiamo ora una famosa aria dal „Barbiere di Siviglia".

6 CANTA CHE TI PASSA!

Se prendiamo il mondo della musica leggera dal dopoguerra ad oggi, viene fuori una cronaca del costume italiano degli ultimi 40 anni. La canzonetta riflette infatti i cambiamenti della mentalità, delle abitudini della gente, conservando la sua funzione di svago, il suo carattere di evasione. Il pubblico a cui è diretta vuole divertirsi, dimenticare i problemi, realizzare i suoi sogni nello spazio di una canzone. Ecco perché nella canzonetta tutto si risolve nell'amore, nel „vogliamoci bene", nel „canta che ti passa". Cosa importa se c'è la crisi; per essere felici basta „un bicchiere di vino con un panino", basta „tenersi per mano" come cantano Al Bano e Romina Power in una canzone di grande successo presentata anche al festival di San Remo.
E sebbene nella canzone melodica „all'italiana" ancora oggi come negli anni '50, cuore, coppia, amore facciano la parte del leone, è pur vero che di novità, di cambiamenti ce ne sono stati tanti. Negli anni '60 una ventata di novità la portavano cantanti come Modugno, Celentano o Mina. Quest'ultima, per esempio, cantava con ironia „Renato, così carino, così educato . . . la serenata che ti ho cantato", una canzonetta di successo in cui le regole del gioco si invertivano. Era infatti lei, la donna, a prendere l'iniziativa mentre l'uomo veniva presentato, se non proprio stupido, come „mostro d'ingenuità".
Ma è alla fine degli anni '60 e negli anni '70 che nella canzonetta cominciano ad apparire contenuti „sociali", di „protesta", di „contestazione", di „impegno" che in realtà impegno non è. Infatti tra i vari „mettete dei fiori nei vostri cannoni", o „ci sarà la rivoluzione" è sempre l'amore che „alla fine vincerà". Insomma anche la rivoluzione, nella canzonetta, sembra finire, italianamente, „a tarallucci e vino". E gli anni '80? Sono anni di ritorno al privato, di riflusso, di revival, di malessere e la musica leggera si adegua alle nuove tendenze nella società pur continuando a divertire.

ESERCIZIO 6

1. Cosa s'intende per canzone all'italiana?
2. Gli anni '60 e gli anni '70 cosa hanno portato di nuovo nella canzonetta?
3. In che modo la canzonetta riflette oggi le nuove tendenze nella società?

ESERCIZIO 7

- Ci sono canzonette italiane che vi ricordano momenti particolari della vostra vita? Ne ricordate anche qualche verso?
- Secondo voi perché negli ultimi anni molte canzonette „made in Italy" hanno tanto successo? Vi sembrano diverse da quelle tedesche?

ESERCIZIO 8

I versi seguenti sono tratti da canzonette degli ultimi 40 anni. Sapreste dire a quale decennio appartengono motivando la vostra opinione?

anni '50 anni '60 anni '70 anni '80

L'italiano – Toto Cotugno
Buongiorno Italia (. . .) con le canzoni, con amore,
il cuore con più donne, sempre meno suore
buon giorno Dio, lo sai che ci sono anch'io
Lasciatemi cantare perché ne sono fiero
sono un italiano, un italiano vero

Non ho l'età – Gigliola Cinquetti
Non ho l'età per amarti,
per uscire sola con te
se tu vorrai aspettarmi,
quel giorno avrai tutto il mio amore per te

Tutte le mamme – Gino Latilla
Son tutte belle le mamme del mondo
quando un bambino si stringono al cuor
Son le bellezze di un bene profondo,
fatto di sogni, rinunce ed amor

Per una donna donna – Antonella Bottazzi
Lola, Lola,
sei stata tu per me la prima femminista
è un segno di rivincita ogni tua conquista
per dimostrare all'uomo che una donna vale
in quanto tale . . .

Vola Colomba – Nilla Pizzi
Dio del ciel, se fossi una colomba
vorrei volar laggiù dov'è il mio amor che,
inginocchiato, a San Giusto prega con l'animo mesto:
„fa' che il mio amore torni . . . ma torni presto!"

C'era un ragazzo . . . – Gianni Morandi
C'era un ragazzo che come me
amava i Beatles e i Rolling Stones
Girava il mondo ma poi finì
a far la guerra nel Vietnam

Lamette – Donatella Rettore
Vivere in fretta, prendere al volo, tutto conviene
Dammi una lametta che mi taglio le vene!

7 SONO SOLO CANZONETTE?

Un critico musicale ha definito ironicamente l'Italia „popolo di eroi, di navigatori e di cantautori", intendendo, per cantautore, l'autore delle proprie canzoni.
Ma cos'è che distingue la „canzone d'autore" dalla canzonetta?
La maggiore intelligenza, probabilmente. I cantautori, quelli seri, hanno infatti cercato di dare alla canzone una nuova dignità, un contenuto, un „messaggio", una certa dimensione poetica, pur seguendo strade diversissime tra loro.

Angelo Branduardi è uno dei più originali cantautori italiani. Le sue canzoni, che parlano di mito, fiabe, fantasia, leggende, più che messaggi o verità determinati, fanno sentire delle emozioni.

Franco Battiato, più che cantautore si potrebbe definire anti-cantautore. I suoi testi nonsense, svuotati coscientemente di qualsiasi messaggio o contenuto e le sue melodie, fra passato mediterraneo e futuro elettronico, fanno respirare l'aria della crisi.

Antonello Venditti è uno che ha vissuto sulla propria pelle la crisi del mito cantautore = portatore di messaggio politico e sociale. Nelle sue canzoni la rabbia e l'impeto hanno lasciato il posto alla delusione e forse ai sogni segreti di una „rivoluzione" che spezzi le barriere sociali.

ESERCIZIO 9

- A quale pubblico si rivolgono questi cantautori?
- Chi dei 3 cantautori ha composto questi versi?
  „Compagno di scuola, compagno di niente
  ti sei salvato dal fumo delle barricate
  compagno di scuola, compagno per niente
  ti sei salvato o sei entrato in banca pure tu?"

Leggete i seguenti titoli tratti da giornali e riviste.
a) Cercate di immaginarvi di che cosa si parla nel testo.
b) Scegliete un titolo e scrivete un breve articolo.

Verdi, sempre Verdi, perché?

Milva, dicono di lei . . .

Notti d'estate: sapore di ballo

Soldi, musica e nostalgia

Con mamma amore e ciao va fortissimo in tutta Europa una nuova canzone all'italiana

Grande attesa per Pavarotti al Palasport

ESERCIZIO 11 SIAMO TUTTI CANTAUTORI

Provate a scrivere qualche verso di una canzone usando le coppie di parole.

	cuore amore	rosa noiosa	vento spavento	
sorriso paradiso	dramma mamma	capelli fratelli	casetta bicicletta	libertà felicità
	lasciare rovinare	capisci tradisci	letto rossetto	

1 UNA TRACCIA ATTRAVERSO IL TEMPO

A cosa pensate guardando queste foto?

2 ABBIAMO FATTO STRADA

Le prime grandi strade romane, come la Via Appia, collegavano Roma ad altre parti dell'Italia. Man mano che i soldati romani conquistavano nuove terre fuori d'Italia, costruivano nuove strade che permettevano di viaggiare veloci e sicuri attraverso i paesi conquistati. (. . .)
Se tu avessi viaggiato a piedi lungo una delle strade romane più importanti, avresti incrociato carri coperti, carrette, carri di mercanti e cortei di servi al seguito di ricchi padroni. E avresti avuto la compagnia della povera gente, che viaggiava anch'essa a piedi oppure a dorso di mulo.
Il traffico era intenso in vicinanza delle città. Lontano dalle città, invece, il traffico era scarso. La gente evitava di viaggiare di notte per il pericolo di imbattersi in ladri e rapinatori. Lungo le strade c'erano delle locande, ma queste erano spesso il covo di ladri: i viaggiatori preferivano perciò non pernottare in esse ma fermarsi presso amici oppure dormire nei propri carri.

Joan Forman, *Popoli del passato*

L'intreccio delle strade che escono da Nuova York o vi entrano è un capolavoro non dico d'ingegneria, ma di architettura. È bello nel senso dell'arte. C'è un immenso gioco di piste, che ricorda l'otto volante. Convergono, si separano, si abbinano, si accavallano, si scavalcano, entrano sotto terra o sotto il fiume in lunghissimi tunnel, si lanciano su ponti sospesi in aria.
Vi hanno portato un contributo notevole gli italo-americani, che sono soprattutto costruttori di strade. È un guaio però sbagliarsi, e scivolare in una pista diversa da quella giusta. Anche se si capisce istantaneamente l'errore, si è costretti a seguire il grande flusso delle macchine talvolta per più di mezz'ora.

Guido Piovene, *Le strade di New York*

ESERCIZIO 1

1. Come viaggiavano i Romani?
2. Come si viaggia sulle moderne superstrade?
3. Viaggiare ieri e oggi: confrontate comodità e disagi.

ESERCIZIO 2

Quali frasi si adattano ai tempi moderni? Quali ai tempi antichi?

1. Il traffico è più intenso in vicinanza delle città.
2. L'intreccio di strade è come un gioco di piste.
3. Le strade si accavallano, entrano sotto terra, sotto il fiume, in lunghissimi tunnel.
4. Viaggiare di notte è pericoloso.
5. È difficile tornare indietro quando si è sbagliato strada.
6. Si incontra persino della gente che viaggia a piedi.

ESERCIZIO 3

VIA EMILIA

Va da Piacenza a Rimini. È stata costruita dai soldati del console Emilio nel 187 a.C. Era la più ampia strada d'Italia.

Il console Emilio parla con un suo soldato: *ricostruite il dialogo.*

Soldato: – Mah, si dice che adesso nelle città è aumentato il rumore, che c'è troppo traffico.

– Hai ragione; infatti se parli con i mercanti sentirai solo voci favorevoli.

– Sai però che non tutti sono contenti di questa strada? C'è gente che si lamenta.

– Sono certo che il tuo nome sarà ricordato anche fra millenni.

Console: – Mah, chissà! Certo che non sarebbe male.

– Si lamenta!? . . . e perché?

– Lo credo bene! È la strada più ampia che si sia mai vista!

– Sarà, però adesso ci si può spostare più velocemente, e questo non è un vantaggio solo per i miei soldati.

3 „STUDIABAMUS"

Dopo il Mille sorgono nelle città le prime università. In Italia la prima università fu quella di Bologna, nata nell'XI sec. Nel 1222 fu fondata l'università di Padova e nel 1224 quella di Napoli. Le università erano considerate come corporazioni che riunivano talvolta studenti e professori, talvolta, è il caso di Bologna, solo studenti. Le corporazioni degli universitari godevano di un'autonomia assoluta: giudicavano i reati dei propri membri, assumevano e pagavano gli insegnanti, stabilivano gli orari e gli argomenti delle lezioni. A Bologna il rettore, eletto fra gli studenti, era considerato fra le massime autorità cittadine. Si entrava all'università intorno ai 15 anni e ci si laureava dopo i 25. Poiché gli studenti dovevano pagare i loro insegnanti e mantenersi da vivere, solo i figli dei più ricchi potevano frequentare le varie facoltà. Le lezioni si svolgevano su commenti a testi fondamentali a cui facevano seguito le discussioni.

Ballini, Cantini, *La Storia 2*

ESERCIZIO 4

Nella colonna di sinistra ci sono alcune parole incontrate nel testo. Che cosa significano?

Rileggete il testo e cercate nella colonna di destra la spiegazione corrispondente ad ogni parola.

sorgere	seguire
godere di	decidere
reato	persona che fa parte di un gruppo
membro	nascere
assumere	esser fatto
stabilire	avere
svolgersi	atto contro la legge
far seguito	prendere

ESERCIZIO 5

Quali informazioni sulle prime università vi sembrano interessanti? *Discutete.*

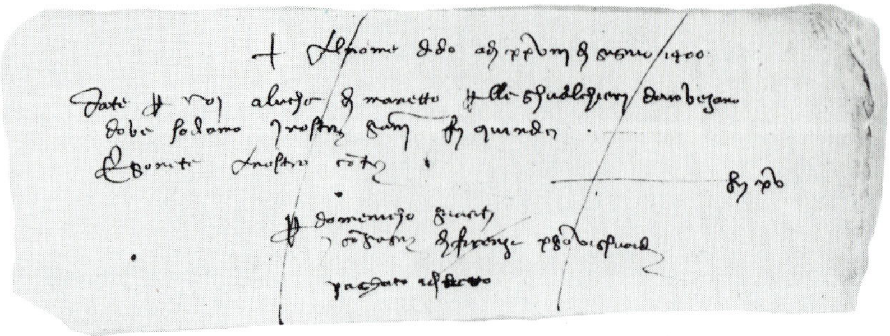

Al nome di Dio a dì xxviii di gugnio 1400

Date per noi a Lucha di Manetto per lle ghualchieri da Rovezano
dove sodiamo i nostri panni f. quindici
e ponete a nostro conto

f. XV

per Domenicho Piaciti
e conpagni di Firenze, Cristo vi ghuardi

paghato a dì detto

4 UN GIRO DI SOLDI

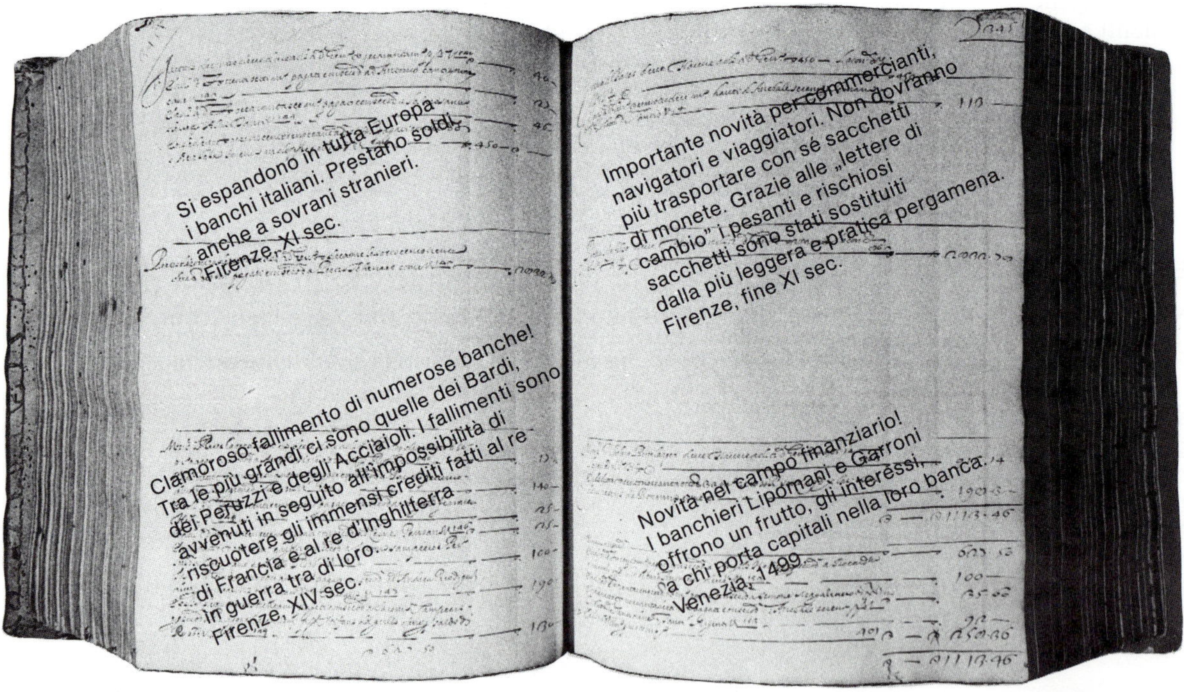

ESERCIZIO 6

Conoscete alcune parole tedesche nel campo bancario e finanziario che derivano dall'italiano?

5

D.A.M.S.

INCONTRO CULTURALE

"Quale cultura esporta l'Italia?"

7 Marzo ore 17-Aula X

Saranno presenti esponenti del mondo culturale di varie nazioni europee

ESERCIZIO 7

a) *Ascoltate e prendete appunti sulle opinioni dei vari partecipanti stranieri all'incontro.*
b) *Riferite le opinioni del tedesco, del francese, dell'americano e dell'inglese sulla cultura italiana.*

6 TUTTO IL MONDO È COMMEDIA

Ciao, gente! Io sono Colombina. Di me si dice che sono furba e intelligente e che dalle mie stanze di servizio comando l'intera casa... grazie a me la mia padroncina può sempre sposare l'uomo che ama. ...Ci sono poi certi che dicono che sono civetta; però non perdo mai la testa per un uomo . . . se poi proprio devo sposarmi, c'è Arlecchino.

Sono io Arlecchino, il servo furbo, curioso e sempre affamato. Quando ci sono io la gente si diverte sempre perché faccio dei discorsi incoerenti. E poi canto, ballo, suono, faccio acrobazie, capriole... non sempre mi riescono bene però; certe volte mi ritrovo a terra. Ma non me ne importa niente, intanto sono la maschera più amata dal pubblico.

Anch'io diverto molto la gente. Sono Pantalone, il ricchissimo mercante veneziano. C'è chi dice che sono rimbambito, ma si sbaglia. Come farei altrimenti a riuscire tanto bene negli affari? . . . O forse si pensa alle mie numerose e sfortunate avventure con donne molto più giovani di me?

Io mi chiamo Pulcinella, sono napoletano e famosissimo. Per sopravvivere ho imparato a fare il finto sciocco . . . così è più facile imbrogliare gli altri. Eh, sarà difficile vivere a Napoli, recitarvi però è fantastico. Sapete che il pubblico collabora alle mie improvvisazioni? Le mie battute, le mie smorfie e i miei gesti non solo lo fanno ridere, ma lo stimolano anche a ribattere.

ESERCIZIO 8

1. Quale di queste maschere della Commedia dell'Arte vi piace di più, quale di meno?
2. Secondo voi questi tipi potrebbero ancora esistere o appartengono a un mondo ormai passato?

La Commedia dell'Arte nacque circa a metà del secolo XVI. In quel periodo si formarono per la prima volta compagnie di attori di professione, persone specializzate in mimica, in acrobazia e anche in musica. Si recitava a soggetto, ossia si lasciava agli attori l'improvvisazione dei dialoghi. La maschera della Commedia dell'Arte simboleggiava un'epoca e ne esprimeva i desideri, le debolezze, i peccati, la rabbia. E oggi? La nuova commedia ha creato altre maschere che parlano di politica, di verità e di giustizia e trattano alla pari con un pubblico che sta maturando una salda coscienza. Dario Fo, con la sua acuta analisi del mondo moderno, la sua satira politica e sociale e la sua tendenza all'improvvisazione, è l'esplicito esempio di questo nuovo modo di fare teatro. Un teatro in cui anche il pubblico ha la sua parte, in quanto è dalle esigenze degli spettatori che l'attore trae il contenuto delle sue improvvisazioni.

7 IO FO, ANZI FATE VOI . . .

Un inedito di Dario Fo. Lo racconta l'autore.

La storia di Piero d'Angera che alla crociata non c'era l'ho scritta 25 anni fa. È stata la mia prima incursione nel Medio Evo, un periodo che ho frequentato e saccheggiato spesso in tanti miei lavori. Quel mondo a metà tra antico e moderno, ricco di confusioni e di annunci, con le sue storie, la sua lingua in fermento, i personaggi eroici, mi ha sempre affascinato. E poi io guardo al passato tenendo gli occhi fissi sul presente. (. . .)
Quando scrivevo *La vera storia* pensavo ai democristiani, ma adesso, quel virus della menzogna, del raggiro, dello sgambetto continuo che al tempo di Piero faceva crescere corna da caprone e scoppiare i nasi alla gente, ha contagiato tutti. Da destra a sinistra. Basta guardare quello lì che dice: ora vediamo se accordarci con comunisti o democristiani; comunque ci sono i radicali che ci coprono, da verdi. Ma quali verdi? I rosso-verdi, i verdi rossi, i sempreverdi o quelli al verde da sempre? Una gran bella storia . . .
Ma a proposito di storie, quella di Piero d'Angera racconta di un giovane chierico del 1100, ignaro del mondo, un po' grullo forse, ma candido e puro al punto che ogni tanto bisogna tenerlo fermo perché vola via, verso il cielo. La sua ingenua fede però all'occorrenza si rivela contagiosa, tanto che, vittima ignara di un raggiro che lo porterebbe dritto dritto alla morte, riesce, senza rendersene conto, a liberarsi dei suoi nemici, esaltandoli in tali mistiche visioni da farli tutti decollare verso il cielo. E così, signore d'Angera resta lui, il Piero che alla crociata non c'era andato. Perché l'amore per quella gran puttana della Federica lo àncora alle cose del mondo, dandogli finalmente un peso corporeo che gli impedirà per sempre di volare.
(. . .)
Da: *Panorama,* 26 maggio '85

Das Verb

Das Präsens

1. avere – essere

	avere	essere
(io)	**ho**	**sono**
(tu)	**hai**	**sei**
(lui/lei)	**ha**	**è**
(noi)	**abbiamo**	**siamo**
(voi)	**avete**	**siete**
(loro)	**hanno**	**sono**

Die Verben *avere* und *essere* sind unregelmäßig.

Avere und *essere* werden gebraucht zur Bildung der zusammengesetzten Zeiten:
Ho mangiato. Ich habe gegessen.
Sono andato. Ich bin gegangen.

Hinweise:
- Die Personalpronomen *io, tu* usw. werden nur gebraucht, wenn sie betont sind:
  Sono di Roma. – Anch'**io** (sono di Roma).
- Die Anredeform für eine Person, die man siezt, ist die 3. Person Singular:
  Io sono di Roma, **è** di Roma anche **Lei**?
  Im Plural verwendet man die 2. Person: **Siete** di Roma anche **voi**? ihr/Sie
  (Oder, sehr formell und ehrerbietig, die 3. Person: **Sono** di Roma anche **Loro**?)

2. Regelmäßige Verben

Die Verben werden nach der Endung des Infinitivs in 3 Gruppen eingeteilt:
Verben auf *-are*: parlare, lavorare
Verben auf *-ere*: mettere, vedere
Verben auf *-ire*: sentire, finire

	-are	-ere	-ire	
	lavorare	vedere	sentire	finire
(io)	lavor**o**	ved**o**	sent**o**	fin**isco** [-isko]
(tu)	lavor**i**	ved**i**	sent**i**	fin**isci** [-iʃʃi]
(lui/lei)	lavor**a**	ved**e**	sent**e**	fin**isce** [-iʃʃe]
(noi)	lavor**iamo**	ved**iamo**	sent**iamo**	fin**iamo**
(voi)	lavor**ate**	ved**ete**	sent**ite**	fin**ite**
(loro)	lavor**ano**	ved**ono**	sent**ono**	fin**iscono** [-iskono]

Bei den Verben auf *-ire* unterscheidet man 2 Gruppen:
1. Verben vom Typ *sentire*; dazu gehören u.a. aprire, coprire, divertirsi, dormire, offrire, partire, seguire, servire, vestirsi
2. Verben vom Typ *finire* (mit Stammerweiterung *-isc-*); dazu gehören u.a. agire handeln, capire, colpire schlagen/treffen, costruire, guarire heilen/wieder gesund werden, preferire, proibire verbieten, pulire reinigen, spedire schicken

3. Verben mit Besonderheiten im Präsens

abitare:	abito	abiti	abita	abitiamo	abitate	abitano
telefonare:	telefono	telefoni	telefona	telefoniamo	telefonate	telefonano

Einige Verben auf *-are* werden im Präsens Singular auf der drittletzten und in der 3. Person Plural auf der viertletzten Silbe betont; dazu gehören u.a. abituarsi, desiderare, dimenticare, ordinare, visitare

comin**ciare**	cer**care**	pa**gare**	vin**cere**	cono**scere**	leg**gere**
comincio	cerco	pago	vinco [-ko]	conosco [-sko]	leggo [-ggo]
cominc**i**	cer**chi**	pa**ghi**	vinci [-tʃi]	conosci [-ʃʃi]	leggi [-ddʒi]
comincia	cerca	paga	vince [-tʃe]	conosce [-ʃʃe]	legge [-ddʒe]
cominciamo	cer**ch**iamo	pa**gh**iamo	vinciamo	conosciamo	leggiamo
cominciate	cercate	pagate	vincete	conoscete	leggete
cominciano	cercano	pagano	vincono	conoscono	leggono

1. Verben auf *-are* mit *ci* oder *gi* vor der Endung *(cominciare, lasciare, mangiare)* haben in der 2. Person Singular und Plural nur ein *i*. Dies gilt auch für Verben vom Typ *studiare:* studio, stud**i**, studia (Aber: invio, invii, invia).
2. Bei Verben auf *-are* mit *c* oder *g* vor der Endung bleibt die Aussprache von *c* [k] und *g* [g] immer beibehalten. Zur Kennzeichnung der Aussprache wird ein *h* eingefügt.
3. Bei Verben auf *-ere* und *-ire* mit *c* oder *g* vor der Endung wird die Aussprache vom nachfolgenden Vokal der Endung bestimmt. (Vgl. auch *finire,* S. 156.)

Unregelmäßige Verben
Unregelmäßige Verben sind solche, deren Formen sich nicht aufgrund der Zugehörigkeit des Verbs zu einer bestimmten Infinitivgruppe voraussagen lassen. Zu den wichtigsten dieser Verben gehören *avere* und *essere* sowie:

andare: vado, vai, va, andiamo, andate, vanno
dare: do, dai, dà, diamo, date, danno
stare: sto, stai, sta, stiamo, state, stanno

fare: faccio, fai, fa, facciamo, fate, fanno
dire: dico, dici, dice, diciamo, dite, dicono
bere: bevo, bevi, beve, beviamo, bevete, bevono

dovere: devo, devi, deve, dobbiamo, dovete, devono
potere: posso, puoi, può, possiamo, potete, possono
volere: voglio, vuoi, vuole, vogliamo, volete, vogliono
sapere: so, sai, sa, sappiamo, sapete, sanno

rimanere: rimango, rimani, rimane, rimaniamo, rimanete, rimangono
salire: salgo, sali, sale, saliamo, salite, salgono
scegliere: scelgo, scegli, sceglie, scegliamo, scegliete, scelgono

uscire: esco, esci, esce, usciamo, uscite, escono
venire: vengo, vieni, viene, veniamo, venite, vengono

Das „Passato prossimo"

Stamattina **sono andato** in centro e **ho comprato** un disco per Gina.	Ich **bin** heute morgen in die Stadt **gegangen** und **habe** für G. eine Schallplatte **gekauft**.

Das „Passato prossimo" setzt sich zusammen aus einem Hilfsverb – entweder *avere* oder *essere* – und dem Partizip Perfekt des jeweiligen Verbs.

1. Die Bildung des Partizip Perfekt

Infinitiv	and**are**	av**ere**	fin**ire**
Partizip	and**ato**	av**uto**	fin**ito**

Verben mit regelmäßigem Partizip Perfekt bilden diese Form wie im Schaubild dargestellt.

Beachten Sie:

- conoscere – conosc**i**uto [-ʃʃu:to], piacere – piac**i**uto [-tʃu:to]
- Eine Reihe von Verben haben ein unregelmäßiges Partizip Perfekt, z.B.

aprire	aperto	fare	fatto	rimanere	rimasto
chiedere	chiesto	leggere	letto	rispondere	risposto
chiudere	chiuso	mettere	messo	scrivere	scritto
decidere	deciso	offrire	offerto	spendere	speso
dire	detto	perdere	perso	vedere	visto
essere	stato	prendere	preso	venire	venuto

- Viele Partizipien werden auch als Substantiv bzw. Adjektiv gebraucht, z.B.
  il passato Vergangenheit (von *passare*), rotto kaputt (von *rompere* zerbrechen).

2. Die Bildung des „Passato prossimo"

(io)	ho	mangiat**o**
(tu)	hai	
(lui/lei)	ha	
(noi)	abbiamo	
(voi)	avete	
(loro)	hanno	

(io)	sono	partit**o**/partit**a**
(tu)	sei	
(lui/lei)	è	
(noi)	siamo	partit**i**/partit**e**
(voi)	siete	
(loro)	sono	

1. Die meisten Verben bilden das „Passato prossimo" mit *avere.* Dabei bleibt das Partizip Perfekt gewöhnlich unverändert: Maria e Lisa **hanno mangiato**.
2. Eine Reihe von Verben bildet das „Passato prossimo" mit *essere.* Dabei richtet sich das Partizip Perfekt in Geschlecht und Zahl nach dem Subjekt:
   Maria e Lisa **sono partite**.
   Besteht das Subjekt aus mehreren Substantiven/Personen verschiedenen Geschlechts, so verwendet man die männliche Pluralform:
   Lisa e Paolo sono partit**i**.

Beachten Sie: Das mit *avere* verbundene Partizip wird nur verändert, wenn dem Verb ein direktes Objekt in Form von *l' (= lo/la), li* oder *le* vorangeht:

Hai visto Aldo?	– Sì, **l'**ho vist**o**.	Hai visto Carlo e Aldo?	– **Li** ho vist**i** ieri.
Hai visto Rita?	– Sì, **l'**ho vist**a**.	Hai visto Gina e Maria?	– **Le** ho vist**e** ieri.

3. „avere" oder „essere"?

Die Verwendung von *avere* und *essere* beim „Passato prossimo" entspricht im allgemeinen der Verwendung von „haben" und „sein" beim deutschen Perfekt.

Beachten Sie jedoch folgende Abweichungen:

a) Mit „essere" werden verbunden:

Si è riposato un po'.	Er hat sich ausgeruht.	reflexive Verben (vgl. S. 160)
Mi **è bastato.**	Es hat mir gereicht.	unpersönliche Verben (vgl. S. 161)
Il viaggio **è costato** molto. Roma mi **è piaciuta**. Il film **è durato** un'ora.	. . . hat viel gekostet. . . . hat mir gefallen. . . . hat eine Stunde gedauert.	die Verben *costare, piacere, dispiacere, durare*

b) Mit „avere" werden verbunden:

camminare:	**Ha camminato** per ore ed ore.	ist (zu Fuß) gegangen, gelaufen
passeggiare:	**Ha passeggiato** con Aldo.	ist spazierengegangen
viaggiare:	**Ha viaggiato** molto.	ist viel gereist
girare:	**Ha girato** il mondo.	ist durch die Welt gezogen
nuotare:	**Ha nuotato** per un'ora.	ist geschwommen
sciare:	**Ha sciato** tutto il giorno.	ist Ski gefahren/gelaufen

Unterscheiden Sie bei correre laufen/rennen:

Roberto **è corso** via/a casa/a chiamare N.	(Bewegungsrichtung/Ortswechsel)
Roberto **ha corso** per dieci minuti.	(Bewegungsart)
Roberto **ha corso** il Giro d'Italia.	(Es folgt ein direktes Objekt.)

c) Sowohl mit „essere" als auch mit „avere" werden verbunden:

cambiare:	I tempi **sono cambiati.**	Die Zeiten haben sich geändert.
	Hanno cambiato il progetto.	Sie haben den Plan geändert.
cominciare:	Lo spettacolo **è** già **cominciato**.	Die Vorstellung hat schon angefangen.
	Ha cominciato a lavorare.	Er hat angefangen zu arbeiten.
diminuire:	La temperatura **è diminuita**.	Die Temperatur ist zurückgegangen.
	Gli **hanno diminuito** lo stipendio.	Sie haben ihm das Gehalt gekürzt.
scendere:	**È sceso** dal tram.	Er ist aus der Straßenbahn ausgestiegen.
	Ha sceso le scale.	Er ist die Treppe hinuntergegangen.
suonare:	**È suonata** l'una.	Es hat ein Uhr geschlagen.
	Il telefono **ha suonato**./ È suonato il telefono.	Das Telefon hat geklingelt.
	Hanno suonato.	Es hat (an der Haustür) geläutet.
	Ha suonato il pianoforte.	Er hat Klavier gespielt.
vivere:	Carlo **è/ha vissuto** in America.	Er hat in Amerika gelebt.

Das „Imperfetto"

Imperfetto		Präsens
A quel tempo **vivevo** in campagna.	... lebte ich auf dem Land.	Oggi vivo in città.
Prima **prendevo** l'autobus.	... fuhr ich (immer) mit dem Bus.	Adesso prendo il tram.

Das „Imperfetto" ist eine Zeitform, mit der Zustände und gewohnheitsmäßige Handlungen der Vergangenheit beschrieben werden. (Näheres ab S. 177.)

	-are	-ere	-ire	Sonderfall
	andare	avere	venire	essere
(io)	and**avo**	av**evo**	ven**ivo**	ero
(tu)	and**avi**	avevi	venivi	eri
(lui/lei)	and**ava**	aveva	veniva	era
(noi)	anda**vamo**	avevamo	venivamo	eravamo
(voi)	anda**vate**	avevate	venivate	eravate
(loro)	anda**vano**	avevano	venivano	erano

Das „Imperfetto" ist bei allen Verben (außer *essere*) regelmäßig.

Beachten Sie:
fare: facevo usw.
dire: dicevo
bere: bevevo

Die reflexive Form der Verben

	Präsens	Passato prossimo
(io)	**mi** riposo ich ruhe mich aus	mi sono } riposato/riposata ich habe mich ausgeruht
(tu)	**ti** riposi	ti sei
(lui/lei)	**si** riposa	si è
(noi)	**ci** riposiamo	ci siamo } riposati/riposate
(voi)	**vi** riposate	vi siete
(loro)	**si** riposano	si sono
(Infinitiv)	riposar**si** sich ausruhen	

1. Das Reflexivpronomen *(mi, ti, si, ci, vi)* steht vor dem konjugierten Verb. Die Verneinung *non* steht vor dieser Gruppe: Perché non **ti** riposi un po'?
   An den Infinitiv wird das Reflexivpronomen angehängt: Desidero riposar**mi**.
2. Reflexive Verben bilden das „Passato prossimo" mit dem Hilfsverb *essere*; dabei richtet sich das Partizip Perfekt in Geschlecht und Zahl nach dem Subjekt:
   Carla **si è riposata** un po'. Poi **si è fatta** un caffè.

Beachten Sie:

- Die meisten reflexiven Verben werden auch nichtreflexiv gebraucht und bilden dann das „Passato prossimo" mit dem Hilfsverb *avere:*

Carla **si è svegliata** alle 7,	ist ... aufgewacht	(reflexiv)
poi **ha svegliato** i bambini.	hat ... geweckt	(nichtreflexiv)

- Einem sowohl nichtreflexiv als auch reflexiv gebrauchten italienischen Verb entsprechen im Deutschen vielfach zwei verschiedene Verben oder Ausdrücke, z.B.

alzare qc	etwas aufheben	alzarsi	aufstehen
chiamare qu	jemanden nennen; rufen	chiamarsi	heißen
fermare qc/qu	etwas/jemanden anhalten	fermarsi	halten; sich aufhalten
occupare qc	besetzen, einnehmen	occuparsi (di)	sich beschäftigen (mit)
svegliare qu	wecken	svegliarsi	aufwachen
trovare qc/qu	finden	trovarsi	sich befinden; sich treffen

- Einige Verben werden fast ausschließlich reflexiv gebraucht, z.B.

addormentarsi	einschlafen	arrabbiarsi	böse werden, sich ärgern
ammalarsi	krank werden	bagnarsi	naß werden

Wendungen

Ti sei fatto/fatta male?	farsi male	sich weh tun
Si fa la barba. (Bart)	farsi la barba	sich rasieren
Non si sono fatti vivi da un anno.	farsi vivo	von sich hören lassen
Si è fatto tardi/buio.	farsi tardi/buio	spät/dunkel werden

Die unpersönliche Form der Verben

1. Unpersönliche Verben und Ausdrücke

Basta così, grazie.	Es reicht ...
Bisogna risparmiare.	Man muß ...
Non **importa**.	Es ist nicht (weiter) wichtig.
È bello avere una famiglia.	Es ist schön ...
È difficile trovare lavoro oggi.	Es ist schwierig ...
Che tempo fa?	Wie ist das Wetter?
– **Piove./Nevica.**	– Es regnet/schneit.
– **Fa bel tempo/brutto tempo.**	– Es ist schönes/schlechtes Wetter.
– **Fa caldo/freddo.**	– Es ist warm, heiß/kalt.

1. Unpersönliche Verben und Ausdrücke schließen den Infinitiv ohne Präposition an: Bisogna/È necessario **risparmiare**. (Aber: È tempo **di andare**.)
2. Unpersönliche Verben bilden das „Passato prossimo" mit *essere:* **È** bastato. (Aber: **È/Ha** piovuto/nevicato. – Oggi **ha fatto** molto caldo/freddo.)

Beachten Sie:

- Das Verb *bastare* wird auch persönlich gebraucht: I soldi non mi sono bastati.
- Folgende Ausdrücke werden im Italienischen persönlich gebraucht:

Ho freddo/caldo.	Mir ist kalt/warm.	(Sono) lieto di conoscerLa.	Es freut mich, Sie kennenzulernen.
Come sta? – Sto bene.	Es geht mir gut.		

2. Die „si"-Konstruktion

Che cosa **si può** fare a Venezia? Was kann man . . . ?	
Si può fare una gita in gọndola.	(mit Beziehungswort im Singular)
Si possono fare gite in gọndola.	(mit Beziehungswort im Plural)

Das unpersönliche Subjekt „man" wird im Italienischen durch *si* + Verb in der 3. Person ausgedrückt; ist das Beziehungswort ein Substantiv im Plural, so steht auch das Verb im Plural.

Wendungen auf Schildern/in Zeitungsannoncen:

Si parla tedesco/inglese.	Man spricht Deutsch/Englisch.
Non si accettano assegni.	Es werden keine Schecks angenommen.
Si prega di chiudere la porta.	Bitte Türe schließen!
Affitta**si** appartamento.	Wohnung zu vermieten.

Das Verb „esserci"

esserci		essere
C'è Paolo?/Paolo c'è?	Ist Paolo da?	
– No, Paolo **non c'è**.	Paolo ist nicht da.	Paolo **è** a scuola.
C'è un libro sul tavolo.	Da ist/liegt . . .	– Che libro **è**? – **È** un giallo. Krimi
C'è una banca qui vicino?	Ist da/Gibt es . . . ?	– Sì, la Banca X. **È** in via Dante.
Ci sono posti liberi?	Sind da/Gibt es . . . ?	– Sì, questi **sono** liberi.
Alla stazione **c'è** un grande parcheggio. Am Bahnhof ist . . .		Il parcheggio **è** alla stazione.

1. Das Verb *esserci* hat die Bedeutung „da sein", „vorhanden sein/geben".
2. Nach einer vorangestellten Ortsbestimmung steht nicht *essere*, sondern *esserci.*

Der Imperativ

	-are		-ere	-ire		
	aspettare		leggere	sentire	finire	
(tu)	Aspett**a**.	Warte!	Legg**i**.	Sent**i**.	Fin**isci**	presto.
(Lei)	Aspett**i**.	Warten Sie!	Legg**a**.	Sent**a**.	Fin**isca**	presto.
(voi)	Aspettate.	Wartet!/Warten Sie!	Leggete.	Sentite.	Finite	presto.

- Es gibt auch einen Imperativ der 1. Person Plural: **Andiamo**. Gehen wir!
- Der **verneinte Imperativ** wird in der 2. Person Singular *(tu)* durch *non* + Infinitiv ausgedrückt: **Non rịdere**. Lach nicht! (Aber: Non rida. Non ridete.)
- Zu Personalpronomen/Reflexivpronomen beim Imperativ vgl. S. 171.
- Weiterführender Hinweis zum Imperativ der Höflichkeitsform S. 186.

Verben mit Besonderheiten beim Imperativ

Verben mit Besonderheiten im Präsens (vgl. S. 157) weisen diese im allgemeinen auch beim Imperativ auf, z.B.

- Verben vom Typ *telefonare*: Telefona/Telefoni subito!
- Verben auf *-care* und *-gare*: Cer**ch**i di dormire.

Unregelmäßige Verben

dare:	dai/ da'	dia	date
stare:	stai/sta'	stia	state
andare:	vai/ va'	vada	andate
fare:	fai/ fa'	faccia	fate
dire:	di'	dica	dite
essere:	sii	sia	siate

bere:	bevi	beva	bevete
rimanere:	rimani	rimanga	rimanete
salire:	sali	salga	salite
uscire:	esci	esca	uscite
venire:	vieni	venga	venite
avere:	abbi	abbia	abbiate

Das Konditional I

	-are		-ere	-ire	Sonderfall
	comprare		vendere	partire	essere
(io)	compr**erei**	ich würde	vend**erei**	part**irei**	sarei
(tu)	compr**eresti**	kaufen	venderesti	partiresti	saresti
(lui/lei)	compr**erebbe**		venderebbe	partirebbe	sarebbe
(noi)	compr**eremmo**		venderemmo	partiremmo	saremmo
(voi)	compr**ereste**		vendereste	partireste	sareste
(loro)	compr**erebbero**		venderebbero	partirebbero	sarebbero

Das Konditional wird aus dem Infinitiv gebildet. Dabei wird bei den Verben auf *-are* das *a* der Infinitivendung zu einem *e*: compr**a**re – compr**e**rei. Die Endungen des Konditionals sind für alle Verben gleich.

Verben mit Besonderheiten:

- Verben auf *-ciare* und *-giare*: comin**ce**rei, la**sce**rei, man**ge**rei
- Verben auf *-care* und *-gare*: cer**ch**erei, pa**gh**erei
- Die Verben *dare, fare, stare:* darei, farei, starei
-

avere:	avrei	dovere:	dovrei	sapere:	saprei	rimanere:	rimarrei
andare:	andrei	potere:	potrei	volere:	vorrei	venire:	verrei

Gebrauch

Che cosa **compreresti** con un miliardo? – Mi **comprerei** un aereo.	
Mi piacerebbe andare in Sicilia.	Ich würde gern nach Sizilien fahren.
Potresti aiutarmi?	Könntest du mir helfen?
Avrebbe un fazzoletto, per favore?	Hätten Sie vielleicht ein Taschentuch für mich?
Vorrei un paio di scarpe nere.	Ich möchte/hätte gern . . .
Dovresti andare dal medico.	Du solltest zum Arzt gehen.

Das Konditional drückt aus, was unter bestimmten Bedingungen/Umständen sein oder geschehen könnte. Es wird häufig zur Abschwächung von Aussagen verwendet: Wünsche, Bitten und Aufforderungen klingen im Konditional höflicher als im Präsens bzw. Imperativ.

Das Substantiv

Das Geschlecht der Substantive

Die italienischen Substantive sind entweder männlich oder weiblich.
Sie enden fast alle mit einem Vokal.

m	*f*		Aber:
il figli**o** il libr**o** lo studi**o**		Substantive auf *-o* sind im allgemeinen männlich.	la mano Hand, la radio, la foto, l'auto *f*, la moto Motorrad, la biro Kugelschreiber
	la figli**a** la strad**a** la ser**a**	Substantive auf *-a* sind im allgemeinen weiblich.	il pilota, il poeta Dichter usw. il cinema, il clima, il problema, il programma, il telegramma usw.
il padr**e** il pont**e** Brücke	la madr**e** la torr**e** Turm	Substantive auf *-e* sind männlich oder weiblich.	

Substantive auf *-tà* und *-tù* sind weiblich: la possibilità, la gioventù Jugend
Substantive auf *-i* sind meist weiblich: la crisi (Aber: il tassì/taxi, lunedì *m* usw.)
Substantive, die mit einem Konsonanten enden, sind männlich: il bar, il film

Die Kennzeichnung des natürlichen Geschlechts

- Viele Personenbezeichnungen und Namen haben neben der männlichen Form eine weibliche Form auf *-a*, z.B.

un commess**o** una commess**a**	Francesc**o** Francesc**a**	un signor**e** una signor**a**	Daniel**e** Daniel**a**	Aber: Nịcola Klaus Andrea Andreas

- Einige Substantive haben eine weibliche Form auf *-essa*, z.B. uno studente/una student**essa**, un professore/una professor**essa**
- Substantive auf *-tore* haben eine weibliche Form auf *-trice*, z.B. un attore Schauspieler/un'at**trice**, uno spettatore Zuschauer/una spetta**trice** (Aber: il dottore/la dottor**essa**)
- Eine Reihe von Personenbezeichnungen (meist auf *-ante, -ente, -ese* oder *-ista*) werden sowohl für männliche als auch für weibliche Personen verwendet, z.B.

un/un'insegnante	Lehrer/Lehrerin	un/una giornalista	Journalist/Journalistin
un/una cliente	Kunde/Kundin	un/una collega	Kollege/Kollegin
un/una francese	Franzose/Französin	un/una nipote	Neffe/Nichte, Enkel(in)

Das Geschlecht wird durch den Artikel bzw. ein begleitendes Adjektiv angezeigt:
un artista famos**o** ein berühmter Künstler
un'artista famos**a** eine berühmte Künstlerin

Singular und Plural

Singular	*Plural*		
il treno il ponte la torre	i treni i ponti le torri	o, e → i	Ebenso: la mano/le mani Aber: la/le foto, l'/le auto, la/le moto, la/le radio
la strada	le strade	a — e	

- Männliche Substantive auf *-a* haben im Plural die Endung *-i*: il giornalista/i giornalisti, il tema/i temi (Aber: il/i cinema)
- Singular und Plural haben dieselbe Form, wenn das Substantiv
  - mit einem betonten Vokal endet: la/le città, il/i caffè, il/i tassì
  - mit *-i* oder *-ie* endet: la/le crisi, la/le serie (Aber: la moglie/le mogli)
  - mit einem Konsonanten endet: il/i bar, il/i camion Lastwagen
- Immer im Singular: la gente, la roba Sachen, Zeug, l'uva Weintrauben
  Immer im Plural: i soldi, gli spiccioli Kleingeld, gli occhiali, le forbici Schere, i pantaloni (*in der Werbung auch:* pantalone), i dintorni Umgebung
- Die männliche Pluralform kann in bestimmten Fällen für männliche und weibliche Personen stehen:

il signore	Herr	i signori N.	Herr und Frau N.
il figlio	Sohn	i figli	Söhne und Töchter, Kinder
il nonno	Großvater	i nonni	Großeltern

Besonderheiten bei der Pluralbildung

il negozio l'ufficio	i negozi gli uffici	io — i	Aber: lo zio/gli zii
il pacco il medico l'albergo lo psicologo	i pacchi i medici gli alberghi gli psicologi	co — chi co — ci go — ghi go — gi	Aber: l'amico/gli amici Aber: il valico Übergang/Paß/i valichi Aber: il catalogo/i cataloghi
l'amica la riga	le amiche le righe	ca — che ga — ghe	
l'arancia la spiaggia	le arance le spiagge	cia — ce gia — ge	Aber: la farmacia/le farmacie la camicia/le camicie Aber: la bugia Lüge/le bugie la valigia/le valig(i)e

- Einige Substantive haben eine unregelmäßige Pluralform, z.B. l'uomo/gli uomini, la moglie/le mogli, l'arma Waffe/le armi
- Einige männliche Substantive haben eine weibliche Pluralform, z.B. il braccio Arm/le braccia, il dito Finger/le dita, il labbro Lippe/le labbra, l'uovo/le uova, un paio/due paia

Die „vier Fälle"

Com'è **il caffè**? Il cameriere porta **il caffè**.	der Kaffee . . . den Kaffee	Wer?/Was? Wen?/Was?
Scrivo una lettera **a mio padre**. **alla nonna**.	an meinen/meinem Vater	An wen?/Wem?
Dov'è la borsa **di Maria**? **della signora**?	Marias Tasche die Tasche der Dame	Wessen?

- Subjekt und direktes Objekt (Akkusativ) haben beim Substantiv dieselbe Form.
- Das indirekte Objekt (Dativ) wird mit der Präposition *a* angeschlossen.
- Zugehörigkeit/Besitz wird mit Hilfe der Präposition *di* ausgedrückt.

Der Artikel

Die Formen des unbestimmten und des bestimmten Artikels

	Unbestimmter Artikel	Bestimmter Artikel	
	m	*Singular* *m*	*Plural*
vor Konsonant vor *s*+Konsonant* vor Vokal	**un** libro **uno** studente **un** amico	**il** libro **lo** studente **l'** amico	**i** libri **gli** studenti **gli** amici
	f	*f*	
vor Konsonant vor Vokal	**una** pagina **un'** amica	**la** pagina **l'** amica	**le** pagine **le** amiche

* vor männlichen Substantiven/Adjektiven mit folgendem Anlaut:
- *s*+Konsonant, z.B. sciopero Streik, specchio Spiegel, spettacolo, stụpido dumm, usw.: **uno** stụpido scherzo ein dummer Scherz; **lo** sciopero
- *z, ps* oder *gn*: **lo** zaino Rucksack, **uno** psicologo, **gli** gnocchi Klößchen

Beachten Sie:
Maßgebend für die Form des männlichen und des weiblichen Artikels ist der Anlaut des unmittelbar folgenden Wortes:
l'orario Fahrplan/**il** nuovo orario/**lo** stesso orario
un'amica/**una** cara amica; **uno** svizzero/**un** signore svizzero

Der Gebrauch des bestimmten Artikels

Abweichend vom Deutschen steht der bestimmte Artikel

Ecco **il signor/la signora N.** Ecco **il dottor Bianchi**. *Aber:* Buongiorno, signora/dottore.	vor *signor/signora/signorina/* Titel + Name (außer in der Anrede)
Conosce **l'Italia/la Toscana**? *Aber:* Andiamo in Italia/in Toscana.	vor Namen von Ländern, Regionen und großen Inseln (außer vor *in*)
Mi dai **il tuo indirizzo**?	vor Possessivpronomen (vgl. S. 172)
Che ore sono? – Sono **le nove.**/È **l'una.**	bei der Uhrzeit (in Stunden)
La sera esco spesso. abends **Il lunedì** vado al corso d'inglese. montags *Aber:* L'ho visto lunedì. am Montag	vor den Namen der Tageszeiten und der Wochentage, wenn die regelmäßige Wiederkehr gemeint ist
Costano 2000 lire **il chilo/al chilo**. Fa 200 chilometri **all'ora**.	in der Bedeutung „je/pro"
A me piacciono **i gialli**. Krimis Mangi volentieri **le olive**?	vor Substantiven, die eine ganze Gattung bezeichnen
La benzina costa molto. **La politica** non mi interessa.	vor Stoffnamen und abstrakten Begriffen

Präpositionen + bestimmter Artikel

Die Präpositionen *a, da, di, in, su* verschmelzen mit dem nachfolgenden bestimmten Artikel zu einem Wort: a + il = **al** mare; in + la = **nella** stanza

	il	lo	l'	la	i	gli	le
a	al	allo	all'	alla	ai	agli	alle
da	dal	dallo	dall'	dalla	dai	dagli	dalle
di	del	dello	dell'	della	dei	degli	delle
in	nel	nello	nell'	nella	nei	negli	nelle
su	sul	sullo	sull'	sulla	sui	sugli	sulle

Die Präposition *con* wird gelegentlich mit *il* und *i* verschmolzen:
con il/col padre, con i/coi libri

Mengenangaben mit „di" und der Teilungsartikel

Bestimmte Menge	Unbestimmte Menge		
Per 4 persone:			
4 fettine **di** vitello	Vuoi ancora **dell'**	insalata?	vom/etwas Salat
50 grammi **di** burro	**del**	formaggio?	etwas Käse
1 bicchiere **di** marsala	**della**	frutta?	etwas Obst
...	**delle**	ciliegie?	ein paar Kirschen
e un po' **di** sale			

1. Nach Substantiven, die eine bestimmte Menge oder ein Maß bezeichnen, z.B. *grammo, etto, chilo, litro, pacco,* tazza Tasse, *bicchiere* sowie nach *un po'* wird das nachfolgende Substantiv mit der Präposition *di* angeschlossen.
2. Eine unbestimmte Menge wird durch den Teilungsartikel ausgedrückt. Er setzt sich aus *di* und dem bestimmten Artikel zusammen. Sein Gebrauch ist nicht obligatorisch.

Beachten Sie:

Abbiamo fatto **una** gita in campagna.	Wir haben einen Ausflug gemacht.
Abbiamo fatto **delle** gite in campagna.	Wir haben Ausflüge gemacht.

Die Zusammensetzung *di* + bestimmter Artikel dient auch als Plural des unbestimmten Artikels. Sein Gebrauch ist nicht obligatorisch.

Das Adjektiv

Die Angleichung des Adjektivs

	Singular	*Plural*
m	un giornale italian**o**	giornali italian**i**
f	una rivista italian**a**	riviste italian**e**
m	un giornale ingles**e**	giornali ingles**i**
f	una rivista ingles**e**	riviste ingles**i**

Adjektive auf -*o* haben eine weibliche Form auf -*a*. Adjektive auf -*e* haben für beide Geschlechter nur eine Form. Im Plural wird *o/e* → *i, a* → *e.*

Die Adjektive stimmen mit den Substantiven/Personen, auf die sie sich beziehen, in Geschlecht und Zahl immer überein:

Paolo: Sono stanc**o**. Paolo e Marco: Siamo stanch**i**. Lisa e Aldo: Siamo stanch**i**.
Maria: Sono stanc**a**. Maria e Luisa: Siamo stanch**e**.

Hinweis:
Für die Pluralbildung gelten dieselben Regeln wie bei den Substantiven (s. S. 165), z.B.
bianco: capelli bian**chi**, scarpe bian**che**; lungo: capelli lun**ghi**
simpạtico: colleghi simpati**ci**, persone simpati**che**; proprio: i propr**i** figli

Die Stellung des Adjektivs

Das Adjektiv steht im allgemeinen nach dem Substantiv.

- Immer nachgestellt werden Adjektive, die ein Unterscheidungsmerkmal bezeichnen (z.B. Farbe, Nationalität): una macchina **rossa/italiana/sportiva/veloce**
- Einige häufig gebrauchte kurze Adjektive (z.B. *bello brutto, buono, grande, piccolo, breve, lungo, giovane, vecchio, bravo*) stehen gewöhnlich vor dem Substantiv. Sie werden jedoch nachgestellt, wenn die Eigenschaft als Unterscheidungsmerkmal hervorgehoben werden soll:
  L'appartamento ha un **grande** soggiorno e due camere.
  Noi prendiamo la camera **grande** perché siamo in tre.

Beachten Sie:

- *Buono* endet vor dem Substantiv wie der unbestimmte Artikel *(un/uno)*:
  buongiorno!, un **buon** amico, un **buono** stipendio
  Buona wird vor Vokal oft apostrophiert: una **buona/buon'**idea, una **buon'**amica
- *Bello* endet vor dem Substantiv wie der bestimmte Artikel *(il/lo/l'; i/gli)*:
  un **bel** regalo/**bei** regali, un **bello** spettacolo/**begli** spettacoli, un **bell'**abito/**begli** abiti
  Bella wird vor Vokal oft apostrophiert: una **bella/bell'**idea
- *Grande* wird in bestimmten Wendungen zu *gran* bzw. *grand'* verkürzt:
  un **gran** parco; un **grand'**uomo ein bedeutender Mann

Die Steigerung des Adjektivs

1. Non conosce Roma?! Non c'è città **più bella**.	keine schönere Stadt
2. È **la** città **più bella** del mondo/**la più bella** città del mondo.	die schönste Stadt der Welt
3. È una città **bellissima**!	eine herrliche Stadt

1. Der Komparativ wird gebildet durch Voranstellen von *più* mehr bzw. *meno* weniger.
2. Der Superlativ wird ausgedrückt durch den Komparativ mit dem bestimmten Artikel.
3. Die Endung *-issimo* drückt ohne Vergleich den sehr hohen Grad einer Eigenschaft aus (absoluter Superlativ).

Das Adverb

Das Adverb ist eine unveränderliche Wortart.
Es gibt ursprüngliche Adverbien (z.B. *tardi* spät, *spesso* oft, *giù* hinunter) und von Adjektiven abgeleitete Adverbien.
Abgeleitete Adverbien werden gebildet, indem man an die weibliche Form des Adjektivs die Endung *-mente* anhängt:

lento/lenta: Il tempo passa lenta**mente**. ... vergeht langsam.
veloce: Il tempo passa veloce**mente**. ... vergeht schnell.

Beachten Sie:

- Bei Adjektiven auf *-le* und *-re* entfällt das *-e* vor *-mente:* facile – facilmente
  Sonderfall: leggero leicht – leggermente
- Den Adjektiven *buono* und *cattivo* schlecht entsprechen die Adverbien *bene* und *male:*
  Questa pizza è **buona**. – Al Boccaccio si mangia **bene**.
  Questa pizza è **cattiva**. – Al Boccaccio si mangia **male**.
- Im Italienischen gibt es sehr viel adverbiale Ausdrücke, z.B.

all'improvviso	plötzlich	a buon mercato	billig	in tempo	rechtzeitig
per caso	zufällig	a bassa voce	leise	di buon'ora	früh(zeitig)
in genere	im allgemeinen	ad alta voce	laut	in modo strano	seltsam

Die unbetonten Objektformen

	Direktes Objekt		Indirektes Objekt	
Singular	non **mi** accompagni?	mich	non **mi** scrivi?	mir
	ti accompagno	dich	**ti** scrivo	dir
	lo conosco	ihn/es	**gli** scrivo	ihm
	la conosco	sie/es	**le** scrivo	ihr
	La conosco	Sie	**Le** scrivo	Ihnen
Plural	non **ci** accompagni?	uns	non **ci** scrivi?	uns
	vi accompagno	euch/Sie	**vi** scrivo	euch/Ihnen
	li conosco	sie *m*	**gli** scrivo	ihnen *m/f*
	le conosco	sie *f*		

Diese Formen werden nur in Verbindung mit dem Verb verwendet.

Beachten Sie:
- *Lo* und *la* werden vor den Formen von *avere* meist zu *l'* verkürzt:
  L'abbiamo visto. Wir haben ihn gesehen. **L'**hai vista? Hast du sie gesehen?
- *Lo* kann sich auch auf einen Sachverhalt beziehen: Non **lo** so. Ich weiß es nicht.
- Bei der höflichen Anrede können Personalpronomen groß oder klein geschrieben werden:
  Lieto di conoscer**La**/conoscer**la**. Es freut mich, Sie kennenzulernen.

Hinweise:
- In der Geschäftskorrespondenz wird im allgemeinen die 2. Person Plural *(Voi)* als Anredeform verwendet: **Vi** ringraziamo della Vostra del 2 novembre . . .
- Im Plural wird (sehr formell und ehrerbietig) auch die 3. Person Plural als Anredeform verwendet: Signori/Signore, porto **Loro** un aperitivo? – **Li/Le** posso accompagnare?

Die Pronominaladverbien „ci" und „ne"

Va spesso [a Roma / in Italia] ?	Vuole [delle arance] ?
Sì, **ci** vado ogni anno.	Sì. **Ne** prendo un chilo.

1. *Ci* bezieht sich auf zuvor genannte Ortsangaben oder sonstigen Ergänzungen mit *a, in* oder *su* und bedeutet „da, dort, hin, daran".
   Pensi tu **a fare la spesa** per domani? – D'accordo, **ci** penso io.
2. *Ne* wird zur Bezeichnung einer Teilmenge („davon") gebraucht.
   Es kann sich auch auf Personen beziehen: Hai molti amici? – No, **ne** ho pochi.

Die Stellung der unbetonten Objektformen

Ti aspettiamo stasera. Che **ne** dici? Was hältst du davon? Perché non **ci** hai scritto?	Die unbetonten Objektformen stehen **vor** dem konjugierten Verb.

Sie werden jedoch **angehängt** (ohne daß sich die Betonung ändert):

Compra**lo**. Comprate**lo**. *Aber:* **Lo** compri.	Kauf es! Kaufen Sie es!	Riposa**ti**. Riposate**vi**. **Si** riposi.	Ruh dich aus!	an den Imperativ außer in der Sie-Form *(Lei)*
Siamo contenti di veder**La**. Proviamo a telefonar**gli** stasera.				an den Infinitiv, der dabei den Endvokal verliert
Dov'è lo scontrino? – Ecco**lo**. Da ist er. Ecco**mi**. Da bin ich!				an *ecco*

Beachten Sie:
- Werden die unbetonten Objektformen an die Imperative *da', di', fa', sta'* und *va'* angehängt, tritt eine Konsonantenverdopplung ein (außer bei *gli*):
  Dillo. Sag es. **Dammi** ... Gib mir ... **Vacci**. Geh hin! (Aber: **Dagli** tutto.)
- Die unbetonten Objektformen können auch vorangestellt werden
  1. beim verneinten Imperativ der Du-Form: Non lo comprare./Non comprarlo.
  2. bei *dovere/volere/potere/sapere* + Infinitiv: Gli devo parlare./Devo parlargli.
  3. bei *andare/venire a* + Infinitiv: Mi vieni a prendere?/Vieni a prendermi?

Die betonten Formen des Personalpronomens

Subjekt	**io** ich	**tu**	lui	lei	Lei	noi	voi	loro	
Objekt	**me** mich **a me** mir	**te** **a te** usw.	lui	lei	Lei	noi	voi	loro	sé sich

Die **Subjektformen** sind immer stark betont. Man verwendet sie 1. ohne Verb, 2. beim Verb nur zur besonderen Hervorhebung der Person, sonst werden sie weggelassen.
Chi è? – (Sono) **io**. – Viene anche **lui**?
Io accompagno Carla e **tu** vai a casa.

Die **betonten Objektformen** werden nur gebraucht
1. zur besonderen Hervorhebung des Objekts: Perché guardi sempre **me**?
2. wenn ein weiteres Objekt folgt: Ho visto **lui** e **sua moglie**.
3. nach Präpositionen: **con me, per lei, a te, senza di lui**.
4. nach *di* als und *come/quanto* wie: Non fare come me.
5. in Ausrufen: Povero lui! Der Arme! Beata te! Du Glückliche!

Hinweise:
- In der Geschäftskorrespondenz verwendet man die 2. Person Plural (vgl. S. 170).
- Die Anredeform *Lei* kann auch klein geschrieben werden.

Singular	*m*	Plural		Singular	*f*	Plural	
il mio mein	amico	i **miei**	amici	la mia	amica	le mie	amiche
il tuo	bambino	i **tuoi**	. . .	la tua	lettera	le tue	. . .
il suo	libro	i **suoi**		la sua	macchina	le sue	
il nostro	cane	i nostri		la nostra	. . .	le nostre	
il vostro		i vostri		la vostra		le vostre	
il loro		i lor**o**		la lor**o**		le lor**o**	

- Possessivpronomen richten sich in Geschlecht und Zahl nach ihrem Beziehungswort; nur *loro* bleibt unverändert: Vengono le mie amiche con i loro bambini.
- Possessivpronomen haben gewöhnlich den bestimmten Artikel bei sich: i miei genitori
  Vor Verwandtschaftsbezeichnungen im Singular entfällt jedoch der Artikel (außer bei *loro*):
  mio marito/fratello/figlio/padre (Aber: il loro figlio)
  Ausnahmen: il mio papà/babbo, la mia mamma
- *Suo* bezieht sich auf einen (männlichen oder weiblichen) Besitzer, *loro* auf mehrere Besitzer:
  la sua macchina sein/ihr Auto – la loro macchina ihr Auto
- Bei der höflichen Anrede verwendet man
  - gegenüber einer Person die Formen von *suo*: la sua/Sua lettera Ihr Brief
  - gegenüber mehreren Personen die Formen von *vostro*: la vostra/Vostra lettera

Das Demonstrativpronomen

questo der (hier), dieser	questi	questa	queste	
questo vestito quest'anno	questi vestiti	questa gonna quest'idea	queste gonne	
quello der (dort), jener	quelli	quella	quelle	*Quello* endet vor dem Substantiv wie der bestimmte Artikel.
quel vestito **quello** scialle **quell'**abito	**quei** vestiti **quegli** scialli **quegli** abiti	quella gonna quell'idea	quelle gonne	

- *Questo* verweist auf Sachen/Personen in unmittelbarer Nähe, *quello* auf solche, die vergleichsweise weiter entfernt sind: È **questa** la tua macchina? – No, è **quella** lì.
- Will man ein zuvor genanntes Substantiv nicht wiederholen, verwendet man als Ersatzwort das Pronomen *quello*: Ti piacciono questi pantaloni? – Sì, ma **quelli** grigi ti stanno meglio. die grauen
- *Questo* entsprechen die Ortsadverbien *qui* und *qua* hier, hierhin, hierher.
  Quello entsprechen die Ortsadverbien *lì* und *là* da, dahin, daher, dort(hin)
  sowie die Zusammensetzungen *lassù* da oben und *laggiù* da unten

LEZIONE 1

1 Die Hervorhebung

Neutrale Aussage/Frage	Hervorhebung eines Satzgliedes durch:	
Pago? Soll ich zahlen? (Lei) abita a Roma? – No, abito a Bari.	Pago **io**? Soll **ich** zahlen? Abita a Roma anche **Lei**? – No, **io** abito a Bari.	Verwendung der Subjektpronomen
Bruno è arrivato ieri.	Ieri è arrivato **Bruno**.	Nachstellung des Subjekts
Carlo vi scrive spesso? – Non ci scrive mai.	Scrive anche **a voi**? – No, **a noi** non scrive mai.	Verwendung der betonten Objektpronomen
Finiamo la serata in un locale. Non vado mai a teatro. Maria non capisce niente di cinema.	**La serata la** finiamo sempre in un locale. **A teatro** non **ci** vado mai. Maria **di cinema** non **ne** capisce niente.	Voranstellung – des Objekts – der präpositionalen Ergänzung

Beachten Sie: In der gesprochenen Sprache werden Objekte und präpositionale Ergänzungen häufig an den Satzanfang gestellt, wenn sie besonders betont werden sollen. Sie werden beim Verb durch das entsprechende unbetonte Objektpronomen wieder aufgenommen:
Questa rivista **l'**hai già letta? (Oder auch: L'hai già letta questa rivista?)
Tempo libero **ne** ho proprio poco. ... (davon) habe ich wirklich wenig.

2 Der Gebrauch des bestimmten Artikels (vgl. auch S. 167)

a)	Paolo ha	**il** naso grosso. **le** spalle larghe. **i** capelli lunghi.	Paolo hat eine große/dicke Nase. breite Schultern. langes Haar.
b)	Ho Hai La casa ha	**la** macchina. **il** frigorifero? **l'**ascensore.	Ich habe ein Auto. Hast du einen Kühlschrank? Das Haus hat einen Aufzug.

Der bestimmte Artikel steht abweichend vom Deutschen
a) bei *avere* + körperliches Kennzeichen/Merkmal;
b) bei *avere* + Bezeichnung einer Sache, die man gewöhnlich nicht mehrfach besitzt.

Hinweis: Der bestimmte Artikel kann auch Zugehörigkeit ausdrücken:
Ha **il** padre italiano e la madre svizzera. Sein Vater ist Italiener ...
Hai **la** borsa aperta. Deine Tasche ist offen.

3 Der Grad einer Eigenschaft

1. Der Grad einer Eigenschaft kann mit Hilfe von Adverbien ausgedrückt werden:

Maria è **poco/abbastanza/piuttosto/molto/troppo** seria. ernst
tanto/proprio/così simpatica.

Eine Veränderung wird mit Hilfe von *sempre* ausgedrückt:
La vita diventa sempre più cara. wird immer teurer

2. Der sehr hohe Grad einer Eigenschaft (ohne Vergleich) wird ausgedrückt:

È un libro molto interessante.	sehr interessant	durch das Adverb *molto*
È un film **bellissimo.**	wunderbar	durch das Suffix *-issimo*
Gli attori sono **bravissimi.**	hervorragend	
Sono **simpaticissimi.**	so sympathisch!	
È **piccolo piccolo**/piccolissimo.	ganz klein	durch Wiederholen des Adjektivs (nicht in jedem Falle möglich)
Ha i capelli **corti corti**/cortissimi.	ganz kurz	
È proprio bravo, bravissimo.	ungemein tüchtig	

Wendungen

Siamo stanchi morti/stanchissimi.	stanco morto	todmüde
Siamo bagnati fradici.	bagnato fradicio	klatschnaß
Il cinema è pieno zeppo/strapieno.	pieno zeppo/strapieno	gerammelt voll
Carla è innamorata cotta/innamoratissima.	(innamorato) cotto	bis über beide Ohren verliebt

Was Sie vielleicht sonst noch wissen wollen . . .

- È una bionda piccol**ina**, rotond**etta**. . . . (ziemlich) klein und rundlich/mollig
  Im Italienischen gibt es zahlreiche Suffixe, z.B.

il fratello	Bruder	il fratell**ino**	Brüderchen	*-ino/-ina*
la città	Stadt	la cittad**ina**	Kleinstadt	*-etto/-etta*
la casa	Haus	la cas**etta**	Häuschen	*-ello/-ella*
il pezzo	Stück	il pezz**etto**	Stückchen	(verkleinernd,
l'albero	Baum	l'alber**ello**	Bäumchen	verniedlichend)
la nuvola	Wolke	il nuvol**one**	große/dicke Wolke	*-one*
il successo	Erfolg	il success**one**	Riesenerfolg	(vergrößernd)
il lavoro	Arbeit	il lavor**accio**	Mordsarbeit; Pfusch	*-accio/-accia*
il tempo	Wetter	il temp**accio**	scheußliches Wetter	(abwertend)

- Durch Suffixe entstehen vielfach neue Begriffe, z.B. caro: carino hübsch, nett; lampada: lampadina Glühbirne; porta: il portone Haustor, parola: parolaccia Schimpfwort
- Suffixe werden auch kombiniert, z.B. pezz**ettino** Stückchen, fior**ellino** Blümchen
- Manche Wörter können verschiedene Suffixe zu sich nehmen, z.B.
  donna: donnina (klein und nett), donnetta (klein und unscheinbar), il donnone (groß und sehr stattlich)

1 Bejahung und Verneinung

1. sì – no

Vuole leggere qualcosa?	– **Sì**, grazie./**No**, grazie. Ja .../Nein ...
Questa rivista non Le interessa?	– **Sì** che mi interessa. Doch.
Il film comincia già alle otto?	– Penso/Credo **di sì**.
Possiamo prendere la macchina di Rita?	– Rita mi ha detto **di no**.

Nach Verben des Sagens und Denkens *(dire, rispondere, pensare, credere, sperare)* wird *sì/no* mit *di* angeschlossen: È vero? – Spero di no. Ich hoffe nicht.

Hinweise:

- Für die Bejahung und Zustimmung gibt es vor allem in der gesprochenen Sprache eine Vielzahl an Ausdrucksmöglichkeiten, z.B.:
  Siete d'accordo? – Certo./Senz'altro. Klar/Sicher/Selbstverständlich!
  Andiamo a prendere qualcosa? – Va bene./D'accordo. Gut/Einverstanden!
- *Sì* in der Bedeutung „doch" wird häufig durch einen mit *che* eingeleiteten Zusatz verstärkt:
  Non siete stati alla riunione? – Sì che ci siamo stati.

2. non – no

Perché	non		vieni anche tu al cinema?
Stasera	non		ho voglia di uscire
e poi i film western	non	mi	piacciono.
Ti piacciono i gialli? –	Non		tanto.

Die Verneinung *non* steht vor dem zu verneinenden Satzteil/Wort.

Che ne diresti di andare al cinema?	–	Perché	no?
Venite anche voi?	–	Io sì, loro	no.
Questo film è piuttosto tradizionale.	–	Tradizionale o	no,
		a me è piaciuto.	

Die Verneinung *no* steht immer isoliert, d.h. am Ende eines Satzes/Satzteils.

Wendungen

Il film comincia alle 8, **no?**	... beginnt doch um acht (, nicht wahr)?
Conosci Fellini? – **Come no?**	Und ob!/Natürlich!
Se viene, bene, **se no** andiamo soli.	... wenn nicht/andernfalls ...
Ti sembra uno spettacolo valido? – **Direi di sì./Direi di no.**	Ich finde schon./Ich finde nicht.

Hinweis: In der Werbesprache findet sich oft folgende Konstruktion: Tutti sono invitati, grandi e piccoli, **sportivi e non**. ob sportlich oder nicht (sportlich)

Hinweis:
In der gesprochenen Sprache wird *non* häufig durch Zusätze verstärkt:
Non volevo **mica** offenderti. Ich wollte dich doch nicht beleidigen.
Ti piace questa rivista?
– **Non** è **mica** male./**Non** è **niente** male. . . . gar nicht übel.
– **Non** mi piace **affatto**./**Non** mi piace **per niente**. . . . überhaupt nicht.

3. Weitere verneinende Elemente

Non ho avuto **nemmeno** il tempo di leggere il giornale. – **Neanch'**io.
È arrivato? – No, e **non** ha **nemmeno** telefonato.
Non sono **ancora** arrivati?
Il film **non** è **più** in programma.
Non l'abbiamo **mai** visto.
Non beve **né** vino **né** birra.
Non ho trovato **niente/nulla** (di bello).
Non c'è **niente** (da leggere).
Non è venuto **nessuno**.
Non abbiamo visto **nessuno**.

non . . . nemmeno non . . . neanche non . . . neppure	auch nicht, nicht einmal
non . . . ancora	noch nicht
non . . . più	nicht mehr
non . . . mai	nie
non . . . né . . . né	weder . . . noch
non . . . niente non . . . nulla	nichts
non . . . nessuno	niemand

Beachten Sie:
- Wird der zweite Teil der Verneinung an den Satzanfang gestellt, entfällt **non**:
  Nessuno è venuto.
  Niente è impossibile.
  Hai mai fumato? je – **Mai** (fumato in vita mia). Nie!
  Lo faresti? – **Neppure** per sogno. Nicht einmal im Traum!
- Folgende Abweichung vom Deutschen:
  Non ha detto **niente** a **nessuno**. Er hat niemandem **etwas** gesagt.
  È partito **senza** dir **nulla** e **senza** salutare **nessuno**. Er ist abgereist, ohne **etwas** zu sagen und ohne sich von **jemandem** zu verabschieden.

4. Wie wird „kein" ausgedrückt?

Non ho voglia di uscire.
Non ho amici.

Non c'è problema.
Non ci sono problemi.

Hai dei gettoni?
– **Non** ne ho più.

Non conosco	**nessuno** dei suoi colleghi. **nessuna** delle sue colleghe.	keinen seiner Kollegen
Non ho	**nessun amico**. **nessun' amica**.	keinen (einzigen) Freund
Non ho	**nessuna voglia** di uscire.	überhaupt keine Lust
Non ha fatto	**neanche** un errore.	keinen einzigen Fehler
Non c'è più	**neanche** un fotoromanzo.	
Oggi	**niente televisione**.	Heute gibt's kein Fernsehen!
	Niente paura!	Keine Angst!

2 „Imperfetto" und „Passato prossimo" (I)

1. Übersicht zum Gebrauch von „Imperfetto" und „Passato prossimo"

Imperfetto	Präsens
Prima **avevamo** un solo televisore.	Adesso ne abbiamo tre.

Imperfetto	Passato prossimo
Come **facevate** quando **avevate** un solo televisore? All'inizio **c'erano** continue discussioni in famiglia: mentre uno **voleva** vedere la partita sul primo, un altro **preferiva** il telefilm sul secondo, un altro ancora il film su Canale 5, insomma non **c'era** più pace.	
	Allora **abbiamo deciso** di comprare un secondo televisore.
Ma anche due televisori non **bastavano** . . .	

Passato prossimo	Präsens
Allora ne **abbiamo comprato** un terzo.	Adesso non ci sono più problemi.

- Das „Imperfetto" dient zur Beschreibung von Gegebenheiten und Zuständen in der Vergangenheit; es dient auch zur Schilderung von Gewohnheiten und Verhaltensweisen:
  Quando **avevamo** un solo televisore **litigavamo** spesso/ogni sera/sempre.
- Ein klar abgegrenztes Ereignis in der Vergangenheit wird im „Passato prossimo" dargestellt:
  Allora **abbiamo deciso** di comprare un secondo televisore.

Der Unterschied in der Sichtweise des Geschehens wird in den folgenden Beispielen deutlich, die im Deutschen unterschiedlich übersetzt werden:

Mi **sentivo** male.	Mir war schlecht.	Mi **sono sentito** male.	Mir wurde schlecht.
Avevo paura.	Ich hatte Angst.	**Ho avuto** paura.	Ich bekam Angst.
Lo **conoscevi**?	Kanntest du ihn?	L'**ho conosciuto** da N.	. . . habe ihn kennengelernt.
Non lo **sapevo**.	Ich wußte es nicht.	L'**ho saputo** ieri.	. . . habe es erfahren.
Quando veniva da noi mi portava sempre un regalo.	(Jedesmal) wenn er zu uns kam, . . .	Quando **è venuto** ieri, ero già a letto.	Als er gestern kam, . . .

2. „Imperfetto" und „Passato prossimo" im Satzgefüge

a)

Mentre **cucinavo**, Carlo **guardava** il telegiornale.	Während ich kochte, sah sich C. die Tagesschau an.

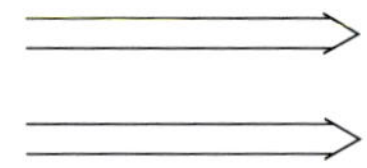

Verlaufen mehrere Vorgänge der Vergangenheit gleichzeitig nebeneinander, ohne zu einem Abschluß zu kommen, so stehen sie alle im „Imperfetto".

b)

Mentre cucinavo, **è andata** via la corrente.

. . . , fiel auf einmal der Strom aus.

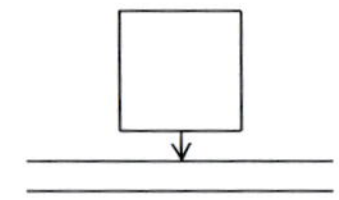

Ist von zwei Geschehen der Vergangenheit das eine noch im Verlauf, wenn das zweite einsetzt, so steht das im Verlauf begriffene Geschehen im „Imperfetto", das neu einsetzende im „Passato prossimo".

c)

Verso le 9 **è venuto** Aldo,	**ha guardato** la partita alla TV con noi	e poi **è andato** a casa.

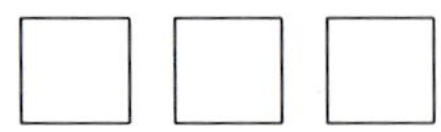

Folgen mehrere Vorgänge der Vergangenheit so aufeinander, daß der eine abgeschlossen ist, wenn der nächste einsetzt, so stehen sie alle im „Passato prossimo".

Aber:

Aldo **veniva** sempre verso le 9,
guardava la TV con noi
e poi **andava** a casa.

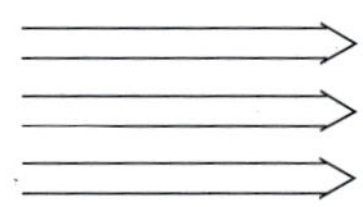

Wenn es sich um mehr oder weniger regelmäßig wiederholte Vorgänge (Gewohnheiten) in der Vergangenheit handelt, steht das „Imperfetto".

Hinweise:

- In Nebensätzen der Zeit, die sich auf die Vergangenheit beziehen, steht nach *mentre* immer das „Imperfetto": L'ho visto mentre **usciva**.
- Unterscheiden Sie *mentre* (Konjunktion) und *durante* (Präposition):
  Mentre telefonavo . . . — Während ich telefonierte . . .
  Durante la telefonata . . . — Während des Telefongesprächs . . .

3 Zahlwörter (I)

un paio	ein paar/Paar	due paia	*f* zwei Paar
una decina	etwa 10		
una ventina	etwa 20		
una trentina	etwa 30		
. . .			
un centinaio	etwa 100	centinaia	*f* Hunderte
un migliaio	etwa 1000	migliaia	*f* Tausende

Ein nachfolgendes Substantiv wird mit *di* angeschlossen:
un paio **di** volte
due paia **di** scarpe
una decina **di** pagine
centinaia **di** programmi
migliaia **di** spettatori

una **dozzina** (di volte) — ein Dutzend
una **quindicina** di giorni — etwa 14 Tage

4 Das Futur I

Das Futur ist die Zeitform der Zukunft:
Domani **telefonerà** Franca. Morgen **wird** Franca **anrufen.**

1. Formen

Das Futur I wird wie das Konditional I (vgl. S. 163) aus dem Infinitiv gebildet.
Die Endungen des Futurs sind für alle Verben gleich.

	-are	-ere	-ire	Sonderfall
	restare	leggere	finire	essere
(io)	rest**erò**	legg**erò**	fin**irò**	sar**ò**
(tu)	rester**ai**	legger**ai**	finir**ai**	sar**ai**
(lui/lei)	rester**à**	legger**à**	finir**à**	sar**à**
(noi)	rester**emo**	legger**emo**	finir**emo**	sar**emo**
(voi)	rester**ete**	legger**ete**	finir**ete**	sar**ete**
(loro)	rester**anno**	legger**anno**	finir**anno**	sar**anno**

Beachten Sie:

- dare: darò; fare: farò; stare: starò
- Verben auf *-care/-gare:* cercare: cer**ch**erò; pagare: pa**gh**erò
- Verben auf *-ciare/-sciare/-giare:* cominciare: comin**ce**rò; mangiare: man**ge**rò
-

avere:	avrò	dovere:	dovrò	volere:	vorrò	tenere:	terrò
andare:	andrò	potere:	potrò	venire:	verrò	rimanere:	rimarrò
vedere:	vedrò	sapere:	saprò	bere:	berrò	vivere:	vivrò

2. Gebrauch

a) Che cosa ci **porterà** la tecnica? – **Avremo** la televisione tridimensionale.
b) Che cosa **farai/fai** a Natale? – **Andrò/Vado** a sciare.

a) Das Futur I bezeichnet Geschehnisse und Zustände, die in einer deutlich von der Gegenwart abgehobenen Zukunft liegen.
b) Für Geschehnisse der nahen Zukunft wird vor allem in der gesprochenen Sprache oft das Präsens verwendet. In diesem Fall muß der zeitliche Bezug aus dem Zusammenhang hervorgehen bzw. durch eine Zeitangabe verdeutlicht werden.

1 „Imperfetto" und „Passato prossimo" (II)

Will man Erlebnisse oder Geschichten erzählen, die sich in der Vergangenheit zugetragen haben, so muß man zwischen „Imperfetto" und „Passato prossimo" unterscheiden:

1. Im „Passato prossimo" stehen diejenigen Ereignisse, die die eigentliche Handlungskette der Erzählung bilden (‚Was geschah? Und was geschah dann?'). Diese im „Passato prossimo" dargestellten Ereignisse bilden den Vordergrund der Erzählung.
2. Im „Imperfetto" stehen Informationen, die sich auf die Begleitumstände des Geschehens beziehen. Diese im „Imperfetto" dargestellten Informationen bilden den Hintergrund der Erzählung.

Begleitumstände/Hintergrund: Imperfetto	Handlungskette/Vordergr.: Passato prossimo
. . . I miei genitori **avevano** una fattoria (Hof/Gut) in campagna ed io **lavoravo** con loro.	
Ausgangssituation: Was war (damals)?	(Plötzliches) Ereignis: Was geschah?
	Quando **è morto** mio padre . . .
	Fortgang der Handlungskette: Was geschah dann?
	mia madre ed io **abbiamo deciso** di vendere la fattoria.
perché da soli non **potevamo** tirare avanti.	
Begründung des Entschlusses	Und dann?
	Mentre mia madre **è andata** ad abitare da sua sorella io **ho preferito** andare a vivere in città.
Allora non **era** facile trovare un lavoro, neppure in città.	
Kommentar zur Arbeitslage	Und was geschah dann/schließlich?
	Dopo qualche tempo però un mio amico mi **ha trovato** un posto nella ditta . . .
dove lui **lavorava** da molti anni.	
Kommentar zur Situation des Freundes	Und wie ging es weiter?
	Qui **ho conosciuto** Franca che **è diventata** mia moglie.

Zusammenfassung:
1. Das „Imperfetto" schildert die Voraussetzungen oder Begleitumstände der Handlung. Das können Beschreibungen von Gegebenheiten, Zuständen oder Gewohnheiten sein, aber auch Kommentare, Erklärungen und sonstige Hintergrundinformationen zum eigentlichen Geschehen (z.B. Begründungen, Absichten). Diese Umstände werden zeitlich ohne Begrenzung gesehen.
2. Die Ereignisse, die das Handlungsgerüst der Erzählung bilden, stehen im „Passato prossimo". Das sind abgeschlossene Vorgänge, die der Reihe nach stattgefunden haben. Das Einsetzen der Ereignisse und ihre zeitliche Abfolge wird oft durch Signalwörter wie *all'improvviso/di colpo* plötzlich, *allora* da/dann oder *poi* dann angezeigt.

2 Zahlwörter (II)

1. Ordnungszahlen

Ordnungszahlen sind Adjektive: il prim**o** posto, la prim**a** pagina, i prim**i** giorni

1°	il primo	6°	il sesto	11°	l'undic**esimo**	22°	il ventidu**esimo**
2°	il secondo	7°	il settimo	12°	il dodic**esimo**	23°	il ventitre**esimo**
3°	il terzo	8°	l'ottavo	13°	il tredic**esimo**	36°	il trentasei**esimo**
4°	il quarto	9°	il nono	20°	il vent**esimo**	100°	il cent**esimo**
5°	il quinto	10°	il decimo	21°	il ventun**esimo**	1000°	il millesimo

Nur die ersten zehn Ordnungszahlen haben eine eigene Form. Die übrigen bildet man aus der Grundzahl mit der Endung *-esimo*; die Grundzahl wird dabei um den Endvokal gekürzt (außer bei Zusammensetzungen mit *tre* und *sei*: ventitreesimo, ventiseiesimo).

Beachten Sie:
- Die Schreibung: il **6°** piano (= il sest**o**), la **6ª** lezione (= la sest**a**)
- Beim Datum verwendet man Grundzahlen: il 2 (due) maggio, il 21 (ventun) agosto
  Nur beim Monatsersten wird die Ordnungszahl gebraucht: il 1° (primo) maggio

2. Brüche und Prozentzahlen

1/2	mezzo	1/4	un quarto	10,8	dieci virgola otto
	la metà	3/4	tre quarti	**il** 20,6%	il venti virgola sei per cento
1/3	un terzo	8/100	otto centesimi	**l'**80%	l'ottanta per cento

Gemeine Brüche (außer 1/2) werden mit Ordnungszahlen gebildet: un quinto/sesto
Vor *mezzo* entfällt *un*: fra mezz'ora, mezzo chilo di pane
Prozentzahlen stehen mit dem bestimmten Artikel: **il** 75% degli italiani

3 Das Futur zum Ausdruck von Vermutungen

Suonano. Es läutet. – **Sarà** Carlo.	Das wird (wohl) Carlo sein.
Che ore sono? – **Saranno** le dieci.	
Quanti anni **avrà**? – Ne **avrà** una trentina.	Er wird wohl um die Dreißig sein.
Sarà (, ma non ci credo).	Kann sein/Mag sein (, aber . . .)

4 Verschiedene Nebensätze

1. Der Relativsatz mit „che"

Ho trovato il lavoro	che	fa per me.
È proprio	quello che	cercavo.
Di	tutti quelli che	cercano un lavoro, ben pochi lo trovano.
Abbiamo fatto	tutto quello che	potevamo, ma senza risultato.
	Quel(lo)/Ciò che	ci manca è un po' più di sicurezza.

Beachten Sie:
Der Relativsatz mit *che* dient vor allem in der gesprochenen Sprache oft zur Hervorhebung des Subjekts; dabei richtet sich das Verb (abweichend vom Deutschen) immer nach dem Subjekt des Hauptsatzes: Tu che parli tanto, dimmi un po' . . . **Du** hast gut reden, . . .

2. Temporalsätze

Ieri **mentre** cucinavo è andata via la corrente.	mentre	während
Esco **quando** mi pare. . . . wann es mir paßt.	quando	wann
Prendevamo il caffè **quando** è arrivato Aldo.		als
Quando viene da noi mi porta sempre un regalo.		(immer) wenn
Da quando si è ammalato ho dovuto lasciare il lavoro.	da quando	seit(dem)
Appena trovo un posto ricomincio a lavorare.	appena	sobald
Finché ho la salute tiro avanti.	finché	solange

3. Der „daß"-Satz

Lo so **che** tu non hai mai tempo.	che	daß
Scommetto **che** anche oggi hai da fare.		

Beachten Sie:
Der *che*-Satz dient häufig zur Hervorhebung eines Satzteils:
Quand'è che sei arrivato?
È tanto che aspetto questa lettera.
È già un po' che non viene a lezione.

Non sei stato alla riunione?
– Sì che ci sono stato.

1 Das Konditional II

Das Konditional II wird aus den Konditional I-Formen von *avere* bzw. *essere* und dem Partizip Perfekt gebildet.

Senza l'edilizia non **sarebbe** mai **arrivato** il turismo
e senza il turismo non **avremmo potuto** aumentare i posti di lavoro.
– Sì, ma **avreste dovuto** rispettare il paesaggio.

Unterscheiden Sie:

volere:	**Avrei voluto** visitare i giardini del Vaticano.	
volerci:	Anch'io. Ma ci **sarebbe voluto** un permesso.	Man hätte ... gebraucht.

2 Das Passiv

1. Die Bildung des Passivs

Il museo	**è** visitato / **viene** visitato	da molti turisti.	wird ... besucht
	era visitato / **veniva** visitato		wurde ... besucht
	sarà visitato / **verrà** visitato		wird ... besucht werden
Il museo	**è stato** visitato	da molti turisti.	ist ... besucht worden

Das Passiv wird aus den Formen von *essere* und dem Partizip Perfekt gebildet. Das Partizip richtet sich in Geschlecht und Zahl nach dem Subjekt.
Da *essere* + Partizip in vielen Fällen keinen Vorgang, sondern einen Zustand ausdrückt, wird *essere* in den einfachen Zeiten des Passivs häufig durch *venire* ersetzt:
Il museo **è aperto**. ist geöffnet/offen   Il museo **viene aperto** alle 10. wird ... geöffnet

2. Aktivsatz und Passivsatz

	Subjekt	Verbgruppe	dir. Objekt	
Aktiv:	Molti turisti	visitano	gli Uffizi.	
Passiv:	Gli Uffizi	sono/vengono visitati		**da** molti turisti.

Nur Verben mit direktem Objekt können das Passiv bilden. Dabei wird das direkte Objekt des Aktivsatzes zum Subjekt des Passivsatzes. Wird der Urheber der Handlung genannt, so wird er mit der Präposition *da* angeschlossen.

Beachten Sie: Das Passiv wird oft durch die *si*-Konstruktion (vgl. S. 162) ersetzt:
Questa macchina **si fabbrica** in Italia.   wird ... hergestellt
Questi souvenir **si fabbricano** a Hong-Kong.   werden ... hergestellt

3 Besondere Steigerungsformen

1. bei Adjektiven

Einige Adjektive haben neben den normalen Steigerungsformen (*più buono* usw.) besondere Komparativ- und Superlativformen.

a) buono, cattivo

	Komparativ	relativer Superlativ	absoluter Superlativ
buono	più buono migliore	il più buono il migliore	buonissimo ottimo
cattivo	più cattivo peggiore	il più cattivo il peggiore	(cattivissimo) pessimo

- Wenn die Adjektive *buono* und *cattivo* den Charakter bzw. das Verhalten („gut[herzig]/lieb"; „böse/unartig") bezeichnen, werden sie regelmäßig gesteigert.
- In den übrigen Fällen verwendet man die Sonderformen: Il „Cristallo" è **migliore** del „Grand'Hotel". È **l'**albergo **migliore** della città. È proprio un **ottimo** albergo.
- In Verbindung mit Speisen und Getränken können auch die normalen Steigerungsformen verwendet werden: Questo gelato è buonissimo/ottimo.

b) grande, piccolo

grande	più grande maggiore	il più grande il maggiore	grandissimo massimo
piccolo	più piccolo minore	il più piccolo il minore	piccolissimo minimo

- Die Sonderformen werden nur in übertragener Bedeutung und in bestimmten Wendungen gebraucht: Il danno (Schaden) è stato **maggiore/minore** del previsto. größer/geringer als . . .
- In der Bedeutung „älter" bzw. „jünger" werden auch die regelmäßigen Steigerungsformen verwendet: la mia sorella maggiore/più grande.

Beachten Sie:
Die Formen *migliore* und *maggiore* werden vor einem Substantiv im Singular meist um den Endvokal gekürzt: il **miglior** piatto italiano

Wendungen

la maggior parte	die meisten	al massimo	höchstens
il maggior numero (di)	die meisten	la velocità massima	Höchstgeschwindigkeit
di maggiore importanza	sehr wichtig	di massima importanza	von größter Wichtigkeit
il male minore	das kleinere Übel	al minimo dubbio	beim geringsten Zweifel

2. bei Adverbien

bene	meglio	besser	benissimo
male	peggio	schlechter	malissimo
molto	più	mehr	moltissimo
poco	meno	weniger	pochissimo

Ci ha spiegato tutto **benissimo**.
Con questi occhiali vedo **peggio**.
Lavora **più** di tutti. mehr als . . ./am meisten
Ci capiamo sempre **meno**.

4 Vergleichssätze

Il „Grand'Hotel" è	più	caro	**del**	„Cristallo".	teurer als
Il „Cristallo" è	meno	caro	**del**	„Grand'Hotel".	nicht so teuer wie/billiger als
Il „Paradiso" è		caro	**come**	il „Jolly".	so teuer wie

Dem deutschen „als" entspricht gewöhnlich *di*, wenn **zwei Personen/Sachen** in bezug auf **eine Eigenschaft** bzw. einen Sachverhalt miteinander verglichen werden:
Milano è più grande **di** *Torino*. – *Tu* sai più **di** *me*.
In den übrigen Fällen wird „als" gewöhnlich mit *che* wiedergegeben:
Lui è più furbo (schlau) **che** intelligente.
Vado più volentieri al mare **che** in montagna.

„di più" oder „più di"?

Quale delle due città Le piace **di più**?	... gefällt Ihnen besser/am meisten?
A me Firenze piace **più di** Pisa perché ...	... gefällt mir besser **als** ...
Prima fumavo 20 sigarette.	
Adesso fumo **(di) meno**.	... rauche ich weniger.
Adesso fumo **meno di** 10 sigarette.	... weniger **als** ...

Vergleichssätze mit „quanto"

Il „Cristallo" è più caro di **quanto** mi aspettavo.	teurer als ich dachte
Il „Cristallo" è **(tanto)** caro **quanto** il „Grand'Hotel". Il „Cristallo" è caro **(tanto) quanto** il „Grand'Hotel".	genauso teuer wie
C'erano **tanti** stranieri **quanti** italiani.	ebenso viele ... wie ...

Wendungen

Più mi parli di economia (e) **meno** capisco. Je mehr ... desto ...
Il giro d'affari quest'anno è **superiore a** quello dell'anno scorso. größer als
Il numero dei turisti quest'anno è stato **inferiore a** 2 milioni. geringer als/unter

Was Sie vielleicht sonst noch wissen wollen ...

- **da tutto il mondo – da tutta Italia**
  In bestimmten Wendungen, die aus *tutto* + Städte-/Ländernamen bestehen, entfällt der bestimmte Artikel:
  Vengono da tutta Italia. *Aber:* Tutta l'Italia è coperta di neve.
  Tutta Milano ne parla.
- **... dove hanno aperto un night-club favolosissimo**
  Die 3. Person Plural dient gelegentlich dazu, ein unbestimmtes Subjekt auszudrücken:
  Mi **hanno** rubato la macchina fotografica. Man hat mir den Fotoapparat gestohlen.
  Suonano. Es läutet. Bussano. Es klopft.

1 Indikativ und „Congiuntivo"

	È difficile	parlare di nazioni.	Feststellung einer Tatsache
Moravia pensa	che **sia** difficile	parlare di nazioni.	Subjektive Aussage/Meinung

1. Die allgemeine, neutrale Aussageweise ist der **Indikativ**.
2. Der **Congiuntivo** dient zur Markierung eines subjektiven Standpunktes. Er steht fast ausschließlich im Nebensatz mit *che* („daß") und wird in den meisten Fällen durch bestimmte Verben oder Ausdrücke des Hauptsatzes automatisch ausgelöst: Anch'io **penso** che **sia** difficile.

2 Die Formen des „Congiuntivo presente"

1. essere – avere

che io / tu / lui/lei	**sia**	(noi) **siamo** (voi) **siate** (loro) **siano**	io / tu / lui/lei	**abbia**	(noi) **abbiamo** (voi) **abbiate** (loro) **abbiano**

Beachten Sie:
- Im Singular steht nur eine Form zur Verfügung. Deshalb empfiehlt es sich, das Subjekt gegebenenfalls ausdrücklich anzugeben: Penso che tu/lui/lei/il signor N. abbia ragione.
- Bei Subjektgleichheit im Haupt- und Nebensatz wird anstelle des *che*-Satzes ein Infinitivsatz verwendet: Penso **di aver ragione**. **Ich** glaube, daß **ich** recht habe.

2. Die regelmäßige Bildung

	restare	leggere	partire	finire	andare	*Präs. Ind.*
che io/tu/lui/lei	rest**i**	legg**a**	part**a**	fin**isca**	**vada**	← vado
(noi)	rest**iamo**	leggiamo	partiamo	finiamo	andiamo	← andiamo
(voi)	rest**iate**	leggiate	partiate	finiate	andiate	
(loro)	rest**ino**	legg**ano**	part**ano**	fin**isc**ano	**vadano**	

Die Formen des „Congiuntivo presente" werden von der 1. Person Singular und Plural des Präsens Indikativ abgeleitet.

Ausnahmen:
dare: **dia**, diamo, diate, diano; *stare:* **stia** usw.; *sapere:* **sappia** usw.

Hinweise:
- Die Form des Imperativs der Höflichkeitsform *(Lei)* ist mit der entsprechenden Form des „Congiuntivo presente" identisch:
  Congiuntivo: Dille che **si accomodi**. – Imperativ: **Si accomodi**, signora.
- In sehr formeller Sprache wird der Imperativ der 3. Person Plural *(Loro)* verwendet. Seine Form ist mit der entsprechenden Form des „Congiuntivo presente" identisch:
  Congiuntivo: Digli che **si accomodino**. – Imperativ: **Si accomodino**, signori.

Ho paura	che i Rossi non **arrivino** in tempo.	

Dazu gehören: essere contento/felice che, essere sorpreso che überrascht sein, mi dispiace che, mi fa piacere che, rallegrarsi che sich freuen, aver paura che

Spero	che **troviate** il tempo di venire.	3. Hoffnung
Mi auguro	che tu **guarisca** presto.	Wunsch
Che **volete**	che io **faccia**?	Wille
Non permetto	che tu ci **vada**.	

Dazu gehören: sperare che, augurarsi che sich wünschen/hoffen, desiderare, volere, preferire, (non) essere d'accordo, permettere erlauben
Beachten Sie: Der „Congiuntivo" kann auch ohne vorausgehenden Hauptsatz stehen:
Che vengano pure! Die sollen nur kommen! Viva l'Italia! Es lebe . . . !

Non so	se **sia** vero.	4. Nichtwissen
Sei sicuro	che **venga**?	Zweifel
Non capisco	come tu **possa** vivere così.	Nichtverstehen

Dazu gehören: non sapere se, non essere sicuro che, domandarsi se, non capire come, dubitare che bezweifeln
Beachten Sie: Eine Verneinung im Hauptsatz löst im Nebensatz gewöhnlich den „Congiuntivo" aus:
Non dico che sia inutile. Nessuno può dire che sia inutile.

Hinweise:

- Soll im Nebensatz zum Ausdruck gebracht werden, daß ein Vorgang in der Zukunft liegt, so kann je nach dem Sinn des Satzes auch das Futur stehen:
  Non credo che Giorgio parta/partirà domani. daß G. abreist/abreisen wird.
  Auch das Konditional ist möglich:
  Non credo che Giorgio partirebbe senza di noi. daß G. . . . abreisen würde.
- In manchen Gegenden Italiens wird in der Umgangssprache anstelle des „Congiuntivo" vielfach der Indikativ verwendet.

4 Der Gebrauch von „venire" und „andare"

1. venire: Ziel der Bewegung ist der Angesprochene bzw. der Sprechende selbst.

Viene anche Lei?	(= con me/noi)	– No, io non vengo.	(= con Lei/voi)
Quando vieni?	(= da me/noi)	– Vengo verso le otto.	(= da te/voi)
Venite a prenderci?		– Sì, veniamo alle nove.	

2. andare: Ziel der Bewegung ist eine dritte Person oder ein Ort, an dem sich weder der Sprechende noch der Angesprochene befinden.

Dove vai? – Vado da Luigi/dai Rossi/alla stazione.
Stasera andiamo al cinema.
Vado a prendere mia madre alla stazione.

5 Die Wiedergabe von „können"

Puoi aiutarci stasera?
– Sì, ma non **posso** venire prima delle 8.

Sai riparare un giradischi?
– Forse **ci riesco**, se è lo stesso che abbiamo anche noi.

Potere hat die Bedeutung „können, weil es die Umstände erlauben".
Sapere hat die Bedeutung „können, weil man es weiß/versteht/gelernt hat".
Riuscire hat die Bedeutung „gelingen" und „es fertigbringen".

Beachten Sie:

Vi siete messi d'accordo? – No, non **siamo riusciti a** metterci d'accordo.
No, non **ci siamo riusciti.**

6 Die „si"-Konstruktion bei reflexiven Verben

Come	si vive	a Latina?	Wie lebt man . . . ?
Non c'è male.	**Ci si** abitua	facilmente al nuovo ambiente. (Umgebung)	Man gewöhnt sich . . .

Bei reflexiven Verben wird das unbestimmte Subjekt („man") durch *ci si* + Verb in der 3. Person ausgedrückt.

1 Congiuntivo-Auslöser (II)

Com'**è possibile** **Pare** **È un peccato**	che tutti i musei **siano** chiusi? che si **tratti** di uno sciopero. che non **possiamo** vedere il David.	Unpersönliche Ausdrücke

Der „Congiuntivo" steht nach unpersönlichen Ausdrücken, die eine Stellungnahme, eine Forderung oder Ungewißheit beinhalten. Dazu gehören:

pare/sembra che	è bello che	è una fortuna che
mi dispiace che	è bene che	è una vergogna che
basta che	è meglio che	è tempo che
bisogna che	è giusto che	(è un) peccato che
(non) importa che	è necessario che	c'è il pericolo che
può essere/darsi che	è (in)utile che	c'è la possibilità che
si dice che	è probabile che	

Beachten Sie: Nach unpersönlichen Ausdrücken, die Sicherheit/Gewißheit beinhalten, steht der Indikativ: È sicuro che viene. È vero che viene anche lui?

2 Der „Congiuntivo passato"

Peccato	che non **siate venuti** a vedere la mostra. che non **abbiate visto** la mostra.	daß ihr . . . gekommen seid daß ihr . . . gesehen habt

Der „Congiuntivo passato" wird mit den „Congiuntivo presente"-Formen von *essere* bzw. *avere* und dem Partizip Perfekt des jeweiligen Verbs gebildet.
Beachten Sie: Bei Subjektgleichheit im Haupt- und Nebensatz wird anstelle des *che*-Satzes ein Infinitivsatz verwendet:

Mi dispiace **che non abbiate visto** l'esposizione.	Es tut **mir** leid, daß **ihr** die Ausstellung nicht gesehen habt.
Mi dispiace **di non aver visto** l'esposizione.	Es tut **mir** leid, daß **ich** . . .

3 Die Jahrhunderte

La statua risale*	al I secolo a. C. al III secolo d. C.	(al primo secolo avanti Cristo) (al terzo secolo dopo Cristo)
Raffaello è un pittore	del XVI secolo. del '500.	(del sedicesimo secolo) (del Cinquecento)

il XIII secolo (1200 – 1299) = il '200 (il Duecento)
il XIV secolo (1300 – 1399) = il '300 (il Trecento)
. . . .
il XX secolo (1900 – 1999) = il '900 (il Novecento)

* risalire a stammen aus

4 Die Wiedergabe von „brauchen"

1. „man braucht"

Per visitare gli scavi	**ci vuole** una guida. **ci vogliono** due ore. **ci sono volute** due ore.	man braucht man hat gebraucht	volerci
Per andare a Ụdine	**ci si mette** un'ora. **ci si mettono** due ore.		metterci (nur zeitlich)

2. „ich brauche, du brauchst . . ."

Ho bisogno	della macchina. di molti soldi.	ich brauche	aver bisogno di
Mi	**ci vuole** la macchina. **ci vogliono** molti soldi.		volerci
	Ci ho messo 2 ore a riparare la radio.		metterci
Ti	**serve** ancora questo libro? **servono** ancora questi libri?		servire

Hinweis:
Anstelle von *volerci* wird vor allem in der geschriebenen Sprache auch *occọrrere* verwendet:
Per salvare quest'opera d'arte **occorre** un esperto/**occorrono** molti soldi.

5 Das Relativpronomen „cui"

È un museo	che che	organizza mostre molto interessanti. non conoscono tutti.	Subjekt Direktes Objekt
Ecco il museo	di cui (a) cui su cui	ti ho parlato ieri. si riferisce l'articolo. è stato scritto molto.	nach Präpositionen

Die Präposition *a* kann vor *cui* entfallen:
È un artista (a) cui dobbiamo grandi opere. . . . , dem wir große Werke verdanken.

Hinweis:
In der geschriebenen Sprache wird anstelle von *che* und *cui* auch das Relativpronomen *il/la quale* (Plural: *i/le quali*) verwendet:
I Bronzi di Riace, **dei quali** si dice che vengano dalla Grecia, sono oggi esposti ausgestellt al museo di Reggio Calabria.

6 Das Gerundium (I)

Che cosa	stanno facendo? Stanno restaurando	un dipinto di T.	Was machen die (gerade)? Die sind dabei, . . . zu restaurieren.
Per rimetterlo a nuovo,	si sta lavorando	dal 1982.	man arbeitet bereits seit 1982 daran

Stare + Gerundium bezeichnet ein gerade ablaufendes Geschehen. Man verwendet diese Konstruktion auch, um die Dauer eines Vorgangs zu betonen.

Das Gerundium wird aus dem Infinitiv gebildet. Es bleibt immer unverändert.

mangi**are**	scriv**ere**	usc**ire**		fare	dire
mangi**ando**	scriv**endo**	usc**endo**	*Sonderformen:*	facendo	dicendo

Beachten Sie:
Stare + Gerundium wird nur im Präsens, „Imperfetto" und Futur I verwendet:

Präsens:		Sto aspettando	una telefonata. Ich erwarte gerade einen Anruf.
Imperfetto:		Stavo dormendo	quando ha telefonato Rita. Ich schlief gerade, als . . .
Futur I:	Dov'è Maria? –	Starà facendo	la spesa. Sie wird beim Einkaufen sein.

7 Die unmittelbare Zukunft

I Bronzi di Riace	torneranno presto stanno per tornare	in Calabria.
	Stanno per essere ultimati	i lavori di restauro.

Stare per + Infinitiv drückt aus, daß ein Geschehen unmittelbar bevorsteht.

Unterscheiden Sie:

LEZIONE 7

1 Objektpronomen beim Infinitiv

1. Ancora un po' di vino?		
– No grazie, non devo ber**ne** tanto.	*Oder:*	No grazie, non **ne** devo bere tanto.
Che cosa posso offrir**Le**?		Che cosa **Le** posso offrire?
Se vuoi, vengo a prender**ti**.		Se vuoi, **ti** vengo a prendere.
2. Non preoccupar**ti**, prendo un taxi.		Non **ti** preoccupare, prendo un taxi.

1. Objektpronomen können an den Infinitiv angehängt oder dem konjugierten Verb vorangestellt werden
   bei den Modalverben *dovere/volere/potere/sapere* + Infinitiv;
   bei *andare/venire a* + Infinitiv.
2. Beim verneinten Imperativ der 2. Person Singular und Plural („tu, voi") können Objektpronomen an den Infinitiv angehängt oder dem Infinitiv vorangestellt werden.

2 Aufforderungssätze

in der Du-Form	*in der Sie-Form*	
Questo arrosto è fantastico! Prendine ancora un po'! Non fare complimenti! Eh, quasi quasi ne prenderei ancora una fetta. Scheibe/Schnitte Ma certo, serviti pure!	 Ne prenda ancora un po'! Non faccia complimenti! Ma certo, si serva pure!	Imperativ
Scusa, mi passi il pane, per favore? Ti dispiace passarmi la bottiglia del vino?	Scusi, mi passa il pane, per favore? Le dispiace passarmi la bottiglia del vino?	Indikativ
Ottima questa salsa! Mi potresti dare/Potresti darmi la ricetta, per favore?	 Mi potrebbe dare/Potrebbe darmi la ricetta, per favore?	Konditional

Redefloskeln

Si figuri!/S'immagini!	Denken Sie sich! Aber ich bitte Sie! Keine Ursache!
Sia gentile, mi dica . . .	Seien Sie so freundlich und . . ./Bitte . . .
Abbi/Abbia pazienza!	Geduld! Hör mal/Hören Sie mal!
Non dimenticarlo, mi raccomando.	Vergiß es ja/bloß nicht!

Tonmaterialien zu

buongiorno 2

Bei der Entwicklung des Lehrwerks <u>Buongiorno</u> haben wir besonderen Wert darauf gelegt, daß die gesprochene Sprache im Mittelpunkt steht. Dazu gehört auch, daß Sie als Lerner so oft wie möglich im Unterricht und zu Hause von Muttersprachlern gesprochenes Italienisch hören und damit üben können.

Die 2 Compact-Cassetten zu <u>Buongiorno 2</u> enthalten daher

- *alle dialogischen Texte in normalem Sprechtempo*
- *alle Hörverständnistexte (im Lehrbuch nicht abgedruckt)*
- *ausgewählte Lieder (zu Lektion 15)*

Die Texte sind von Berufssprechern der RAI gesprochen. Bei einzelnen Texten wurden Laien aus verschiedenen Regionen herangezogen; ihre Sprache weist entsprechende Dialektfärbungen auf.

Ja, ich bestelle

zur sofortigen Lieferung per Nachnahme (bitte ankreuzen):

☐ **56057 2 Compact-Cassetten zu Buongiorno 2,** *Italienisch für Fortgeschrittene, beide Seiten besprochen, DM 44,– (unverb. Preisempfehlung)*

Lieferung durch jede Buchhandlung oder, wo dies auf Schwierigkeiten stößt, zuzüglich der Portokosten per Nachnahme vom Verlag. Preis freibleibend; Stand 1. 1. 1987.

☐ **Ich bin interessiert an regelmäßigen Informationen** *zu folgenden Fremdsprachen:*

Selbstverständlich erhalten Sie diese Informationen auch unabhängig von einer Bestellung.

Ort, Datum

Unterschrift

Bitte geben Sie Ihre Adresse auf der Rückseite an.

GL

K 5605 (5/86)

2 Compact-Cassetten zu

buongiorno 2

Sprecher: *Mario Brusa, Anna Caravaggi, Raffaella De Vita, Guido Donalisio, Ivana Erbetta, Davide Garbolino, Sandra Giuffrida, Eligio Irato, Paolo Marchese, Angela Parodi, Gabriella Pochini, Donato Sbodio, Franco Vaccaro, Mario Zucca sowie Laien aus verschiedenen Regionen.*

Regie: *Angela Parodi und Ernst Klett Verlag*
Tonstudio: *Multimedia, Torino, und Tonstudio Bauer, Ludwigsburg*
Musik: *Oni Wytars*

2 Compact-Cassetten Klett-Nr. 56057

Absender:

Vorname, Name

Straße, Hausnummer

PLZ, Ort

Bitte als Postkarte freimachen

Antwort

An den
Ernst Klett Verlag, Stuttgart
Abt. Information und Beratung
Expeditionslager
Postfach 1170

7054 Korb

3 Die „si"-Konstruktion im „Passato prossimo"

A casa nostra **si è** sempre **risparmiato** sul mangiare.	hat man . . . am Essen gespart
Non **si è** mai **comprata** carne.	(mit Beziehungswort im Singular)
Non **si sono** mai **mangiati** dolci.	(mit Beziehungswort im Plural)

4 Zwei unbetonte Objektpronomen beim Verb (I)

La polenta mi piace tanto.	Me la	prepari stasera?	. . . sie mir . . .
Se ti piace tanto	te la	preparo stasera.	. . . sie dir . . .
Le piacciono gli gnocchi? Allora	Glieli	preparo stasera.	. . . sie Ihnen . . .
Quanti panini volete che vi porti?	– Ce ne	puoi portare quattro.	. . . uns 4 (davon)

Treffen zwei unbetonte Objektpronomen zusammen, so steht das indirekte Objekt vor dem direkten Objekt und verändert dabei seine Form.

Die Tabelle zeigt die Kombinationsmöglichkeiten:

	+ **lo**	+ **la**	+ **li**	+ **le**	+ **ne**
mi mir	**me** lo	me la	me li	me le	me ne
ti dir	**te** lo	te la	te li	te le	te ne
gli ihm **le** ihr **Le** Ihnen	**glie**lo	gliela	glieli	gliele	gliene
ci uns	**ce** lo	ce la	ce li	ce le	ce ne
vi euch/Ihnen	**ve** lo	ve la	ve li	ve le	ve ne
gli ihnen	**glie**lo	gliela	glieli	gliele	gliene
si sich	**se** lo	se la	se li	se le	se ne

Sonderfälle

- Das Pronominaladverb **ci** („da") wird vor *ne* zu *ce*:
  Ci sono ancora delle olive? – No, non **ce ne** sono più.
  C'è ancora un po' di latte? – No, non **ce n'**è più.
- Das unpersönliche Subjekt **si** („man") wird nur vor *ne* zu *se*:
  Se ne parla molto. Man spricht viel darüber.

Beachten Sie:

- *Lo* und *la* werden vor den Formen von *avere* meist apostrophiert: Chi te l'ha detto?
- *Ne* wird vor è apostrophiert: Ce **n'è** ancora?
- Die Höflichkeitsform kann groß oder klein geschrieben werden:
  Signora, **Glielo/glielo** spiegherò dopo, adesso non ho tempo.

○ Für die Stellung der Doppelpronomen gilt (wie für die einfachen Pronomen):

Ci presti il tuo libro di cucina italiana? – **Ve lo** presto volentieri. Ti ricordi di quell'articolo sulla cucina vegetariana? – No, non **me ne** ricordo più.	Sie stehen vor dem konjugierten Verb.
Bisogna dir**glielo.** Man muß es ihm sagen. Volevo dir**telo/Te lo** volevo dire prima, ma non ho avuto tempo.	Sie werden an den Infinitiv angehängt (vgl. auch 1, S. 192).

Hinweis: Doppelpronomen beim Imperativ werden in Lektion 9 behandelt.

5 Verschiedene Nebensätze

1. „se"-Sätze

Se vuoi possiamo andare a fare due passi. **Se** domani farà bel tempo, andremo a pescare.	se	wenn/falls
Non so **se** questo piatto piacerà/piaccia/piace a Luigi.	se	ob

Unterscheiden Sie:
Quando non ho voglia di cucinare vado al ristorante. (immer) wenn
Se (stasera) non ho voglia di cucinare vado al ristorante. wenn/falls

2. Kausalsätze

Carlo non viene **perché** non si sente bene.	perché	weil
Siccome Gianni mangia volentieri i dolci gli prepariamo un budino di cioccolata. Schokoladepudding	siccome	da
Dato che gli piacciono tanto i dolci gli prepariamo una torta.	dato che poiché	da
A Gianni non piace il pesce. **Perciò** gli prepariamo l'arrosto.	perciò	deshalb
Ieri sera ho avuto ospiti. Abbiamo bevuto e scherzato fino a tardi. **Per questo/Ecco perché** stamattina sono così stanco.	per questo ecco perché	deshalb darum

Hinweis:
In der gesprochenen Sprache werden auch Kausalsätze mit *che* verwendet:
Prestami mille lire, per favore, che mi vorrei prendere un caffè.

1 Das Gerundium (II)

Das Gerundium kann anstelle eines Nebensatzes verwendet werden, wenn Haupt- und Nebensatz dasselbe Subjekt haben. Durch das Gerundium können auch zwei Hauptsätze verbunden werden.

Non **potendo** Siccome non potevano	trovare lavoro nelle campagne,			
molti contadini partivano per l'America,		**affrontando** e affrontavano	un viaggio di 40 giorni	
con la nave a vapore.				

Unbetonte Objektpronomen und Reflexivpronomen werden an das Gerundium angehängt:
Vedendo**lo** in quello stato mi sono spaventato. Als ich ihn . . . sah, erschrak ich.

Die Beziehung zum Hauptsatz kann sein:

Camminando per il corso ho incontrato Rita. Mentre camminavo . . . **Leggendo** il giornale ho trovato questo annuncio. Beim Zeitunglesen . . .	temporal (Betonung der Gleichzeitigkeit)
Essendo malato, non è andato al lavoro. Siccome era malato . . .	kausal (Angabe des Grundes)
Molti andavano al Nord **cercando** lavoro. . . . per cercare lavoro.	final (Angabe des Ziels)
Facendo gli straordinari riuscirò a costruirmi una casa. Durch/Mit Überstunden . . .	modal (Angabe der Art und Weise oder des Mittels)
Continuando così andrai a finire male. Se continuerai così . . .	konditional (bedingend)
Pur essendo malato, è andato lo stesso (trotzdem) al lavoro. Anche se era malato . . . Obwohl . . .	in Verbindung mit *pure* konzessiv (einräumend)

Beachten Sie:

- Das Gerundium kann in Kausalsätzen ein eigenes Subjekt haben:
  Essendo impossibile telefonargli, gli ho mandato un telegramma.
  Da es nicht möglich war, ihn telefonisch zu erreichen, habe ich . . .
- Es gibt auch ein Gerundium der Vergangenheit, das vorwiegend in der geschriebenen Sprache verwendet wird. Es bezeichnet ein Geschehen, das der Handlung des Hauptsatzes vorausgegangen ist: Al mio paese ci sono quasi solo vecchi, **essendo** i giovani tutti **andati** via.

2 Die Angleichung an ein unbestimmtes Subjekt („man")

Ieri	si è discusso	dei lavoratori stranieri.
	Si è sempre ritornat**i**	su questo argomento,
ma purtroppo non	ci si è mess**i** d'accordo	su tutti i punti.
Sai, quando	si è continuamente attaccat**i**	da qualcuno . . .
	wenn man . . . angegriffen wird	

Bei den Verben, die auch bei persönlicher Konstruktion mit *essere* konjugiert werden (z.B. *ritornare: siamo ritornati*, reflexive Verben und Verben im Passiv), hat das Partizip Perfekt in der *si*-Konstruktion die Pluralform, weil es sich nach dem unbestimmten Subjekt *si* („man") richtet.

Quando si è	stanch**i**		Wenn man müde ist . . .
si è	content**i**	di potersi riposare.	
Non è necessario essere	stranier**i**		
per sentirsi	isolat**i**	in questa città.	

Adjektivische und substantivische Ergänzungen, die sich auf ein unbestimmtes Subjekt beziehen, stehen im Plural: Bisogna essere prudent**i**. Man muß vorsichtig sein.

Hinweis:
In der gesprochenen Sprache wird anstelle von *si* oft auch *uno* verwendet:
Quando si è studenti, non si hanno mai soldi.
Quando uno è studente, non ha mai soldi.

3 Die Wiedergabe von „müssen"

Bisogna agire.	Man muß handeln.
Bisogna che (io) ci vada oggi.	Ich muß heute hingehen.
Ci **devo** andare oggi.	
Si deve fare una proposta.	Man muß einen Vorschlag machen.
Si devono fare nuove leggi.	Man muß . . ./Es müssen . . . geschaffen werden.
Questo problema **va risolto** subito.	. . . muß . . . gelöst werden.
Questi problemi **vanno risolti** subito.	. . . müssen . . . gelöst werden.

Das deutsche Passiv in Verbindung mit „müssen" kann im Italienischen durch *andare* + Partizip Perfekt ausgedrückt werden:
Questa lettera dev'essere spedita subito./Questa lettera **va spedita** subito.
. . . muß sofort abgeschickt werden.

Beachten Sie:

Non devi lamentarti.	Du brauchst dich nicht zu beklagen.
Non bisogna dirglielo.	Man sollte es ihm nicht sagen.
Non c'è nessun bisogno di gridare.	Es ist nicht nötig . . ./Du brauchst gar nicht zu schreien/schimpfen.

4 Örtliche und zeitliche Beziehungen

1. Die Himmelsrichtungen

il Nord	il Sud	l'Est	l'Ovest
il Settentrione Norden; Norditalien	il Meridione/Mezzogiorno Süditalien	l'Oriente Osten; Orient	l'Occidente Westen; Abendland
settentrionale nördlich, Nord-; norditalienisch; Norditaliener	meridionale südlich, Süd-; süditalienisch; Süditaliener	orientale östlich; Ost-; orientalisch, Orient-	occidentale westlich, West-; abendländisch

Hinweis: Die Himmelsrichtungen können groß oder klein geschrieben werden.

Anwendungsbeispiele

○ Andiamo a/verso nord.	nach/in Richtung Norden
Siamo a nord/a sud-est di Roma.	nördlich/südöstlich von Rom
Vanno/Vivono al Nord.	in den/im Norden
Vengono dal Sud.	aus dem Süden
Cercano lavoro nelle città settentrionali/del Nord.	in den Städten des Nordens/ in den norditalienischen Städten
○ l'Italia settentrionale/del Nord	Norditalien
l'Italia meridionale/del Sud	Süditalien
l'Europa occidentale/centrale	West-/Mitteleuropa

Beachten Sie:
Nord/Sud/Centro + nachfolgender Ländername verlangt den männlichen Artikel:
il Nord Italia, il Sudamerica, il Centro Europa Mitteleuropa

2. Die Jahreszeiten

la primavera in primavera	l'estate *f* in estate d'estate	l'autunno in autunno d'autunno	l'inverno in inverno d'inverno	 im Winter (immer) im Winter, jeden Winter
primaverile, di primavera Frühjahrs-	estivo, d'estate Sommer-	autunnale, d'autunno Herbst-	invernale, d'inverno Winter-	

Anwendungsbeispiele:

Viene l'estate. Es wird Sommer.
Verremo l'estate prossima.
D'estate in Italia fa caldo.

nei mesi estivi in den Sommermonaten
un abito estivo/da estate Sommerkleid
la moda autunnale/d'autunno Herbstmode

3. Orts- und Zeitangaben mit verschiedenen Präpositionen:

vgl. S. 213–214

1 Die indirekte Rede/Frage

Direkte Rede/Frage	Indirekte Rede/Frage	
Antonio: „Tutto va bene." Franco: „Tutto a posto?" Alles in Ordnung?	Antonio dice Franco vuol sapere	che tutto va bene. se tutto è a posto.

1. Die indirekte Rede steht nach Verben wie *dire, rispondere, comunicare* mitteilen, *scrivere, spiegare* erklären, *affermare* behaupten/bestätigen, *assicurare* versichern usw. und wird mit der Konjunktion *che* („daß") eingeleitet.
2. Die indirekte Frage steht nach Verben wie *chiedere, domandare, voler sapere* usw. und wird mit der Konjunktion *se* („ob") bzw. einem Fragewort eingeleitet.

Beachten Sie:

- Im Italienischen steht in der indirekten Rede gewöhnlich der Indikativ, während im Deutschen in der Regel der Konjunktiv verwendet wird:
  Dice che **sono** responsabile io. Er sagt, ich **sei** verantwortlich.
- Nach Verben wie *pensare, credere, sperare* (vgl. S. 187) steht der „Congiuntivo":
  Maria spera che possiate venire anche voi.
- Bei Subjektgleichheit wird anstelle eines *che*-Satzes oft ein Infinitivsatz verwendet:
  Antonio dice **di essere stanco.** Antonio sagt, er sei müde.

2 Die Zeitenfolge in der indirekten Rede (I)

Direkte Rede/Frage	Indirekte Rede/Frage	
Ieri ho telefonato a Franco.	Hauptsatz: Zeitform der Vergangenheit	
Franco: „**Sto** male."	Ieri mi **ha detto**	che **stava** male.
Io: „**Hai** dei problemi?"	Gli **ho chiesto** **Volevo** sapere	se **aveva** dei problemi,
Franco: „**Sono** stanco e non **ho** voglia di parlare."	ma lui mi **ha risposto**	che **era** stanco e che non **aveva** voglia di parlare.

Ein Präsens der direkten Rede wird in der indirekten Rede zum „Imperfetto", wenn das Verb des einleitenden Hauptsatzes in einer Zeitform der Vergangenheit steht.

Ausnahme:
Wenn die Aussage des untergeordneten Satzes zum Sprechzeitpunkt noch gültig bzw. allgemeingültig ist, muß das Präsens verwendet werden:
Ho appena telefonato a Gina. Mi ha detto che tutti stanno bene. (jetzt)
Mi hanno assicurato che è così. (jetzt/immer)

3 Der Gebrauch des Possessivpronomens

1. mit dem bestimmten Artikel

Das Possessivpronomen wird in der Regel vom bestimmten Artikel begleitet:

als Adjektiv	als Pronomen
Posso usare **il tuo** accendino? Feuerzeug	**Il mio** è sparito. meines
La vostra macchina è più veloce	**della nostra**. als unseres

Beachten Sie:
I miei/tuoi/suoi ohne Bezug auf ein Substantiv bedeutet „Angehörige/Familie":
Non ha notizie dei suoi. – Saluta i tuoi da parte mia.

2. mit unbestimmtem Artikel/Zahlwort/Pronomen

Das Possessivpronomen kann auch verwendet werden
- mit dem unbestimmten Artikel: un mio amico einer meiner Freunde/ein Freund von mir
- mit einem Zahlwort, *molti, alcuni:* due/alcuni/molti suoi amici
- mit *questo* und *quello*: questo vostro sbaglio Fehler, quel suo amico

3. ohne Artikel

Das Possessivpronomen steht ohne Artikel

Come si chiama **tua** sorella/moglie? **Mio** fratello/marito non può venire.		1. bei Verwandtschafts-bezeichnungen im Singular
Di chi è la colpa? Wessen Schuld ist es?/Wer ist schuld? Di chi è questa borsa? È **Sua**? Wem gehört . . . ? Gehört sie Ihnen? Sono **Suoi** questi guanti? Handschuhe	– È (colpa) di Mario. È (colpa) **sua**. – Sì, è **mia**. No, è del signor N. – Sì, sono **miei**.	2. bei *essere* + Possessiv-pronomen zum Ausdruck der Zugehörigkeit/des Besitzes („gehören")
Mia cara Paola, per il tuo compleanno ti auguro . . .		3. in der Anrede
Vi presento il dottor Rossi, **mio** collega d'Istituto.		4. in der Beifügung
È **mio** dovere. Es ist meine Pflicht. Considerami **tuo** amico. Betrachte mich als deinen Freund. Saluta Carlo da parte **mia**. Grüße C. von mir!		5. in Wendungen

a mio parere	meiner Meinung nach	a casa mia	bei mir zu Hause
a tuo favore	zu deinen Gunsten	da parte mia	meinerseits
a Sua disposizione	zu Ihrer Verfügung	per colpa tua	wegen dir

Beachten Sie zu 1.
- Das Possessivpronomen steht mit dem bestimmten Artikel vor Verwandtschaftsbezeichnungen im Plural, vor Verwandtschaftsbezeichnungen, die eine nähere Bestimmung oder ein Suffix bei sich haben, sowie vor vertraulichen Formen wie *mamma, babbo/papà*:
  il mio fratello più piccolo, il mio fratellino, la mia mamma
- Das Possessivpronomen *loro* hat immer den Artikel bei sich: il loro figlio

Weitere Hinweise zum Possessivpronomen

- Wenn beim Gebrauch von *suo* („sein/ihr") Mißverständnisse entstehen können, verwendet man *di lui/lei:* Viene con sua moglie e la madre di lei.
- In Sätzen ohne bestimmtes Subjekt muß *suo* durch *proprio* ersetzt werden: Bisogna difendere i propri diritti. Man muß seine Rechte verteidigen.
- Das Possessivpronomen kann entfallen, wenn die Zuordnung eindeutig ist:
  Enrico abita con i genitori. E. wohnt bei seinen Eltern.
  Ho dimenticato l'ombrello. Ich habe meinen Schirm vergessen.
- Vgl. S. 173, 2.

4 Zwei Objektpronomen beim Imperativ

Adesso non ho tempo per tutti questi problemi.	(tu) (voi) (Lei)	Parla**mene** Parlate**mene** **Me ne** parli	più tardi, per piacere.
Che libro hai comprato? avete comprato? ha comprato?	(tu) (voi) (Lei)	Fam**melo** vedere, Fate**melo** vedere, **Me lo** faccia vedere,	per favore.

- Die Doppelpronomen werden an den Imperativ angehängt, außer in der 3. Person:
  Datecelo. Gebt es uns. – Ce lo dia. Geben Sie es uns.
- Werden die Doppelpronomen an die Imperative *da', di', fa', sta', va'* angehängt, so verdoppelt sich ihr Anfangskonsonant (außer bei *gli*):
  Dimmelo. Sag es mir. – Diglielo. Sag es ihm/ihr/ihnen.
- Will man das indirekte Objekt hervorheben, verwendet man folgende Kombination:
  Datelo **a me**. Gebt es mir! Dillo **a lui**, non a me.

5 Reflexives Verb + ne

1. ricordarsi di qualcosa/qualcuno

Ti ricordi **di quel film**?	Erinnerst du dich an . . . ?
– Non **me ne** ricordo più.	– Ich erinnere mich nicht mehr daran.

Ebenso: accorgersi di qualcosa/qualcuno (be)merken

2. andarsene

In dieser Wendung hat *ne* die Bedeutung *da qui* (vgl. dt. „sich davonmachen").

Präsens	*Passato prossimo*	*Imperativ*	
me ne vado	me ne sono andato, -a		
te ne vai?	perché te ne sei andato, -a?	Vattene!	Geh weg!
se ne vanno	se ne sono andati, -e	Andatevene!	Geht weg!

Wendungen
fregarsene *(ugs)*: Fregatene! Pfeif drauf! Mach dir nichts draus!
starsene *(ugs)*: Me ne sto a casa. Ich (für meinen Teil) bleibe zu Hause.

1 Das „Passato remoto"

Zur Darstellung einer Handlungskette in der Vergangenheit verwendet man
- in der gesprochenen Sprache gewöhnlich das „Passato prossimo" (vgl. S. 180);
- in der schriftlichen Sprache gewöhnlich das „Passato remoto".

Das „Passato remoto" ist die Zeitform der schriftlichen Erzählung und kommt deshalb meistens in der 3. Person Singular/Plural vor. Es findet sich in Märchen, Romanen und historischen Darstellungen oder auch in Zeitungsartikeln.

Ausgangssituation/Begleitumstände: Imperfetto

C'era una volta un vecchio mercante (Kaufmann) che **aveva** un unico figlio, tanto sciocco (dumm) che non **riusciva** mai ad imparare nulla.

Was war (schon)?

Einsetzende Handlung und Fortgang der Handlungskette: Passato remoto

Decise allora di mandarlo da un famoso maestro. Dopo un anno il giovane **ritornò** a casa e il padre gli **chiese**:

Was geschah (dann)?
Und dann?
. . .

- Che cosa hai imparato, figlio mio?
- Ho imparato la lingua dei cani – **rispose** il ragazzo.
- Per amor di Dio (um Gottes willen)! – **gridò** il padre.
  È questo tutto quello che hai imparato? Ti manderò da un altro maestro.

Quando **ritornò** a casa, il padre gli **chiese** di nuovo:
- Che cosa hai imparato questa volta?

E il ragazzo **rispose:**
- Ho imparato la lingua degli uccelli (Vögel).

. . .

Allora il padre disperato (verzweifelt) **ordinò** ai servi (Knechte) di portarlo nel bosco e di uccidẹrlo (töten). I servi lo **portạrono** nel bosco, ma quando **fu** il momento di ucciderlo, **ẹbbero** pietà (Mitleid) di lui e lo **lasciạrono** libero . . .

Da: Favole dei Fratelli Grimm

Beachten Sie:
In den eingeschobenen Dialogteilen wird das „Passato prossimo" verwendet.

Hinweise zum Gebrauch von „Passato remoto" und „Passato prossimo"

1. Das „Passato remoto" drückt aus, daß ein Geschehen abgeschlossen ist und ganz der Vergangenheit angehört:
   Dante **scrisse** la Divina Commedia fra il 1311 e il 1321.
2. Das „Passato prossimo" steht
   - für Geschehen der Vergangenheit, wenn diese in ihrer heute noch dauernden Bedeutung erwähnt werden:
     Dante **ha scritto** la Divina Commedia, una delle opere più grandi della letteratura italiana.
   - für vergangene Geschehen, die einer noch nicht vergangenen Zeitspanne angehören:
     Quest'anno siamo andati in Sardegna.
   - für eben erst vergangene Geschehen:
     Luigi è appena uscito.

In der gesprochenen Sprache werden „Passato remoto" und „Passato prossimo" nur in Mittelitalien streng auseinandergehalten. Die Norditaliener verwenden in der mündlichen Erzählung gewöhnlich nur „Passato prossimo" und „Imperfetto", während die Süditaliener gewöhnlich nur im „Passato remoto" und „Imperfetto" erzählen.

2 Die Bildung des „Passato remoto"

Da es sich beim „Passato remoto" in erster Linie um eine Zeitform der schriftlichen Erzählung handelt, ist das passive Erkennen der Formen (insbesondere der 3. Person Singular/Plural) von größerer Bedeutung als deren aktive Beherrschung.

	arriv**are**	fin**ire**	vend**ere**
(io)	arriv**ai**	fin**ii**	vend**ei**/vend**etti**
(tu)	arriv**asti**	fin**isti**	vend**esti**
(lui)	arriv**ò**	fin**ì**	vend**é**/vend**ette**
(noi)	arriv**ammo**	fin**immo**	vend**emmo**
(voi)	arriv**aste**	fin**iste**	vend**este**
(loro)	arriv**arono**	fin**irono**	vend**erono**/vend**ettero**

avere	essere
ebbi	fui
avesti	fosti
ebbe	fu
avemmo	fummo
aveste	foste
ebbero	furono

Passiv: fu chiamato er wurde gerufen

Beachten Sie:
- Die regelmäßigen Verben auf *-ere* haben im „Passato remoto" eine Kurzform und eine Langform, aber nur in der 1. und 3. Person Singular und in der 3. Person Plural. Vgl. das Beispiel *vendere*.
- Viele Verben (insbesondere die auf *-ere*) haben im „Passato remoto" in der 1. und 3. Person Singular und in der 3. Person Plural eine vom Infinitiv abweichende Stammform.
  Vgl. das Beispiel *avere*.
  Zu den wichtigsten dieser Verben gehören *chiedere (chiese), rispondere (rispose), dire (disse), fare (fece), vivere (visse), venire (venne), divenire (divenne).*
- Bei einigen Verben *(essere, dare, stare)* ist das „Passato remoto" ganz unregelmäßig.

Hinweis:
Die Formen der einzelnen Verben sind in der Liste „Unregelmäßige Verben" aufgeführt (S. 217–218).

3 Das Hilfsverb bei Modalverb + Infinitiv

1. Die Verben *dovere, potere, volere, sapere* haben als Hilfsverb *avere.*
   Sind sie jedoch mit einem Verb verbunden, so nehmen sie dessen Hilfsverb an:
   ha parlato: Non **ha voluto parlare**. – è tornato: **È voluto, -a tornare**.
   Dieser Unterschied wird von vielen Italienern nicht beachtet; sie verwenden in beiden Fällen das Hilfsverb *avere.*
2. Die Verben *dovere, potere, volere, sapere* haben bei einem reflexiven Verb
   - das Hilfsverb *avere*, wenn das Pronomen an den Infinitiv angehängt ist:
     Ieri **ho dovuto** presentar**mi** per un colloquio.
   - das Hilfsverb *essere,* wenn das Pronomen vor dem konjugierten Verb steht:
     Ieri **mi sono dovuto, -a** presentare per un colloquio.

4 Das „Trapassato prossimo"

Das „Trapassato prossimo" wird aus den „Imperfetto"-Formen von *avere* bzw. *essere* und dem Partizip Perfekt gebildet.

Quando ho cominciato a lavorare, **avevo** appena **compiuto** 18 anni.	war ich gerade 18 Jahre alt geworden
Volevo parlare col direttore, ma **era** già **uscito**.	

5 Temporalsätze mit „prima" und „dopo"

Prima di buttare la pasta bisogna salare l'acqua. Bevor man . . . hineingibt, . . .
Dopo aver condito la pasta col sugo si mette il parmigiano. Nachdem man . . .

Die Konstruktionen *prima di/dopo aver* + Infinitiv sind nur möglich, wenn Haupt- und Nebensatz dasselbe Subjekt haben.

6 Die Wiedergabe von „lassen"

fare + Infinitiv (veran)lassen	*lasciare* + Infinitiv lassen (= erlauben)
Mia madre vuole che io mi **faccia tagliare** i capelli,	ma io non me li **lascio tagliare**.
Faccio fotocopiare la lettera. La faccio fotocopiare.	Lascio guidare Paolo. Lo lascio guidare.
Faccio fotocopiare la lettera **a Rita**. **Le** faccio fotocopiare la lettera.	Lascio guidare **la macchina a Paolo**. **Gliela** lascio guidare.

Wenn *fare/lasciare* + Infinitiv zwei Objekte bei sich haben, ist das Personenobjekt indirekt.

Wendungen mit „fare"

farsi fare un vestito	farsi visitare sich untersuchen lassen	far sapere wissen lassen, mitteilen
far venire qualcuno	far vedere sehen lassen, zeigen	far entrare hereinlassen

LEZIONE 11

1 Congiuntivo-Auslöser (III)

> **Sebbene/Benché** il mare **sia** inquinato, la gente continua a fare il bagno.
> È possibile salvare la natura **a condizione che/purché** tutti lo **vogliano**.

Der „Congiuntivo" steht nach verschiedenen Konjunktionen. Dazu gehören:
- benché/sebbene/malgrado/nonostante obwohl/auch wenn; affinché damit
- a condizione che unter der Bedingung, daß; purché nur wenn/wenn nur
- prima che bevor; senza che ohne daß; ammesso che nehmen wir einmal an, daß

Beachten Sie:
- Nach *anche se* auch wenn/obwohl steht der Indikativ.
- Nach *perché* in der Bedeutung „damit" steht der „Congiuntivo":
  Vi do questi consigli **perché/affinché sappiate** come regolarvi.
  . . . damit ihr wißt, wie ihr euch zu verhalten habt.

2 Infinitivsätze ohne/mit Präposition: Vgl. Übersicht S. 215/216

3 ce l'ho

(Ce l')hai la tenda?	– Sì, ce l'ho./No, non ce l'ho.
Avete gli scarponi? Bergstiefel	– Sì, ce li abbiamo.

Avere in der Bedeutung „besitzen/versehen sein mit/bei sich haben" wird in der gesprochenen Sprache häufig um das (in diesem Fall bedeutungslose) Pronominaladverb *ci* erweitert, das vor *lo/la/li/le/ne* zu *ce* wird. In Antworten ist diese Kombination die Regel:
La camera ha il bagno? – Sì, ce l'ha.

4 Der Bedingungssatz (I) Vgl. auch S. 194

se-Satz: Bedingung	Hauptsatz: Folge	
Indikativ	Indikativ	
Se **ho** tempo Wenn ich Zeit habe,	**vengo**. komme ich.	Realisierung: möglich/wahrscheinlich
Congiuntivo imperfetto	Konditional I	
Se **avessi** tempo Wenn ich Zeit hätte. Se **costasse** di meno Wenn es weniger kosten würde/billiger wäre,	**verrei**. würde ich kommen. lo compreremmo. würden wir es kaufen.	Realisierung: reine Annahme (auf die Gegenwart/Zukunft bezogen)

5 Die Bildung des „Congiuntivo imperfetto"

	restare	prendere	finire
(io) (tu)	restassi	prendessi	finissi
(lui)	restasse	prendesse	finisse
(noi)	restassimo	prendessimo	finissimo
(voi)	restaste	prendeste	finiste
(loro)	restassero	prendessero	finissero

avere	essere
avessi	fossi
avesse	fosse
avessimo	fossimo
aveste	foste
avessero	fossero

Die Endungen des „Congiuntivo imperfetto" sind für alle Verben gleich. Sie werden an die um die Endsilbe gekürzte 1. Person Singular des „Imperfetto indicativo" angehängt: facevo – facessi. (Aber: *dare – dessi* usw., *stare – stessi* usw.)

Hinweis zum Gebrauch:
Der „Congiuntivo imperfetto" wird nicht nur in Bedingungssätzen, sondern auch in Wunschsätzen gebraucht: **(Se) potessi** aiutarli! Wenn ich ihnen nur helfen könnte!

LEZIONE 12

1 Die Zeitenfolge in der indirekten Rede (II)

Direkte Rede	Indirekte Rede
	Hauptsatz: in einer Zeitform der Vergangenheit
Giacomo: „**Vogliamo** sposarci in chiesa. Dopo **faremo** una grande festa e **andremo** in luna di miele (Flitterwochen) in Tunisia . . ."	*Il suocero 5 anni dopo:* **Dicevi** che **volevate** sposarvi in chiesa, che **avreste fatto** una grande festa e che **sareste andati** in luna di miele in Tunisia . . .

Präsens → **Imperfetto** (vgl. S. 198)
Futur → **Konditional II**

Il nonno alla nonna: „Ti **ho sposato** perché sei una donna seria."	*La nonna si ricorda:* Mio marito . . . **diceva** che mi **aveva sposato** perché ero una donna seria.

Passato prossimo → **Trapassato prossimo**

Hinweis:
Die Umwandlung der direkten Rede in die indirekte Rede hat – wenn der Hauptsatz in einer Zeitform der Vergangenheit steht – im Nebensatz nicht nur Auswirkungen auf die Zeitform der Verben, sondern auch Auswirkungen auf Zeitangaben, Ortsangaben, Pronomen usw., z. B.

„**Ieri** ho avuto un incidente."	– Disse che **il giorno prima** aveva avuto un incidente.
„**Oggi** non ho voglia di far niente."	– Disse che **quel giorno** non aveva voglia di far niente.
„**Domani** vado a Firenze."	– Disse che **il giorno dopo** sarebbe andato a Firenze.
„**Qui** da **noi** tutti stanno bene."	– Scrisse che **lì** da **loro** tutti stavano bene.
„Quando puoi **venire a trovarmi**?"	– Mi ha chiesto quando potevo **andare a trovarlo**.

Übersicht zur Zeitenfolge (Indikativ)

Vergangenheit

Quando ho incontrato Anna/Quando incontrai Anna
mi ha detto/mi disse

che Paolo il mese prima **aveva avuto** un incidente.	che Paolo **aveva** molto da fare.	che Paolo un mese dopo **avrebbe avuto** l'esame di laurea.
prima	nello stesso momento/periodo	dopo

Steht das Verb des Hauptsatzes in einer Zeitform der Vergangenheit („Imperfetto", „Passato remoto", „Passato prossimo" ohne Bezug zur Gegenwart), so steht im untergeordneten Satz
- das „Trapassato prossimo" zum Ausdruck der Vorzeitigkeit *(prima)*
- das „Imperfetto" zum Ausdruck der Gleichzeitigkeit *(nello stesso periodo)*
- das „Konditional II" zum Ausdruck der Nachzeitigkeit *(dopo)*

Beachten Sie:
- Soll mit dem „Passato prossimo" ein Bezug zur Gegenwart (Sprechzeitpunkt) hergestellt werden, gilt für den untergeordneten Satz folgendes Schema:

Laura **mi ha detto** (poco fa)

che Luigi un mese fa **ha avuto** un incidente.	che Luigi **ha** molto da fare.	che Luigi fra un mese **avrà** l'esame di laurea.
prima	in questo periodo	dopo

- Je nach dem Sinn eines Satzes sind auch andere Kombinationen möglich, z. B.
  Mi **spiegò** che l'olio **è** più leggero dell'acqua. (auch heute noch/immer)
  Ha detto che **verrebbe** volentieri (se tu sei d'accordo).
- In der Umgangssprache wird anstelle des Konditional II auch das „Imperfetto" verwendet:
  Mi ha detto che sarebbe venuto./Mi ha detto che veniva.

2 Verben vom Typ „smetterla/sentirsela/farcela"

Bei einigen Verben steht in bestimmten Wendungen das Objektpronomen *la* ohne Bezug auf ein Substantiv.

Smettila (di piangere)! Hör endlich auf! **Finitela** una buona volta!	smetterla finirla	aufhören
Ho mal di testa. Non **me la sento** di uscire. Giorgio **se la cava** sempre. Com'è andata? – **Me la sono cavata**.	sentirsela cavarsela	danach (zumute) sein (irgendwie) zurecht-, durch-, davonkommen
Non **ce la faccio** più. **Ce l'hai fatta** a comprare tutto?	farcela	es schaffen

3 Der „che"-Satz und der Infinitivsatz

Mit *che* eingeleiteter Nebensatz	Infinitivsatz
1. Dice **che Laura è stata a Roma**. **Er** sagt, **Laura** sei in Rom gewesen. Pensi che Giorgio ce la faccia? Glaubst **du**, daß **Giorgio** es schafft? Vorrei vederti prima che tu parta. **Ich** möchte dich sehen, bevor **du** ...	Dice **di essere stato a Roma**. **Er** sagt, **er** sei in Rom gewesen. Pensi di farcela? Glaubst **du**, daß **du** es schaffst? Vorrei vederti prima di partire. **Ich** möchte dich sehen, bevor **ich** ...
2. Bisogna **che ci vada io**. È impossibile che lui lo sappia.	Bisogna **andarci**. È impossibile saper tutto.
3. Mi sembra **che tu abbia parlato troppo**. Mir scheint/Ich glaube, du hast ...	Mi sembra **di aver parlato troppo**. **Mir** scheint/Ich glaube, daß **ich** ... **Vi** ringrazio di essere venuti.

Anstelle eines *che*-Satzes wird gewöhnlich ein Infinitivsatz verwendet,
1. wenn Haupt- und Nebensatz das gleiche Subjekt haben;
2. wenn kein bestimmtes Subjekt vorhanden ist;
3. nach einer Reihe von Verben (z.B. *sembrare, succedere; augurare, permettere, ringraziare*), wenn das Subjekt des Nebensatzes im Hauptsatz als Objekt erscheint.

Der Imperativ in der indirekten Rede
Empfehlungen, Aufforderungen, Erlaubnis oder Verbote werden in der indirekten Rede gewöhnlich durch einen Infinitivsatz mit *di* wiedergegeben:
Gli ho detto **di passare** verso le 8. Ich habe ihm gesagt, er soll ... vorbeikommen.
Il medico mi ha raccomandato **di non bere** troppo caffè.
Eine Aufforderung an Dritte kann ausgedrückt werden
- durch einen Infinitivsatz mit *di*: Digli di venire subito.
- durch einen *che*-Satz (mit „Congiuntivo"): Digli che venga subito.
- durch einen *che*-Satz mit *dovere* (Indikativ): Digli che deve venire subito.

4 Adjektiv oder Adverb?

1. Das Adjektiv als prädikative Ergänzung

Subjekt	präd. Ergänzung	Objekt	präd. Ergänzung
Tutti mi guardavano **increduli**.		Tutti *la* trovano molto **simpatica**.	
(Noi) siamo tornati **stanchi**.		Stasera *vi* lascio **soli**.	

Es gibt Verben, die eine Ergänzung in Form eines Adjektivs bei sich haben (können).
Diese Ergänzung bezieht sich auf das Subjekt bzw. Objekt des Satzes und richtet sich in Geschlecht und Zahl nach ihrem Beziehungswort.
Die prädikative Ergänzung steht (ohne Präposition) nach Verben wie
- essere, sembrare, stare, rimanere, sentirsi, diventare, morire, tornare, guardare
- trovare, credere, considerare, immaginarsi, fare, lasciare

Hinweis: Die prädikative Ergänzung kann auch ein Substantiv sein:
L'hanno nominato presidente. Man hat ihn zum Präsidenten ernannt.

Wendungen

stare attento, -a	aufpassen, achtgeben	stare zitto, -a	still sein, den Mund halten
stare seduto, -a	sitzen	stare fermo, -a	halten, stehen, ruhig sein
rimanere alzato, -a	aufbleiben	tenere fermo, -a	fest-, standhalten
stare comodo, -a	es bequem haben	rimanere ferito, -a	verletzt werden/sein
stare tranquillo, -a	unbesorgt sein	costare caro, -a	teuer sein

2. „Tutto" + Adjektiv

Luisa è ritornata a casa **tutta bagnata**,
e con le scarpe **tutte sporche**.

ganz/völlig + Adjektiv

Tutto ist auch in Verbindung mit einem Adjektiv veränderlich. Es richtet sich in Geschlecht und Zahl nach dem Beziehungswort des Adjektivs: Ho visto *Lucia*. Era **tutta elegante**.

3. Adverbial gebrauchte Adjektive

Ho sempre paura quando **vai così forte**.	wenn du so schnell fährst
Non potresti **andare un po' più piano?**	etwas langsamer fahren

Einige Adjektive werden in Verbindung mit bestimmten Verben adverbial verwendet, wobei sie unveränderlich sind. Zu diesen Verbindungen gehören

andare forte/veloce	schnell fahren	parlare forte	laut sprechen
andare piano	langsam gehen/fahren	parlare piano	leise sprechen
andare d(i)ritto	geradeaus gehen	parlare chiaro	deutlich sprechen; offen reden

1 Die distanzierte Berichterstattung im Konditional

Will man zum Ausdruck bringen, daß für die Richtigkeit einer Nachricht keine Gewähr übernommen wird, so verwendet man im Italienischen das Konditional.

Konditional I	Konditional II
Secondo l'ANSA* . . .	
il ministro **sarebbe** disposto ad un colloquio col sindacalista N. soll . . . bereit sein	il ministro **avrebbe dato** le dimissioni. soll zurückgetreten sein

* italienische Nachrichtenagentur

2 Das Futur II

Das Futur II wird aus den Futur I-Formen von *avere* bzw. *essere* und dem Partizip Perfekt gebildet. Man verwendet es

als Zeitform	zum Ausdruck einer Vermutung
Quando **avrà finito** il suo discorso, ci sarà un dibattito.	Chi ha vinto le elezioni? – Le **avranno vinte** i democristiani.

3 Der Bedingungssatz (II)

Indikativ	Indikativ	
Se **ho** tempo Wenn ich Zeit habe,	**vengo**. komme ich.	Realisierung: möglich
Congiuntivo imperfetto	Konditional I	
Se **avessi** tempo Wenn ich Zeit hätte, Se tu **fossi** più informato	**verrei**. würde ich kommen. non **parleresti** così.	Realisierung: reine Annahme, auf die Gegenwart bezogen
Congiuntivo trapassato	Konditional II	
Se **avessi avuto** tempo Wenn ich Zeit gehabt hätte, Se tu **fossi stato** più informato Se l'**avessimo invitato**	**sarei venuto**. wäre ich gekommen. non **avresti parlato** così. **sarebbe venuto** senz'altro.	Realisierung: reine Annahme, auf die Vergangenheit bezogen

Hinweise zum Bedingungssatz

- Je nach dem Sinn des Satzes sind auch andere Kombinationen möglich, z. B.
  Se fossero già arrivati, mi sentirei più tranquillo.
- In der Umgangssprache werden der „Congiuntivo trapassato" und das Konditional II oft durch das „Imperfetto" ersetzt:
  Se l'avessi saputo, sarei venuto. / Se lo sapevo, venivo.

Was Sie vielleicht sonst noch wissen wollen . . .

- ed **essi** odieranno sempre . . .
  In der geschriebenen Sprache kommen gelegentlich die Personalpronomen *esso, -i (essa, -e)* er/sie/es sowie *egli* er vor. Beide können nur in Verbindung mit einem Verb stehen. *Esso* wird im Singular und Plural für Personen und Sachen verwendet; die Singularform *egli* kann nur für eine männliche Person stehen.

LEZIONE 14

1 Relativsätze mit „Congiuntivo"

1. Roma è *la città più interessante* che io **abbia mai visitato**.
   Per me non c'è *nessun'altra città* che **abbia** lo stesso fascino.
   I toscani dicono che la loro è *l'unica regione* in cui si **parli** il vero italiano.

2. Cerchiamo una soluzione che **accontenti** tutti.

Im Relativsatz steht gewöhnlich der „Congiuntivo"
1. wenn der Hauptsatz eine Aussage mit Ausschließlichkeitscharakter enthält (einen Superlativ, eine Verneinung oder Ausdrücke wie *l'unico, il solo);*
2. wenn im Relativsatz ein Wunsch oder eine Erwartung ausgedrückt werden soll.

Hinweise zu weiteren Relativsätzen in der Lektion

- Die Form *il/la/i/le/cui* entspricht dem deutschen „dessen/deren":
  Le regioni si servono di organi propri **i cui rappresentanti** vengono eletti ogni 5 anni.
- Das Relativpronomen *il/la quale (i/le quali)* wird gewöhnlich nur dann verwendet, wenn der Bezug auf bestimmte Personen/Sachen hervorgehoben werden soll oder verdeutlicht werden muß:
  I linguisti danno grande importanza a una statistica del 1982 secondo **la quale** il 50% degli italiani parla in lingua e non in dialetto.
- Anstelle eines Relativsatzes verwendet man
  - häufig einen Infinitivsatz mit *a* (vgl. S. 216):
    Lei è l'unica **a non saperlo**.
  - häufig das Partizip Perfekt (ohne Hilfsverb):
    Cinque regioni hanno poteri legislativi più ampi di quelli **previsti** per le altre regioni.
  - gelegentlich das Partizip Präsens (vgl. S. 211): Hanno esigenze particolari, **derivanti** (= che derivano) dalla loro posizione geografica.

Hinweise zum Partizip Präsens

- Das Partizip Präsens wird im Italienischen nur noch in Einzelfällen als Verbform verwendet, z. B. Il treno **proveniente** da Napoli viaggia con 30 minuti di ritardo. (Durchsage)
  Venezia viene visitata da milioni di turisti **provenienti** da tutto il mondo.
  Das Partizip Präsens der meisten Verben ist zu einem Adjektiv oder Substantiv geworden, z. B. acqua corrente fließendes Wasser/Fließwasser, la corrente Strom
- Einem deutschen Partizip Präsens kann im Italienischen entsprechen
  - ein Relativsatz: un bambino **che ride** ein lachendes Kind
  - das Gerundium: Ci ascoltava **sorridendo**. Sie hörte uns lächelnd zu.

2 Das Konditional als „Congiuntivo"-Auslöser

Vorrei	che si **insegnasse** il catalano a scuola.
Mi piacerebbe	che i ragazzi **crescessero** bilingui.
Sarebbe bene	se in Parlamento ci **fossero** dei rappresentanti delle minoranze linguistiche.

Nach einem Konditional im Hauptsatz steht im *che*-Satz der „Congiuntivo" in einer Zeitform der Vergangenheit:

Non avrei mai creduto che **fosse** così.	*(Congiuntivo imperfetto)*
Non avrei mai creduto che **fosse stato** in Italia.	*(Congiuntivo trapassato)*

3 Das Partizip Perfekt in Verbindung mit „ne"

direktes Objekt	präpositionales Objekt
Hai fatto delle foto ?	Hai parlato a Luigi **dei tuoi progetti**?
– Certo, **ne** ho **fatte** moltissime. *Aber:* **Ne** ho **fatta** *una*.	– No, non glie**ne** ho ancora **parlato**.

Was Sie vielleicht sonst noch wissen wollen . . .

- **. . . si era andato affermando** l'uso dei dialetti nello scrivere . . .
  . . . hatte sich allmählich/mit der Zeit durchgesetzt . . .
  Andare + Gerundium betont die allmähliche Entwicklung oder die ständige Wiederholung eines Geschehens:

La malattia **va peggiorando**.	Die Krankheit verschlimmert sich (ständig).
Che cosa **vai raccontando**?	Was erzählst du da allen/überall herum?

1 Partizipialsätze

a) I musicisti **arrivati ieri**, sono di Brescia. (= I musicisti che sono arrivati ieri . . .)
Appena arrivati, hanno organizzato un concerto. (= Subito dopo l'arrivo . . .)

b) (Una volta) **terminata** **la tournée**, — hanno fatto una grande festa. / fanno (di solito) una festa. / faranno una grande festa.

(= Dopo aver terminato la tournée . . .)

Das Partizip Perfekt dient zur Verkürzung von Nebensätzen. Man verwendet es
a) bezogen auf das Subjekt des Hauptsatzes;
b) mit eigenem Beziehungswort.

Wendungen

Dopo mangiato vado a dormire.	nach dem Essen
Finito lo spettacolo andiamo a cena insieme.	nach der Vorstellung
Finita la scuola non ha voluto continuare gli studi.	nach der Schule/Schulzeit

2 Die Zeitenfolge in Sätzen mit „Congiuntivo"

Vergangenheit

Credevo . . ./
Non sapevo . . .

che Luigi da ragazzo **avesse cantato** in un coro.	che Luigi **avesse** intenzione di studiare musica.	che Luigi **avrebbe fatto** l'esame per entrare al Conservatorio.
prima	nello stesso periodo	dopo

Steht im Hauptsatz ein „Congiuntivo"-Auslöser (z. B. *credere, pensare, non sapere*) in einer Zeitform der Vergangenheit, so steht im untergeordneten Satz
- der „Congiuntivo trapassato" zum Ausdruck der Vorzeitigkeit;
- der „Congiuntivo imperfetto" zum Ausdruck der Gleichzeitigkeit;
- das „Konditional II" zum Ausdruck der Nachzeitigkeit.

Hinweis
Nach *non sapere* wird in der Umgangssprache häufig der Indikativ verwendet:
Non sapevo che Luigi aveva cantato in un coro.
che Luigi aveva interesse per la musica.

Präpositionen mit mehreren Bedeutungen

di	– non sono di qui von hier; sono di Amburgo von/aus Hamburg passa di qui er kommt hier vorbei; di qui, prego! hier entlang, bitte!	(örtlich)
	– viaggiare di giorno/di notte tagsüber/nachts; di sera fa fresco abends d'estate andiamo sempre al mare im Sommer	(zeitlich)
	– un uomo d'affari Geschäftsmann; un contratto di lavoro Arbeitsvertrag un mazzo di rose Rosenstrauß; una squadra di calcio Fußballmannschaft un corso d'italiano; ho mal di denti/di pancia Zahnweh/Bauchweh una macchia di frutta Obstfleck; il giornale della sera Abendzeitung, -ausgabe la città di Milano die Stadt Mailand; il mese di agosto; qualcosa di bello	(Spezifizierung)
	– i musei di Firenze; un dipinto di Tiziano ein Gemälde von Tizian il padre di Mario; la macchina del signor Rossi di chi è questa borsa? wem gehört . . . ? – è di Franca sie gehört Franca	(Zugehörigkeit) (Besitz)
	– un orologio d'oro goldene Uhr; un filo di nylon Nylonfaden un pezzo di fil di ferro Stück (Eisen-)Draht; un'insalata di pomodori	(„bestehend aus")
	– un chilo di mele; una tazza di caffè; un po' di sale un quarto di vino Viertel Wein; un quarto d'ora Viertelstunde	(bei Mengenangaben/Maßen)
	– arrivare di corsa angerannt kommen; fare qualcosa di nascosto heimlich	(Wendungen)
a	– a Roma nach/in Rom; all'isola d'Elba auf die/der Insel Elba al mare ans/am Meer; all'estero ins/im Ausland; al mercato; alla dogana am Zoll alla stazione zum/am Bahnhof; all'ospedale; all'entrata am Eingang a casa, a scuola, a teatro, al cinema, al bar, al ristorante, al primo piano si sta bene all'aperto/al sole/all'ombra im Freien/in der Sonne/im Schatten si è ferito al braccio er hat sich am Arm verletzt lancia il disco a 60 metri er wirft . . . 60 Meter weit; abito a 2 chilometri dal centro 2 km vom Zentrum (entfernt)	(örtlich)
	– a che ora? um wieviel Uhr? alle tre um drei Uhr; a Natale an Weihnachten ai primi di maggio Anfang Mai; a metà agosto Mitte August bisogna rimandarlo a domani auf morgen verschieben; a presto! bis bald! si è sposata a vent'anni mit zwanzig Jahren	(zeitlich)
	– penso alle ferie; l'hai detto al prinicipale? hast du es dem Chef gesagt? il libro l'ho dato a Giuliano	(indirektes Objekt)
	– costa mille lire al/il chilo; lo vende a mille lire il chilo; quanto costa al giorno?; andava a 100 chilometri all'ora	(„je/pro")
	– un tè al limone mit Zitrone; una camera a due letti Zweibettzimmer un vestito a righe gestreiftes Kleid; una pellicola a colori Farbfilm	(„versehen mit")
	– risotto alla milanese nach Mailänder Art; vestire all'ultima moda parlare a quattr'occhi unter vier Augen; parlare a voce alta laut sprechen	(Art und Weise)
	– andare a piedi zu Fuß gehen; scrivere a macchina maschineschreiben chiudere a chiave abschließen; fatto a mano; il freno a mano Handbremse giocare a palla Ball spielen; giocare a carte Karten spielen	(Mittel)
	– ad un tratto auf einmal/plötzlich; alla (Sua) salute! Zum Wohl!	(Wendungen)

da	– viene dall'Italia/da Roma aus Rom, vengo dal mercato/da Mario/ dal medico vom Arzt l'autobus parte dalla stazione; ti telefono dall'ufficio vom Büro aus da qui al centro ci vuole un'ora von hier bis zum Zentrum; passare da Bologna e da Firenze über Bologna und Florenz fahren; vado da Mario/ dal medico zum Arzt; sono stato da Mario/dal medico beim Arzt	(örtlich)
	– da ieri seit gestern; da 2 ore seit 2 Stunden; dalle 3 alle 6 von 3 bis 6 Uhr dal 10 al 30 giugno; a partire da oggi/da oggi in poi ab heute	(zeitlich)
	– sono stanco dal viaggio müde von der Reise; l'ho saputo da Maria la lettera è stata scritta da lui	(Ursache/ Urheber)
	– un francobollo da 550 lire; un'automobile da 10 milioni	(Wert)
	– carta da lettere Briefpapier; un costume da bagno Badeanzug una macchina da scrivere Schreibmaschine; una borsa da viaggio	(Zweck/ Bestimmung)
	– quel ragazzo dai/coi capelli rossi; riconoscere qu dalla voce an der Stimme	(Merkmal)
	– trattare da amico als Freund behandeln; da giovane era bella	(„als/wie ein")
	– da queste parti in dieser Gegend; cadere dalle nuvole aus allen Wolken fallen	(Wendungen)
in	– va/è in Italia/in Toscana/in Sardegna nach/in Sardinien; in città in campagna; in montagna; in cortile/nel cortile dietro casa im Hof in prima fila in der ersten Reihe; l'ho messo in tasca in die Tasche	(örtlich)
	– in maggio/nel mese di maggio; nel 1980; negli anni sessanta; nel pomeriggio; sarà pronto in 3 ore in/innerhalb von 3 Stunden	(zeitlich)
	– andare in macchina/in treno/in bicicletta; stare in piedi stehen – siamo in tre zu dritt; fare progressi in italiano Fortschritte machen in . . . mettere in moto in Bewegung setzen; prendere in giro qualcuno jemanden zum besten halten/auf den Arm nehmen	(Wendungen)
con	– esco con Paolo; posso pagare con un assegno? mit einem Scheck vengo con la macchina di Franco; venite anche voi? – con piacere – con questo caldo sto in casa bei dieser Hitze; – sei arrabbiato con me? bist du böse auf mich?	
su	– sul tavolo auf den/dem Tisch; salire sul treno/sull'aereo/sulla macchina salire sul campanile auf den Kirchturm; sul marciapiede auf dem Gehweg una villa sul mare (direkt) am Meer; Francoforte sul Meno am Main la stanza dà sul cortile geht auf den Hof	(örtlich)
	– un libro sulla vita di Michelangelo über das Leben Michelangelos	(Thema)
	– pesa sui 4 chili es wiegt ungefähr 4 Kilo; una ragazza sui 20 anni um die Zwanzig	(„ungefähr")
	– l'ho letto sul giornale in der Zeitung; dici sul serio? im Ernst?	(Wendungen)
per	– viaggia per tutta l'Europa durch ganz Europa; partire per l'Italia nach Italien il treno/i biglietti/la strada per Napoli nach Neapel; lavori stradali per 2 chilometri auf einer Strecke von 2 Kilometern; passare per Pisa über Pisa fahren	(örtlich)
	– fermarsi per 2 giorni 2 Tage lang; darsi appuntamento per domani für morgen	(zeitlich)
	– questo è per te; l'ho avuto per mille lire für tausend Lire	
	– sono qui per affari ich bin geschäftlich hier; il motivo per cui vengo weswegen	(Grund)
	– per terra auf den/dem Boden; per le scale auf der Treppe; per favore	(Wendungen)
tra/ fra	– Faenza si trova tra Imola e Forlì zwischen Imola und Forlì	(örtlich)
	– ritorna fra 2 giorni in (= nach) 2 Tagen; fra un minuto in einer Minute	(zeitlich)
	– è difficile scegliere fra tante cose; siamo tra amici/fra di noi unter uns	(übertragen)

Infinitivsätze

1. a) Avrei *voglia* **di** andare a teatro. Ich hätte Lust, ins Theater zu gehen.	Fammi *il piacere* **di** accompagnarla. Tu mir den Gefallen und begleite sie.
b) Siamo *contenti* **di** rivederLa.	Sono *stanco* **di** aspettare.
c) *Cerca* **di** essere più puntuale.	*Ho smesso* **di** fumare.
2. a) *Andiamo* **a** mangiare/**a** lavorare.	*Sono corso* **a** chiamare il medico.
b) *Ha cominciato* **a** studiare il russo.	Devo *aiutare* Lisa **a** fare i compiti.
c) Sono *disposti* **ad** aiutarci?	Non sono *abituati* **a** risparmiare.
d) *Ha difficoltà* **ad** esprimersi.	*Fa fatica* **a** camminare.
3. a) Ho (molto) **da** fare. Ich habe (viel) zu tun. Questo lavoro è ancora **da** fare. ... muß noch gemacht werden. Ha qualcosa **da** dichiarare? ... etwas zu verzollen? Fammi/Dammi **da** mangiare.	Hanno ancora molto **da** imparare. Die müssen noch einiges lernen. Non ho soldi **da** buttar via. ... zum Wegwerfen. Non c'è niente **da** bere? ... nichts zu trinken? Dammi qualche rivista **da** leggere.
b) Ha lavorato tanto **da** ammalarsi. so ..., daß er krank wurde. C'è **da** diventare matti. Es ist zum Verrücktwerden!	Mi annoiavo **da** morire. Ich langweilte mich zu Tode.
c) Il russo è *difficile* **da** imparare.	L'italiano è *facile* **da** caprire.
4. Sono qui **per** imparare l'italiano. ... um Italienisch zu lernen.	Ha sbagliato **senza** volerlo. ... ohne es zu wollen.

1. Der Infinitiv wird bei vielen Substantiven, Adjektiven und Verben mit der Präposition *di* angeschlossen.

2. Der Infinitiv mit *a* steht
   a) nach Verben der Bewegung (*andare, venire* usw.) sowie nach *stare, rimanere*
   b) u.a. nach folgenden Verben: *abituarsi, aiutare, cominciare, continuare, convincere* überzeugen, *costringere* zwingen, *divertirsi, imparare, invitare, prepararsi, rinunciare* verzichten, *riuscire* es fertigbringen, können
   c) nach den Adjektiven *abituato, adatto, deciso, disposto, pronto*
   d) nach avere *difficoltà* und *fare fatica* Schwierigkeiten/Mühe haben

3. Der Infinitiv mit *da* steht
   a) zur Angabe der Bestimmung, des Zwecks oder der Notwendigkeit (insbesondere nach *avere* und *essere* sowie nach *molto, poco, niente, qualcosa*)
   b) zur Angabe der Folge
   c) nach den Adjektiven *difficile* und *facile*

Der Infinitiv ohne Präposition

1. *Potrebbe* **tradurmi** questa lettera? *Ho fatto* **venire** l'elettricista.	*Vorrei* **andare** al cinema. *Lascialo* **dormire**.
2. *Preferisco* **partire** subito.	*Intendo* **partire** domani.
3. Non *ti ho sentito* **arrivare**.	*L'ho visto* **uscire**.
4. *Bisogna* **chiamare** un medico. *Mi piacerebbe* **vivere** in campagna.	*Basta* **telefonargli** domani. *Ci interessa* **vedere** questo film.
5. A Roma è *possibile* **andare** in tanti posti.	*È difficile* **trovare** una camera.

Der Infinitiv ohne Präposition steht
1. nach den Verben *dovere, potere, sapere, volere; fare, lasciare*
2. nach den Verben *amare, desiderare, intendere* beabsichtigen, *(non) osare* (nicht) wagen, *preferire*
3. nach Verben der Wahrnehmung *(sentire, vedere, guardare)*
4. nach unpersönlichen Verben und Ausdrücken wie *basta, bisogna, conviene* es ist besser/zweckmäßiger *mi interessa, mi piace, mi fa piacere*
5. nach unpersönlichen Ausdrücken wie è *bene/meglio/possibile/difficile* usw.

Beachten Sie:

- In einigen Fällen sind verschiedene Konstruktionen möglich, z.B.
  È difficile **imparare** il russo. – *Il russo è difficile* **da** imparare.
  Ha deciso **di** partire. – *Si è deciso* **a** partire.
  L'italiano è facile **da** capire. – L'italiano è facile **a** capirsi.
  Non riesco **a** trovarlo. – Non mi riesce (di) trovarlo. Ich kann ihn/es nicht finden.
- Folgende Wendungen:

Il servizio lascia molto **a** desiderare.	... läßt viel zu wünschen übrig.
Faresti meglio **a** partire.	Es wäre besser, du würdest abreisen.
Come faccio **a** arrivare alla stazione?	Wie komme ich zum Bahnhof?
Come faccio a saperlo?	Woher soll ich das wissen?
Come hai fatto a indovinarlo?	Wie hast du es erraten?

Der Infinitiv in verkürzten Sätzen

Der Infinitiv kann stehen
1. anstelle eines Relativsatzes:
   È stata Maria a dirmelo. *Maria* hat es mir gesagt.
   Luigi era l'unico a capirmi. ... der einzige, der mich verstand.
2. anstelle eines Nebensatzes mit *se*:
   A pensarci bene, non è difficile. Wenn man es sich recht überlegt, ...
3. in Verbindung mit Fragewörtern:
   Che fare? Was tun?
   Non so a chi rivolgermi. Ich weiß nicht, an wen ich mich wenden soll/kann.
   Sono ancora indeciso se andare al mare o in montagna. Ich weiß noch nicht, ob ...

Hinweise:
- Verben mit Präfixen wie *ri-, per-, pro-* usw. sind unter dem jeweiligen Stammverb zu finden, z.B. *rimettere* unter *mettere.*
- Bei jedem Verb wird an erster Stelle die 3. Person Singular des „Passato prossimo" sowie des „Passato remoto" aufgeführt.
- . . . bedeutet, daß die nicht angegebenen Formen regelmäßig gebildet werden.
- Abkürzungen: *Präs* Präsens, *Cong* Congiuntivo, *Imp* Imperativ, *Fut* Futur, *Kond* Konditional

accendere: ha acceso; accese
accogliere: *s.* cogliere
accorgersi: si è accorto; si accorse
aggiungere: ha aggiunto; aggiunse
EBENSO: raggiungere
alludere: ha alluso; alluse
ammettere: *s.* mettere
andare: è andato; andò
Präs: vado, vai, va, andiamo, andate, vanno
Cong: vada . . . vadano
Imp: vai/va', vada, andate
Fut/Kond: andrò/andrei
apparire: è apparso; apparve
Präs: appaio, appari, appare . . . appaiono
Cong: appaia . . . appaiano
EBENSO: comparire, scomparire
appartenere: *s.* tenere
aprire: ha aperto; aprì
Präs: apro
ardere: è/ha arso; arse
assistere: ha assistito
assumere: ha assunto; assunse
EBENSO: riassumere
attendere: ha atteso; attese
avere: ha avuto; ebbe
Präs: ho, hai, ha, abbiamo, avete, hanno
Cong: abbia, abbiamo, abbiate, abbiano
Imp: abbi, abbia, abbiate
Fut/Kond: avrò/avrei
avvenire: *s.* venire
bere: ha bevuto; bevve
Fut/Kond: berrò/berrei
Sonstige Formen werden vom alten Infinitiv bevere *abgeleitet, z.B.* bevo, bevi *usw.*
cadere: è caduto; cadde
Fut/Kond: cadrò/cadrei
chiedere: ha chiesto; chiese
chiudere: ha chiuso; chiuse
cogliere pflücken; ergreifen
ha colto; colse
Präs: colgo, cogli . . . colgono
Cong: colga . . . colgano
Imp: cogli, colga, cogliete
EBENSO: accogliere, raccogliere
comparire: *s.* apparire
comporre: *s.* porre
comprendere: *s.* prendere
conoscere: ha conosciuto; conobbe
consistere: è consistito
convenire: *s.* venire
convincere: *s.* vincere
coprire: ha coperto; coprì
Präs: copro
EBENSO: scoprire
correggere korrigieren
ha corretto; corresse
correre: è/ha corso; corse
corrispondere: *s.* rispondere
costringere: *s.* stringere
crescere: è cresciuto; crebbe
dare: ha dato
Präs: do, dai, dà, diamo, date, danno
Cong: dia, diamo, diate, diano
Imp: dai/da', dia, date
Cong imperfetto: dessi *usw.*
Passato remoto: diedi/detti, desti, diede/dette, demmo, deste, diedero/dettero
Fut/Kond: darò/darei
decidere: ha deciso; decise
deludere: ha deluso; deluse
descrivere: *s.* scrivere
difendere: ha difeso; difese
diffondere: ha diffuso; diffuse
dipendere: è dipeso; dipese
dipingere: ha dipinto; dipinse
dire: ha detto; disse
Präs: dico, dici, dice diciamo, dite, dicono
Cong: dica, diciamo, diciate, dicano
Imp: di', dica, dite
Fut/Kond: dirò/direi
Sonstige Formen werden vom alten Infinitiv dicere *abgeleitet, z.B.* dicevo; dicendo
EBENSO: benedire, contraddire, indire, maledire
dirigere: ha diretto; diresse
discutere: ha discusso; discusse
dispiacere: *s.* piacere
distinguere: ha distinto; distinse
distrarre: *s.* trarre
distruggere: ha distrutto; distrusse
divenire: *s.* venire
dividere: ha diviso; divise
dovere: ha/è dovuto; dovette
Präs: devo/debbo; devi, deve, dobbiamo, dovete, devono/debbono
Cong: deva/debba, dobbiamo, dobbiate, devano/debbano
Fut/Kond: dovrò/dovrei
eleggere: ha eletto; elesse
emettere: *s.* mettere
escludere: ha escluso; escluse
esistere: è esistito
espandere: ha espanso; espanse
esplodere: è esploso; esplose
esporre: *s.* porre
esprimere: ha espresso; espresse
essere: è stato
Präs: sono, sei, è, siamo, siete, sono
Cong: sia, siamo, siate, siano
Imp: sii, sia, siate
Imperfetto: ero, eri, era, eravamo, eravate, erano
Cong imperfetto: fossi *usw.*
Passato remoto: fui, fosti, fu, fummo, foste, furono
Fut/Kond: sarò/sarei
evadere: è/ha evaso; evase
fare: ha fatto; fece
Präs: faccio, fai, fa, facciamo, fate, fanno
Cong: faccia, facciamo, facciate, facciano
Imp: fai/fa', faccia, fate
Fut/Kond: farò/farei
Sonstige Formen werden vom alten Infinitiv facere *abgeleitet, z.B.* facevo; facendo
giungere: è giunto; giunse
godere: *Fut/Kond:* godrò/godrei
imporre: *s.* porre
incidere: ha inciso; incise
intendere: ha inteso; intese
interrompere: *s.* rompere
intervenire: *s.* venire
introdurre: *s.* produrre
invadere: ha invaso; invase
iscriversi: *s.* scrivere
leggere: ha letto; lesse
mantenere: *s.* tenere
mettere: ha messo; mise
EBENSO: ammettere, emettere, permettere, promettere, rimettere, scommettere, smettere, trasmettere
mordere beißen: ha morso; morse
morire: è morto; morì
Präs: muoio, muori, muore, moriamo, morite, muoiono
Cong: muoia . . . muoiano
muovere: ha mosso; mosse
EBENSO: promuovere
nascere: è nato; nacque
nascondere: ha nascosto; nascose
occorrere: è occorso; occorse
offendere: ha offeso; offese
offrire: ha offerto; offrì
Präs: offro
opporre, opporsi: *s.* porre
ottenere: *s.* tenere
parere: è parso, parve; *Präs:* pare
perdere: ha perso/perduto; perse
permettere: *s.* mettere
piacere: è piaciuto; piacque
Präs: piaccio, piaci, piace,

piacciamo, piacete, piacciono
Cong: piaccia . . . piacciano
EBENSO: dispiacere
piangere: ha pianto; pianse
piovere: è/ha piovuto; piovve
porre: ha posto; pose
Präs: pongo, poni, pone, poniamo, ponete, pongono
Cong: ponga, poniamo, poniate, pongano
Imp: poni, ponga, ponete
Fut/Kond: porrò/porrei
Sonstige Formen werden vom alten Infinitiv ponere *abgeleitet, z.B.* ponevo; ponendo
EBENSO: comporre, esporre, imporre, opporsi, proporre
potere: ha/è potuto; poté
Präs: posso, puoi, può, possiamo, potete, possono
Cong: possa, possiamo, possiate, possano
Fut/Kond: potrò/potrei
prendere: ha preso; prese
EBENSO: comprendere
pretendere: ha preteso; pretese
prevedere: *s.* vedere
Fut: prevederò
produrre: ha prodotto; produsse
Präs: produco, produci *usw.*
Fut/Kond: produrrò/produrrei
Sonstige Formen werden vom alten Infinitiv ducere *abgeleitet, z.B.* producevo
EBENSO: introdurre, ridurre, tradurre
promettere: *s.* mettere
proporre: *s.* porre
proteggere: ha protetto; protesse
raccogliere: *s.* cogliere
raggiungere: *s.* aggiungere
rendere: ha reso; rese
resistere: ha resistito
respingere: ha respinto; respinse
ridere: ha riso; rise
EBENSO: sorridere
ridurre: *s.* produrre
riempire: *Präs:* riempio
riflettere: widerspiegeln: ha riflesso; riflesse
rimanere: è rimasto; rimase
Präs: rimango, rimani, rimane, rimaniamo, rimanete, rimangono
Cong: rimanga . . . rimangano
Imp: rimani, rimanga, rimanete
Fut/Kond: rimarrò/rimarrei
riscuotere: ha riscosso; riscosse
risolvere: ha risolto; risolse
rispondere: ha risposto; rispose
EBENSO: corrispondere
riuscire: *s.* uscire
rivolgersi: *s.* volgere
rompere: ha rotto; ruppe
EBENSO: interrompere
salire: è/ha salito; salì
Präs: salgo, sali . . . salgono
Cong: salga . . . salgano
Imp: sali, salga, salite
sapere: ha saputo; seppe
Präs: so, sai, sa, sappiamo, sapete, sanno
Cong: sappia . . . sappiano
Fut/Kond: saprò/saprei
scegliere: ha scelto; scelse
Präs: scelgo, scegli, sceglie . . . scelgono
Cong: scelga . . . scelgano
Imp: scegli, scelga, scegliete
scendere: è/ha sceso; scese
sciogliere (auf)lösen: ha sciolto; sciolse
Präs: sciolgo, sciogli, scioglie . . . sciolgono
Cong: sciolga . . . sciolgano
scommettere: *s.* mettere
scomparire: *s.* apparire
sconvolgere: *s.* volgere
scoprire: *s.* coprire
scrivere: ha scritto; scrisse
EBENSO: descrivere, iscriversi, prescrivere, sottoscrivere
sedere, sedersi: si è seduto; si sedette
Präs: siedo, siedi, siede, sediamo, sedete, siedono
Cong: sieda, sediamo, sediate, siedano
Imp: siediti, si sieda, sedetevi
smettere: *s.* mettere
soddisfare: *s.* fare
Fut/Kond: soddisferò/soddisferei
soffrire: ha sofferto; soffrì
Präs: soffro
sopravvivere: *s.* vivere
sorridere lächeln: *s.* ridere
sostenere: *s.* tenere
spegnere: löschen, ausmachen: ha spento; spense
Präs: spengo, spegni . . . spengono
Cong: spenga . . . spengano
spendere: ha speso; spese
spingere: ha spinto; spinse
stare: è stato
Präs: sto, stai, sta, stiamo, state, stanno
Cong: stia, stiamo, stiate, stiano
Imp: stai/sta', stia, state
Cong imperfetto: stessi *usw.*
Passato remoto: stetti, stesti, stette, stemmo, steste, stettero
Fut/Kond: starò/starei
stringere: ha stretto; strinse
EBENSO: costringere
succedere: è successo; successe
svolgere, svolgersi: *s.* volgere
tacere: ha taciuto; tacque
Präs: taccio, taci, tace . . . tacciono
Cong: taccia . . . tacciano
Imp: taci, taccia, tacete
tendere: ha teso; tese
tenere: ha tenuto; tenne
Präs: tengo, tieni, tiene, teniamo, tenete, tengono
Cong: tenga . . . tengano
Imp: tieni, tenga, tenete
Fut/Kond: terrò/terrei
EBENSO: appartenere, contenere, mantenere, ottenere, sostenere
togliere: ha tolto; tolse
Präs: tolgo, togli, toglie . . . tolgono
Cong: tolga . . . tolgano
Imp: togli, tolga, togliete
tradurre: *s.* produrre
trarre: ha tratto; trasse
Präs: trago, trai, trae, traiamo, traete, traggono
EBENSO: distrarre
trascorrere: ha trascorso; trascorse
trasmettere: *s.* mettere
uccidere: ha ucciso; uccise
uscire: è uscito; uscì
Präs: esco, esci, esce, usciamo, uscite, escono
Cong: esca . . . escano
Imp: esci, esca, uscite
EBENSO: riuscire
valere: è valso; valse
Präs: valgo, vali . . . valgono
Cong: valga . . . valgano
Fut/Kond: varrò/varrei
vedere: ha visto; vide
Fut/Kond: vedrò/vedrei
venire: è venuto; venne
Präs: vengo, vieni, viene, veniamo, venite, vengono
Cong: venga, veniamo, veniate, vengano
Imp: vieni, venga, venite
Fut/Kond: verrò/verrei
EBENSO: avvenire, convenire, divenire, intervenire, prevenire, provenire
vincere: ha vinto; vinse
EBENSO: convincere
vivere: è/ha vissuto; visse
Fut/Kond: vivrò/vivrei
EBENSO: sopravvivere
volere: ha/è voluto; volle
Präs: voglio, vuoi, vuole, vogliamo, volete, vogliono
Cong: voglia . . . vogliano
Fut/Kond: vorrò/vorrei
volgere wenden: ha volto; volse
EBENSO: rivolgersi, svolgere, svolgersi, sconvolgere

Hinweise:

- Zur Erleichterung der häuslichen Arbeit wird zum Teil Wortschatz aus Buongiorno 1 wiederholt.
- Alle durch **Fettdruck** hervorgehobenen Wörter gehören zum **Lernwortschatz**. Sie werden in den folgenden Lektionen als bekannt vorausgesetzt.
- Die **Betonung** wird in Sonder- und Zweifelsfällen mit einem Punkt unter dem betonten Vokal gekennzeichnet.
- Das Zeichen * verweist auf die Liste „Unregelmäßige Verben".

Abkürzungen:

Adj	Adjektiv	PP	Partizip Perfekt	qc	*qualcosa*
Adv	Adverb	Inf	Infinitiv	qu	*qualcuno*
Pron	Pronomen	f	feminin/weiblich	ugs	umgangssprachlich
Plur	Plural	m	maskulin/männlich	uv	unveränderlich
Sing	Singular				

LEZIONE 1 LE SERATE DEGLI ITALIANI

1 CHE COSA FA LA SERA?

Napoli (capoluogo della Campania; circa 1.300.000 abitanti)	Neapel *(Hauptstadt Kampaniens; ca. 1.300.000 Einwohner)*
esco spesso	ich gehe oft aus
uscire*	hinaus-/ausgehen; herauskommen
in gẹnere	im allgemeinen
solo *Adv*	nur, erst
comunque	jedenfalls
Piacenza	*Stadt in der Emilia-Romagna; ca. 110.000 Einwohner*
guardare la TV [tiv'vu]	fernsehen
la pensione	Rente; Pension
Santạngelo	*Familienname*
Bari	*Hauptstadt Apuliens; ca. 400.000 Einwohner*
frequentare una scuola	eine Schule besuchen
serale	Abend-
prendere un diploma	ein Abschlußzeugnis/Diplom erwerben
cambiare lavoro	die Arbeitsstelle/den Beruf wechseln
Savona	*Stadt in Ligurien; ca. 80.000 Einwohner*
tra/fra	zwischen; unter
che noia!	wie langweilig/öde!
la noia	Langeweile; Überdruß
per questo	deshalb
formare	bilden; gründen
alcuni, -e *Adj + Pron*	einige
un gruppo rock	Rockgruppe, Rockband
trovarsi	*hier:* sich treffen
suonare	*(ein Musikinstrument)* spielen

2 STASERA DOVE ANDIAMO?

al „Corso" danno l'ụltimo film di Fellini	im „Corso" läuft der neueste Film von F.
la crịtica	Kritik
di una volta	von früher, einstig
darsi arie da ...	sich aufspielen als ...
l'intellettuale *m/f*	Intellektuelle(r)
proprio *Adv*	*hier:* ausgerechnet
il Mạschio Angioino	*mittelalterliche Festung in Neapel; dort finden gelegentlich Theateraufführungen statt*
la compagnịa	Gesellschaft; Truppe
sperimentale	experimentell
preoccuparsi	sich Sorgen machen

ESERCIZIO 1

Le va di andare al cinema?	hätten Sie Lust, ins Kino zu gehen?
Pạgina 11:	*Seite 11:*
in anteprima	Voraufführung
il romanzo	Roman
il circo	Zirkus
il tartarughino	*Verkleinerungsform zu:*
la tartaruga	Schildkröte
il piano bar	Bar *(Nachtlokal)*
Trastẹvere	*Stadtteil von Rom*
la cụpola	Kuppel
il ballo	Tanz
la stella	Stern
il cabaret [kaba're]	Kabarett
il film abbinato	Beifilm
atto II (secondo)	zweiter Akt
la regịa	Regie
scene e costumi	Bühnenbild und Kostüme
la scena	Szene

3 FINITO LO SPETTACOLO

finito lo spettacolo	nach der Vorstellung
il/la dilettante	Amateur(in); Dilettant(in)
per me non vale niente	ich halte nichts davon
valere*	wert/gültig sein; taugen
non ci ho capito niente	ich habe nichts (davon) verstanden
nemmeno io	ich auch nicht
sono in gamba! *ugs*	die haben was los!
sono forti! *ugs*	die sind ganz toll!
è uno schifo!	ekelhaft! scheußlich!

lo schifo	Ekel
valido	wert, gültig; *hier:* sehenswert
noioso	langweilig
finalmente	endlich
hanno ancora molto da imparare	die müssen noch viel lernen
in fondo	im Grunde, schließlich
tradizionale	traditionell
chiaro	klar; hell
la complicazione	Komplikation, Verwicklung, Schwierigkeit
per carità!	um Gottes willen!
la discussione	Diskussion

ESERCIZI 2–3

il vicino (*f* -a)	Nachbar(in)
la vignetta	kleine (Strich-)Zeichnung; Karikatur
in casa Petrella	im Hause Petrella, bei den Petrellas
il canale	Kanal, (Fernseh-)Programm
cambiare canale	umschalten
per quella faccia da schiaffi	wegen diesem Ohrfeigengesicht
lo schiaffo	Ohrfeige
il risultato	Resultat, Ergebnis
eh già	*hier:* du bist gut!
aver ragione *f*	recht haben
andare giù	hinuntergehen

4 TEATRO, CINEMA O TELEVISIONE?

vario	verschieden
Strehler, Ronconi, Squarzina	*bekannte italienische Theaterregisseure*
soddisfatto	zufrieden(gestellt)
scoprire (*PP* scoperto)	entdecken
dal 1970 in poi	seit/ab 1970
sempre più spesso	immer häufiger
l'interesse *m*	Interesse
d'avanguardia	avantgardistisch
andare sul sicuro	sichergehen
la riedizione	*hier:* Neuaufführung
l'edizione *f*	Ausgabe
il dramma	Theaterstück, Drama
classico	klassisch; Klassiker
immancabile	un(ver)fehlbar; *hier:* selbstverständlich
Pirandello	*italienischer Dramatiker (1867–1936)*
vuoto	leer
il caso	Fall
lo spettatore (*f* -trice)	Zuschauer(in)
la metà	Hälfte
diminuire (diminuisce)	verringern, vermindern; weniger werden
la causa	Ursache
principale	Haupt-
la regina	Königin
la Rai	*staatliche Radio- und Fernsehanstalt*
insieme a	zusammen mit
le tivù private	private Fernsehgesellschaften
il telespettatore (*f* -trice)	Fernsehzuschauer
almeno	mindestens
la scelta	(Aus-)Wahl

ESERCIZIO 4

essere in aumento	zunehmen, steigen
negli anni '70	in den siebziger Jahren
occupare	einnehmen, besetzen

5 E CHE NE DIRESTE DI UN CORSO SERALE?

venire incontro (a)	entgegenkommen
l'esigenza	Anspruch; Bedürfnis
il cittadino	Bürger
il comune (di Milano)	die Stadt (Mailand)
organizzare	organisieren
scolastico	Schul-
diurno	tagsüber stattfindend
la ripartizione	Abteilung
l'educazione *f*	Erziehung; *hier:* Weiterbildung
la proposta	Vorschlag

ESERCIZIO 5

il chimico (*f* -a)	Chemiker(in)
il fotografo (*f* -a)	Fotograf(in)
il maestro (*f* -a)	(Grundschul-)Lehrer(in); Meister
il/la regista	Regisseur(in)
il/la cantante	Sänger(in)
il direttore d'orchestra	Dirigent
il direttore (*f* -trice)	Direktor(in), Leiter(in)
il ragioniere (*f* -a)	Buchhalter(in)
il segretario (*f* -a)	Sekretär(in)
l'elettricista	Elektriker
l'ottico	Optiker
il sarto (*f* -a)	Schneider(in)
l'estetista	Kosmetikerin
l'ortopedico	Orthopäde
il/la ceramista	Keramiker(in)
il falegname	Tischler, Schreiner
il pellettiere	Lederwarenhersteller, -verkäufer
il programmatore (*f* -trice)	Programmierer(in)
il/la musicista	Musiker(in); Komponist(in)
lo stenodattilografo (*f* -a)	Stenotypist(in)
il salumiere	Wurstwarenverkäufer
la magliaia	Strickerin
l'interprete *m/f*	Dolmetscher(in)
il pittore (*f* -trice)	Maler(in)
il grafico	Graphiker
il manifesto	Plakat

6 SAI CHI HO VISTO?

non sai che cosa ti sei perso! (*Inf* perdere)	du weißt nicht, was du versäumt/verpaßt hast!
lui è sempre più magro	er wird immer magerer
ha la barba	er hat einen Bart
corto corto	ganz kurz

gli occhiali scuri	dunkle Brille
biondo	blond
piccolino	ziemlich klein
rotondetto	rundlich, mollig
rotondo	rund
in modo strano	seltsam
con certi tacchi!	mit unglaublichen Absätzen
il tacco	Absatz
innamorato (di)	verliebt (in)
baciare	küssen

ESERCIZIO 6

la descrizione	Beschreibung
i baffi	Schnurrbart
grosso	groß und dick; grob
alto	groß *(hochgewachsen)*
antipạtico (*Plur* -ci)	unsympathisch
riccio	lockig
tịmido	schüchtern
grasso	fett; *hier:* dick
il gioco	Spiel
capire	*hier:* herausfinden

LEZIONE 2 INFORMATI UN PO'!

informarsi (su)	sich informieren (über)

1 CHE COSA C'È DI NUOVO?

la Gazzetta dello Sport, il Corriere della Sera, Panorama, Intrẹpido, Grazia, Grand'Hotel	*italienische Zeitungen und Zeitschriften*
meno male!	zum Glück!
il giornalino	Kinderzeitschrift; Comic-Heft
non . . . nemmeno	nicht einmal; auch nicht
la pace	Frieden; *hier:* Ruhe
è una vergogna!	es ist eine Schande!
il giocatore	Spieler
sempre di più	immer mehr
il gol	*(Fußball)* Tor
il trucco	Make-up, Schminke
beati, -e loro!	die haben es gut!/die Glücklichen!
beato	selig
lo scạndalo	Skandal
non c'è più neanche un fotoromanzo	es ist kein einziger Fotoroman mehr da
non . . . neanche	auch nicht; nicht einmal
(è un) peccato!	schade!

ESERCIZI 1–5

adatto	geeignet, passend
l'artịcolo di fondo	Leitartikel
la crọnaca locale	Lokalteil
la notịzia	Nachricht
la polịtica ẹstera	Außenpolitik
ẹstero	ausländisch; Ausland
l'annuncio	Anzeige, Annonce
le lettere al giornale	Leserbriefe
la pagina culturale	Feuilleton
combinare	verbinden, kombinieren
la definizione	Definition, Erklärung
femminile	Frauen-; weiblich
la cultura	Kultur
l'economịa	Wirtschaft
il fumetto	*hier:* Comic-Heft
il settimanale	Wochenzeitschrift
la cronaca sportiva	Sportbericht
il quotidiano	Tageszeitung
corrispọndere* (a)	entsprechen
gli Etruschi	Etrusker
l'esclamazione *f*	Ausruf
monọtono	eintönig, monoton
il governo	Regierung
l'aumento	Erhöhung
preoccupato per	besorgt wegen
il riposo	Ruhe

2 DAL DIARIO DI FRANCESCO

il diario	Tagebuch
cambiar(e) casa	umziehen
una stanza tutta per me	ein Zimmer ganz (allein) für mich
una stanza sola	nur ein Zimmer
litigare (lịtiga)	streiten
l'altro giorno	neulich
mentre *(+ Verb)*	während
i cartoni animati	Zeichentrickfilm
disturbare	stören

3 DUE RAGAZZI A SCUOLA

ho perso la fine (*Inf* perdere)	ich habe den Schluß versäumt/verpaßt
È finito che mentre saliva sull'aereo si è sentito male e l'hanno preso. (*Inf* prendere)	Es ist so ausgegangen, daß ihm (plötzlich) schlecht wurde, als er (gerade) ins Flugzeug stieg. Da haben sie ihn geschnappt.
sentirsi male	sich unwohl fühlen
mi sentivo male	mir war schlecht
mi sono sentito, -a male	mir ist schlecht geworden

ESERCIZIO 7

il postino (*f* -a)	Briefträger(in), Postbote
il sugo	Soße
bruciare	brennen, anbrennen, verbrennen

4 A CASA DELLA FAMIGLIA MONTI

la statịstica	Statistik
in media	im Durchschnitt
accẹndere (*PP* acceso)	*hier:* einschalten
ricordarsi	sich erinnern
la fạvola	Märchen
contịnuo *Adj*	ständig
chi . . . chi . . .	der eine/die einen . . . der andere/die anderen . . .
il telefilm	Fernsehfilm

insomma	also, kurz gesagt
il televisore	Fernsehapparat
ognuno *Pron*	jeder
il telegiornale	Tagesschau
lo studio	*hier:* Arbeitszimmer
questo è un bene per i bambini?	ist das für die Kinder gut?
in ogni caso	auf jeden Fall

ESERCIZI 9–10

la soluzione	Lösung
televisivo	Fernseh-
sapere	*hier:* erfahren
il documento	*hier: Sendung zu Sachthemen*
l'argomento	Argument; *hier:* Thema
il tema	Thema
la serie *uv*	Serie
trasmẹttere (*PP* trasmesso)	senden; übertragen

5 DOVE CI PORTERÀ LA TECNICA?

passare a	*hier:* anwachsen auf
qualche centinaio	ein paar Hundert
un centinaio (*Plur* centinaia *f*)	etwa hundert
qualche decina	zig, Dutzende
una decina	etwa zehn
al giorno d'oggi	heutzutage
registrare	aufnehmen
su cassette ạudio e vịdeo	auf Ton- und Video-Cassetten
come sarà il futuro?	wie wird die Zukunft sein/aussehen?
via satẹllite *m*	über Satellit
un migliaio (*Plur* migliaia *f*)	etwa tausend
a tre dimensioni	dreidimensional
la dimensione	Dimension
il conduttore	Leiter
il/la cantante	Sänger(in)
la novità	Neuheit; Neuigkeit
oltre a + *Inf*	außer
la voce	Stimme
la faccia	Gesicht
l'ottimista *m/f*	Optimist(in)
grazie a	dank
la varietà	Vielfalt
le notizie flash	Kurznachrichten
il flash	Blitzlicht
lo short pubblicitario	Werbespot
appena	*hier:* kaum
mezz'ora	eine halbe Stunde
l'ottimismo	Optimismus
eccessivo	übertrieben
infatti	in der Tat
la trasmissione	Sendung; Übertragung
la stazione radio-televisiva	Radio- und Fernseh-station/-sender
sịmile	ähnlich
il valore	Wert
in questo modo	auf diese Weise
invece di	statt
favorire (favorisce)	begünstigen, fördern
lo scambio	Austausch
rischiare	riskieren
l'uniformità	Einförmigkeit
totale	total

ESERCIZIO 11

il disegno	Zeichnung
la settimana lavorativa	wöchentliche Arbeitszeit
la pịllola	Tablette, Pille
il robot	Roboter
fare le pulizịe	saubermachen
benvenuti sulla luna!	willkommen auf dem Mond!

ESERCIZI 12–14

indovinare	(er)raten; voraussehen
il presente	Gegenwart
terni e quaterne	drei Richtige und vier Richtige *(im Lotto)*
il sistema	System
il totocalcio	Fußballtoto
lo schema	Schema
il collegamento	Verbindung
il cambiamento	(Ver-)Änderung
ụtile	nützlich
esịstere (è esistito)	existieren
la cura dimagrante	Abmagerungskur

LEZIONE 3 UN MESTIERE PER VIVERE

il mestiere	Handwerk, Beruf

1 CHI NON LAVORA NON MANGIA

stancare	müde machen
nobilitare (nobịlita)	adeln
lo sfruttamento	Ausbeutung
il senso	Sinn
dipende	das kommt darauf an
dipẹndere da (è dipeso)	abhängen von

2 ALLA RISCOPERTA DELL'ARTIGIANO

la (ri)scoperta	(Wieder-)Entdeckung
l'artigiano	Handwerker
sconosciuto	unbekannt
l'agricoltura	Landwirtschaft
il turismo	Tourismus
l'edilizia	Baugewerbe, Bauwesen
il settore	Bereich, Sektor
artịstico (*Plur* -ci)	Kunst-, künstlerisch
Foto:	*Fotos:*
il calzolaio	Schuhmacher
il contadino (*f* -a)	Bauer
l'arrotino	Scherenschleifer
il tessitore (*f* -trice)	Weber(in)
Poesịa:	*Gedicht:*
l'odore *m*	Geruch; Duft

la noce moscata	Muskatnuß
sapere di	riechen/schmecken nach
il droghiere	Kolonialwarenhändler
la tuta	Arbeitsanzug, Overall
la farina	Mehl
il fornaio	Bäcker
la terra	Erde
la vernice	Farbe, Lack
l'imbianchino	Maler, Anstreicher
il camice	Kittel
il fannullone	Faulenzer, Nichtstuer
puzzare	stinken

ESERCIZI 1–3

precedente	vorhergehend
nominare	nennen, erwähnen
la lista	Liste
la professione	Beruf
l'avvocato (*f* -essa)	Anwalt, Anwältin
il poliziotto	Polizist
l'orafo	Goldschmied
il falegname	Tischler, Schreiner
il parrucchiere (*f* -a)	Friseur, Friseuse
l'idraulico (*Plur* -ci)	Installateur
il muratore	Maurer
il barbiere	Herrenfriseur
il fabbro	Schmied
il/la farmacista	Apotheker(in)
il sarto (*f* -a)	Schneider(in)
il ragioniere (*f* -a)	Buchhalter(in)
il pilota	Pilot
il portiere	(Hotel-)Portier
il posto di lavoro	Arbeitsplatz
la bottega	Werkstatt; kleiner Laden
il cantiere	Baustelle
l'artigianato	Handwerk
il commercio	Handel
il pubblico impiego	der öffentliche Dienst

3 PARLA UN PROTAGONISTA

il protagonista	*hier:* Betroffene(r)
il laboratorio	Werkstatt
l'oggetto	Gegenstand
in ferro battuto	aus Schmiedeeisen
battere	schlagen
appartenere* a	gehören
la generazione	Generation
la passione	Leidenschaft, Passion
crescere	(auf)wachsen
salvare	bewahren, retten
la tradizione	Tradition
la difficoltà	Schwierigkeit
la produzione	Herstellung, Produktion
in passato si produceva molto di più	früher wurde viel mehr produziert
produrre*	herstellen, produzieren
ma non è questo il problema	aber das ist nicht das Problem
la mano d'opera/ manodopera	Arbeitskräfte
ma se ci sono tanti giovani disoccupati in giro!	aber es gibt doch so viele junge Arbeitslose
essere in giro	herumlaufen, unterwegs sein
dignitoso	würdig, *hier:* angesehen
manuale	Hand-, manuell
l'apprendista *m/f*	Lehrling
salutare qu	*hier:* sich von jemandem verabschieden, jemandem Lebewohl sagen
come una volta	wie früher/einst
mandare avanti	durchbringen; *hier:* betreiben
il cugino (*f* -a)	Vetter, Base
finché ho la salute tiro avanti	solange ich gesund bin, mache ich (so gut es geht) weiter
tirare	ziehen
un giorno o l'altro	eines Tages, irgendwann

ESERCIZI 4–6

tra parentesi	in Klammer(n)
la parentesi *uv*	Klammer
da bambino	als Kind
fare l'artigiano/il fabbro/ la sarta . . .	Handwerker/Schmied/ Schneiderin . . . sein
la mentalità	Denkweise, Mentalität
già da un po'	schon seit einer Weile
discutere (*PP* discusso)	diskutieren

IDENTIKIT DELL'OPERAIO D'OGGI

l'identikit *m*	Phantombild; *hier:* Steckbrief
maschio	männlich
sui 40 anni	um die Vierzig
il tenore di vita	Lebensstandard
piccolo-borghese	kleinbürgerlich

4 LONTANO DALLA FABBRICA CHE TRISTEZZA!

la tristezza	Traurigkeit
il saldatore	Schweißer
l'80 per cento (di)	80%
il salario	Lohn
in pensione	im Ruhestand, als Rentner
escluso da (*Inf* escludere)	ausgeschlossen von
la cassa integrazione	*Einrichtung des Arbeitslosen- und Rentenversicherungsträgers INPS (Istituto Nazionale di Previdenza Sociale), die bei Kurzarbeit bzw. zeitweiliger Betriebsstilllegung den Betriebsangehörigen über die Firma einen Teil des Lohns ausbezahlt*
l'integrazione *f*	Ausgleich
la sorpresa	Überraschung
essere preparato (a)	vorbereitet/gefaßt sein (auf)
prepararsi (a)	sich vorbereiten (auf)
provare	*hier:* fühlen, verspüren

essere in grado (di)	fähig/in der Lage sein (zu)
come operaio	als Arbeiter
l'impresa	Unternehmen
agli inizi degli anni '60	Anfang der sechziger Jahre
la ditta	Firma
la Breda	*ital. Konzern*
Porto Marghera	*Venedigs Industriezone auf dem Festland*
dipendente	abhängig; Beschäftigte(r)
si sentiva solo un numero	er fühlte sich nur als Nummer
in mezzo a	inmitten von, mitten unter
almeno	*hier:* zumindest
anche **la sicurezza** del lavoro è andata a farsi benedire *ugs*	da war auch die Sicherheit des Arbeitsplatzes beim Teufel/hin
benedire*	segnen

ESERCIZI 8–11

la grande indụstria	Großindustrie
lieve	leicht, gering
il calo	Rückgang
la disoccupazione	Arbeitslosigkeit
di preciso non lo so	ich weiß es nicht genau
preciso *Adj*	genau
l'età	Alter
la maggior parte (di)	der größte Teil, die meisten
la classịfica	Rangliste
i paesi industrializzati	die Industrienationen
all'ẹstero	im Ausland
il lavoratore	Arbeiter

5 MADRI CHE LAVORANO

scommẹttere (*PP* scommesso)	wetten
di nuovo	von neuem, wieder
lezione	*hier:* Unterricht
il discorso	Rede
la mattinata	(der ganze) Vormittag
intero	ganz
per via di	wegen
insegnare	unterrichten
la corriera	Autobus
da quando	ab/seit damals
ammalarsi	krank werden
aver intenzione di	vorhaben, beabsichtigen
l'intenzione *f*	Absicht
appena	*hier:* sobald
l'asilo nido	Kinderkrippe
il nido	Nest; *ugs* Kinderkrippe
dimmi un po' . . .	sag mal . . .

ESERCIZI 12–14

ecco perché	deshalb, darum
cambiare la macchina	sich ein anderes Auto kaufen
la libertà	Freiheit
la casalinga	Hausfrau
migliore *Adj*	bessere(r)

LEZIONE 4 L'ALTRA FACCIA DEL TURISMO

1 AIUTO, ARRIVANO I TURISTI!

la griglia	Grill

LA SPECULAZIONE EDILIZIA CONTINUA

il progetto	Plan; Projekt
costruire (costruisce)	bauen
altri appartamenti	weitere Appartements
la speculazione	Spekulation
edilizio	Bau-
il Capo Palinuro	*Vorgebirge südlich des Golfs von Salerno*

2 IL ROVESCIO DELLA MEDAGLIA

il rovescio	Rück-/Kehrseite
la medaglia	Medaille
ridurre* (*PP* ridotto)	reduzieren; *hier:* (übel) zurichten
la costa	Küste
terrịbile	schrecklich, furchtbar
rovinare	zerstören, ruinieren
il paesaggio	Landschaft
la pẹcora	Schaf
pascolare	weiden
il cemento	Zement, Beton
il permesso	Genehmigung
ci sarebbe voluto, -a . . . (*Inf* volerci)	man hätte . . . gebraucht
il piano	Plan
il piano regolatore	Bebauungsplan

ESERCIZI 1–2

lo sviluppo	Entwicklung
spiegare	erklären
altrimenti	sonst, andernfalls
rispettare	achten; respektieren; *hier:* schonen
evitare	vermeiden

3 I PROBLEMI DI VENEZIA

la vịsita (a)	Besuch
il giro	*hier:* Rundgang
frettoloso	eilig, hastig
intorno a	um . . . herum
il monumento	(Kunst-)Denkmal; Monument
la foto ricordo	Erinnerungsfoto
difẹndere (da) (*PP* difeso)	verteidigen (gegen)
il ticket	*hier:* Gebühr
il numero chiuso	„Numerus clausus", Zulassungsbeschränkung
nuovi posti letto	Erhöhung der Bettenzahl
l'ambiente *m*	Umwelt; *hier:* Szenerie
ammirare	bewundern
fotografare (fotọgrafa)	fotografieren
proveniente da tutto il mondo	aus der ganzen Welt (kommend)
tutto ciò	all das

trasformare	verwandeln, umwandeln
una città museo	eine Stadt, die nur noch Museum ist
sono giornalieri	es sind Tagestouristen
giornaliero	Tages-, täglich
il pendolare	Pendler
scaricare (scarica)	ausladen
(re)imbarcare	*hier:* (wieder) einladen
congelato	tiefgefroren
il souvenir	Souvenir
fabbricare (fabbrica)	herstellen
enorme	enorm
il visitatore	Besucher
creare	(er)schaffen; *hier:* verursachen
grave	schwer, ernst, besorgnis-erregend
la struttura	Struktur
esistente	existierend, vorhanden
d'estate	im Sommer
raddoppiare	verdoppeln
negli ultimi tempi	in der letzten Zeit
numeroso	zahlreich
risolvere (*PP* risolto)	*(ein Problem)* lösen
i problemi legati al turismo di massa	die Probleme, die mit dem Massentourismus zusammenhängen
legare	(zusammen)binden
l'allontanamento	Entfernung, Fernhalten
il mezzo a motore	Motorfahrzeug, -boot
il pagamento	Zahlung, Entrichtung
la tassa	Gebühr; Steuer
il biglietto d'ingresso	Eintrittskarte
promuovere (*PP* promosso)	fördern
reale	wirklich, real

ESERCIZI 4–5

la guida	(Fremden-)Führer(in)
fermarsi	*hier:* sich aufhalten
ospitare (ospita)	aufnehmen, beherbergen
la valuta	Währung; Devisen

4 DAI TURISTI STRANIERI . . .

il lavoro a tempo pieno	Vollzeitarbeit
il lavoro part-time	Teilzeitarbeit
registrare	registrieren
il maggior numero (di)	die größte Anzahl (von)/ die meisten
la presenza	Anwesenheit; *hier:* Übernachtung
i migliori clienti	die besten Kunden
il totale	Gesamtergebnis, -summe

ESERCIZI 6–7

l'affare *m*	Geschäft; Angelegen-heit
l'albergatore	Hotelbesitzer
minore	kleiner; geringer
cioè	das heißt; nämlich
il giro d'affari	Umsatz

5 ECCO I RISULTATI . . .

il sondaggio	Sondierung; *hier:* Umfrage
intervistare	interviewen
Domenica del Corriere	*ital. Zeitschrift*
invitare (a)	*hier:* auffordern (zu)
il lettore (*f* -trice)	Leser(in)
improvvisarsi giornalisti	sich als Journalisten versuchen/betätigen
spingere (*PP* spinto)	schieben, stoßen; *hier:* veranlassen
l'entusiasmo	Begeisterung
in redazione *f*	in der Redaktion
giungere (*PP* giunto)	ankommen
i dati	Angaben, Daten
raccogliere* (*PP* raccolto)	sammeln; ernten

Vengono . . .

la bellezza	Schönheit
l'origine *f*	Ursprung, Herkunft
il capolavoro	Meister-, Hauptwerk
monetario	Geld-, Währungs-
favorevole	günstig
l'anima gemella	verwandte Seele; *hier:* Partner
l'anima	Seele
gemello	Zwilling; Zwillings-
la guerra	Krieg
il papa	Papst
terapeutico (*Plur* -ci)	therapeutisch

Ci „amano" per . . .

il carattere	Charakter, Wesen
cordiale	herzlich
l'ospitalità	Gastfreundschaft
il calore	Wärme
umano	menschlich
lo spirito	Geist
l'iniziativa	Initiative
arrangiarsi	(irgendwie) zurecht-kommen, sich zu helfen wissen
la sensualità	Sinnlichkeit
fisico	körperlich, physisch
la simpatia	Sympathie
ispirare	*hier:* erwecken
la ricercatezza	*hier:* geschmackvolle Zusammenstellung
l'abbigliamento	Kleidung
l'ampiezza di vedute	Offenheit im Denken
l'ampiezza	Weite
la veduta	(An-)Sicht
romantico (*Plur* -ci)	romantisch
sentimentale	gefühlvoll
la fantasia	Phantasie
l'altruismo	Selbstlosigkeit
il fatto	Tatsache
razzista *m/f*	Rassist; rassistisch

I piatti . . .

la pasta asciutta/ pastasciutta	Nudeln/Spaghetti *(im Gegensatz zu „pasta in brodo")*

asciutto	trocken
gli gnocchi	*Klößchen (aus Mehl und Kartoffeln)*
alla brace	(über Holzkohlenglut) gegrillt
la polenta	*norditalienisches Gericht aus Maismehl*

ESERCIZIO 8

la caratteristica	Merkmal, Eigenschaft

6 IL TURISMO CI DÀ IL LAVORO

attento	aufmerksam
permettere (*PP* permesso)	erlauben
essere originario di	stammen aus/von
Pistoia	*Stadt in der Toskana; ca. 100 000 Einwohner*
risiedere	wohnen
alberghiero	Hotel-
il contatto	Kontakt
nello stesso tempo	gleichzeitig
redditizio	einträglich, rentabel
collaborare (collabora)	mitarbeiten
è un albergo a gestione familiare	das Hotel ist ein Familienbetrieb
la gestione	Leitung
esclusivamente	ausschließlich
il/la familiare	Angehörige(r)
dividere (*PP* diviso)	teilen; aufteilen
il compito	Aufgabe
il cuoco (*f* -a)	Koch, Köchin
dirigere (*PP* diretto)	leiten; dirigieren
la maniera	Art, Weise
encomiabile	lobenswert
particolarmente	besonders
essere portato a qc	eine Neigung/Begabung für etwas haben
il ricevimento	Empfang
trattare	behandeln; bearbeiten
la prenotazione	(Zimmer-)Reservierung
la ricevuta fiscale	Rechnung (mit Steuerquittung)
riscuotere (*PP* riscosso)	kassieren
sociale	gesellschaftlich; sozial
riempire*	(aus)füllen
un pochino	ein bißchen
la buca	Loch
essere dedito (a)	sich widmen
amministrativo	Verwaltungs-
curare	behandeln; *hier:* betreuen
il bastone	Stock; *hier:* Stütze
la vecchiaia	Alter
benché	obwohl
darsi da fare	sich bemühen
dato, -a	in Anbetracht
giovanile	jugendlich
il lato	Seite
rispetto a	in bezug auf, hinsichtlich
appunto *Adv*	eben, genau
in confronto a	im Vergleich zu, gegenüber
attraverso	durch, auf Grund
allargare	erweitern
negare	*hier:* vorenthalten
il bacio	Kuß
porre*	*(Frage)* stellen
sbagliare	(sich) irren, etwas falsch machen
il sacrificio	Opfer
il dovere	Pflicht
soffrire (soffre; *PP* sofferto)	leiden
distrarsi*	sich zerstreuen
la responsabilità	Verantwortung
dunque	also; *hier:* deshalb
duro	hart
un orario continuo di lavoro	durchgehende Arbeitszeit
magari	1. vielleicht; *hier:* es kann vorkommen 2. *Ausruf zum Ausdruck eines Wunsches* (z.B. „Das wäre schön.")
calmo	ruhig
la soddisfazione	Befriedigung; Genugtuung
la terza media	dritte Klasse/Abschluß der Mittelschule

ESERCIZIO 11

pretendere*	verlangen, fordern
avvenire*	geschehen, passieren

LA MIA RIMINI

il compagno di scuola	Schulkamerad, -freund
buio	dunkel; Dunkel(heit)
la litoranea	Küstenstraße
dissestato	zerrüttet; *hier:* in schlechtem Zustand
apparire*	erscheinen
il fantasma	Gespenst, Trugbild
l'edificio	Gebäude
lo stampo	*hier:* Aussehen, Gepräge
fascista *m/f*	faschistisch; Faschist
le colonie marine	*hier:* am Meer gelegene Ferienkolonien
la colonia	Kolonie; Siedlung
marino	Meer-, See-, Marine-
d'inverno	im Winter
il fischio	Pfeifen, Pfiff
il vento	Wind
dentro	innen, innerhalb; *hier:* hinter
le imposte	Fensterläden
la legna	Brennholz
l'insegna	Schild
luminoso	leuchtend
il corteo	Zug; (Auto-)Schlange
interminabile	endlos
scintillante	funkelnd
la specie *uv*	Art
la via lattea	Milchstraße
disegnare	zeichnen
il faro	Scheinwerfer
l'automobile *f*	Auto
dovunque	überall
sparire (sparisce)	verschwinden
allontanarsi	sich entfernen

il cielo	Himmel
favoloso	sagenhaft, toll
Tripoli	Tripolis *(in Libyen; zwischen den beiden Weltkriegen unter italienischer Herrschaft)*
in piena notte	mitten in der Nacht
illuminare	beleuchten
imbellettato	(dick) geschminkt; *hier:* in grellen Farben
persino = **perfino**	sogar
il rombo	Dröhnen
la canzone	Lied
urlare	brüllen
la chitarra	Gitarre
elettrico (*Plur* -ci)	elektrisch
ininterrottamente	ununterbrochen
interrompere (*PP* interrotto)	unterbrechen
la stagione	Jahreszeit; *hier:* Saison
il Polo Nord	Nordpol
lucido	glänzend
assistere (a) (*PP* assistito)	anwesend sein (bei)
offendere (*PP* offeso)	beleidigen, verletzen
chissà!	wer weiß!
preso da	ergriffen/gepackt von
comico	komisch
la gelosia	Eifersucht
svedese	Schwede; schwedisch

LEZIONE 5 GLI ITALIANI STRANA GENTE

1 PAESE CHE VAI . . . GENTE CHE TROVI

Paese che vai . . . gente che trovi	Andere Länder, andere Leute *Analogiebildung zum Sprichwort:*
Paese che vai, usanze che trovi	Andere Länder, andere Sitten
presuntuoso	eingebildet, überheblich
il donnaiolo	Schürzenjäger
superiore (a)	überlegen
la società	Gesellschaft
l'individualista *m/f*	Individualist
l'imbroglione (*f* -a)	Betrüger, Schwindler
la disciplina	Disziplin
efficiente	leistungsfähig; tüchtig
pignolo	pedantisch, pingelig
onesto	ehrlich, rechtschaffen
godere*	genießen
il parolaio (*f* -a)	Schwätzer
il popolo	Volk
caldo	*hier:* emotional
il luogo comune	Gemeinplatz, Klischee
attribuire (attribuisce)	zuschreiben
l'esperienza	Erfahrung

2 SIAMO COSÌ?

saper fare	geschickt sein
furbo	schlau
cinico (*Plur* -ci)	zynisch
rigido	starr, steif; unflexibel
ottuso	stumpf(sinnig)
dilettantistico (*Plur* -ci)	dilettantisch
investire (investe)	investieren
l'energia	Energie
ordinato	geordnet; ordentlich
delegare	übertragen, überlassen
lo Stato	Staat
le risorse	Mittel
la speranza	Hoffnung
perduto = **perso**	verloren
l'allenamento	Training
agire (agisce)	handeln
per conto proprio	auf eigene Faust
riuscire a fare qc	etwas fertigbringen
campare	leben
crepare	krepieren
la nazione	Nation, Staat
la tendenza	Neigung, Tendenz
tacere*	schweigen

ESERCIZIO 1

il giudizio	Urteil
il significato	Bedeutung
il verso	Vers
attuale	aktuell; gegenwärtig
la differenza	Unterschied
da che cosa sono determinate?	worauf sind sie zurückzuführen?

ESERCIZIO 3

il liceo	Gymnasium
Colonia	Köln
di ritorno	auf dem Rückweg, auf der Rückreise
conversare	sich unterhalten
il Consolato	Konsulat
l'affermazione *f*	Aussage, Behauptung
il contenuto	Inhalt
presto *Adv*	*hier:* bald
Cagliari	*Hauptstadt Sardiniens (ca. 250.000 Einwohner)*
i servizi sociali	das soziale System
il servizio	Dienst
la democrazia	Demokratie
non avere il senso di . . .	keinen Sinn für . . . haben
d'altra parte	andererseits
critico (*Plur* -ci)	kritisch; Kritiker
verso	gegen(über)

3 UNA LETTERA DALL' ITALIA

Montepulciano	*Stadt in der Toskana (in der Nähe von Siena; ca. 15.000 Einwohner)*
anzi *Adv*	*hier:* ja, mehr noch
resistere (*PP* resistito)	standhalten, aushalten
contare	zählen
il denaro	Geld
la nevrosi *uv*	Neurose
anonimo	anonym
la questione	Frage, Problem
dipingere (*PP* dipinto)	malen
riflettere	nachdenken
un abbraccio	Umarmung; *Briefschluß:* Ich umarme Dich

ESERCIZI 4–5

idealizzare	idealisieren
mi fa piacere	es freut mich
da allora	seit damals
criticare (critica)	kritisieren
acido	sauer
il resto	das Übrige; Rest
disprezzare	verachten
l'assegno	Scheck
puntuale	pünktlich
superficiale	oberflächlich
aver l'impressione *f* **che . . .**	den Eindruck/das Gefühl haben, daß . . .
con affetto	herzlichst
l'affetto	Zuneigung, Liebe
a scelta	wahlweise, nach Belieben

4 COM'È DIFFICILE METTERSI D'ACCORDO!

mettersi d'accordo	sich einig werden
per forza!	*hier:* klar! Ist ja gar nicht anders möglich!
proporre*	vorschlagen
invece di criticare e basta	statt nur zu kritisieren
nuotare	schwimmen
far tardi	sich verspäten
passare ad un esame	eine Prüfung bestehen
la chimica	Chemie
mi ha detto di portare . . .	sie hat mir gesagt, ich soll . . . mitbringen

ESERCIZIO 7

riparare	reparieren
il giradischi	Plattenspieler
lo strumento	Instrument

5 IL LINGUAGGIO DEI GESTI

il linguaggio	Sprache, Ausdrucksweise
il gesto	Geste
la comunicazione	Kommunikation, Mitteilung
dimostrare	zeigen, beweisen

ESERCIZIO 8

osservare	beobachten; bemerken; *hier:* betrachten
immaginare/immaginarsi (immagina)	(sich) denken, sich vorstellen
in base a	ausgehend von, auf Grund (von)
la base	Basis, Grundlage
il personaggio	Person
abbinare	zuordnen
accettare	akzeptieren, annehmen
si figuri!	stellen Sie sich vor!
figurarsi qc	sich etwas vorstellen
50.000 lire **in più**	mehr, zusätzlich

6 DUE CITTÀ

la provincia	Provinz *(Verwaltungsbezirk)*
Carpi	*Stadt in der Emilia-Romagna*
la metropoli *uv*	Weltstadt, Metropole
la grande città	Großstadt
isolato	isoliert
aver fretta	es eilig haben
la fretta	Eile
fare due chiacchiere	sich ein wenig unterhalten
l'osteria	Kneipe
affollato	überfüllt
la folla	(Menschen-)Menge
il portico (*Plur* -ci)	Laubengang
ci si chiude in casa	man zieht sich zurück/geht kaum mehr aus
da queste parti	in dieser Gegend, hier
anzi *Adv*	*hier:* ja, sogar
sopravvivere* (*PP* sopravvissuto)	überleben
il disagio	Beschwernis(se)
Avellino	*Stadt in Kampanien; ca. 60.000 Einwohner*
l'esistenza	Leben, Existenz
il terremoto	Erdbeben
andare di male in peggio	immer schlechter/schlimmer werden
finita la scuola	nach der Schule
l'occupazione *f*	Beschäftigung, Stelle; Besetzung
lo studio	*hier:* Praxis, Büro
lamentarsi	sich beklagen, klagen

ESERCIZI 9–11

avere a disposizione *f*	zur Verfügung haben
ricco	reich
la condizione	Bedingung; Zustand
la criminalità	Kriminalität
Mantova, Cremona, Treviso, Trieste, Padova, Asti	*Städte in Norditalien*
privilegiato	bevorzugt, privilegiert
a misura d'uomo	auf den Menschen zugeschnitten
la misura	Maß; Größe
il benessere	Wohlstand; Wohlbefinden
Foggia	*Stadt in Apulien*
Caltanissetta	*Stadt in Sizilien*
esprimere (*PP* espresso)	ausdrücken

LEZIONE 6 VIVERE CON IL PASSATO

1 L'ARTE: TANTI USI

l'uso	Gebrauch, Benutzung, Verwendung
sec. = secolo	Jahrhundert
d.C. = dopo Cristo	nach Christus
a.C. = avanti Cristo	vor Christus
Donatello	*Bildhauer (Florenz 1386–1466)*
Raffaello	*der Maler „Raffael" (1483–1520)*
utilizzare	gebrauchen, benutzen, verwerten

il patrimonio artịstico	Kunstschätze
il patrimonio	Gut, Vermögen

2 È NATA UNA DIVA, L'ARTE

il divo (*f* -a)	Star
i tempi in cui . . .	die Zeiten, in denen . . .
per soli amatori (*Sing* amatore)	nur für Liebhaber
un'ọpera d'arte	Kunstwerk
fare la coda	Schlange stehen
a che cosa è dovuto, -a . . .?	worauf ist . . . zurückzuführen?
la stella	Stern; *hier:* Star
la maturità	Reife
trattarsi di	sich handeln um
particolare	besondere(r, s)
il consumismo	Konsumdenken
per passare il tempo	zum Zeitvertreib
appassionato (di)	begeistert
i mass-media	Massenmedien
l'originale *m*	Original
ignorante	unwissend; Banause
fare la figura di . . .	als . . . dastehen
far brutta figura	sich blamieren
far bella figura	einen guten Eindruck machen

ESERCIZIO 1

la motivazione	Begründung; Motivation

3 AL TEMPIO DI SEGESTA

il tempio	Tempel
Segesta	*archäologisches Zentrum mit griechischem Tempel im westlichen Sizilien*
nascọndere (*PP* nascosto)	verstecken
la pianta	Pflanze
la colonna	Säule
capitare	passieren, geschehen
per il momento	vorläufig, einstweilen

ESERCIZIO 2

che roba è? *ugs*	was ist das (für ein Ding)?
il privato	Privatperson
tenere*	halten
del gẹnere	ähnlich, derartig
la cantina	Keller
andare in mano a qu	in jemandes Hände/Besitz gelangen
conservare	(auf)bewahren
con cura	sorgfältig
lo studio	*hier:* Forschung
il materiale	Material
archeolọgico (*Plur* -ci)	archäologisch
andare a finire	(hin)kommen, geraten

ESERCIZIO 3

il personale	Personal
(tutto) esaurito	ausverkauft
il gatto	Katze

4 AL FORO ROMANO

il foro	Forum
volerci	brauchen
gli scavi	Ausgrabungen
appunto *Adv*	eben (deshalb), genau
l'orario di apertura	Öffnungszeiten
di passaggio	auf der Durchreise
accọgliere*	empfangen, begrüßen; aufnehmen
già	*hier:* ja, gewiß
intanto	inzwischen; *hier:* dagegen, hingegen
è un'indecenza!	es ist eine Schande!
l'indecenza	Unanständigkeit
cosa vuole che Le dica, signora	was soll ich Ihnen sagen?/ was will man machen?
la pazienza	Geduld

ESERCIZIO 4

l'organizzazione *f*	Organisation
specializzato	spezialisiert, Fach-
il restauro	Restaurierung
la sovvenzione	Zuschuß, Subvention
internazionale	international
il rispetto	Achtung, Respekt

5 ITALIA: TẸRRA D'ARTE O CIMITERO D'ARTE?

la terra	*hier:* Land
il cimitero	Friedhof
soffocare (sọffoca)	ersticken
cui *uv*	*Relativpronomen nach Präpositionen*
inventariare	in das Bestandsverzeichnis aufnehmen
l'archeọlogo (*Plur* -gi)	Archäologe
mettere ọrdine *m*	Ordnung schaffen
abbandonare	verlassen
le testimonianze	*hier:* Zeugen
il millennio	Jahrtausend
la stạtua	Statue
il marmo	Marmor(bildwerk)
il bronzo	Bronze(statue)
il vaso	Gefäß; Vase
l'ạnfora	Amphore
ịnfilare	*hier:* aneinanderreihen
la scạtola di cartone	Karton(schachtel)
il sacchetto di plạstica	Plastiktüte
drammạtico (*Plur* -ci)	dramatisch
l'intervento	Eingriff, Intervention
straordinario	außergewöhnlich, Sonder-
l'investimento	Investition
la formazione	(Aus-)Bildung
il computer	Computer
l'archivio	Archiv
la collaborazione	Mit-, Zusammenarbeit

ESERCIZIO 5

l'autore	Urheber; *hier:* Künstler
i Fenici	Phönizier
fondare	gründen
modellare	formen
il blocco	Block

6 DIBATTITO ALLA RADIO

il dibạttito	Debatte, Diskussion
il moderatore	Moderator, Leiter
in prẹstito	*hier:* als Leihgabe
lo spostamento	Verlegung, *hier:* Transport
l'invịo	*hier:* Verschicken
disposto (a)	bereit (zu)
rischioso	riskant
un bene nazionale	Nationalgut, -besitz
il bene	Gut(e, s)

ESERCIZIO 6

il/la partecipante	Teilnehmer(in)
la tavola rotonda	Gesprächsrunde
danneggiare (qc)	schaden; beschädigen
sviluppare	entwickeln; erweitern

ESERCIZIO 7

indire*	ansagen; veranstalten
l'inchiesta	*hier:* Umfrage
di attualità	aktuell
l'ascoltatore (*f* -trice)	Hörer(in)
i Bronzi di Riace	*zwei lebensgroße Kriegerstatuen (wohl griechischen Ursprungs); an der kalabrischen Küste aus dem Meer geborgen*
incerto	unsicher, unschlüssig
la registrazione	Aufzeichnung
io la vedo così	ich sehe die Sache so
cạspita	Donnerwetter!
un sacco (di) *ugs*	ein Haufen, eine Menge
la pubblicità	Werbung
gratis	kostenlos, gratis
l'esperto	Fachmann, Experte
emotivo	emotional
le olimpịadi	Olympische Spiele
Reggio Calabria	*Stadt in Kalabrien; ca. 180.000 Einwohner*
tọgliere*	entfernen, wegnehmen; *hier:* streichen
l'itinerario	Reiseplan, -route
il vantaggio	Vorteil
obbligare a (ọbbliga)	zwingen zu
allegro	fröhlich, lustig
il rischio	Gefahr, Risiko
scambiare	(aus)tauschen
egoista *m/f*	egoistisch; Egoist

7 IL PARADISO NON PUÒ ATTENDERE

il paradiso	Paradies
attẹndere (*PP* atteso)	warten
stanno restaurando (*Inf* restaurare)	man ist dabei, zu restaurieren/man restauriert gerade
il dipinto	Gemälde
la tela	Leinwand
Tintoretto	*venezianischer Maler (1518–1594)*
rimẹttere a nuovo	wieder instand setzen
contenere*	enthalten; *hier:* fassen, aufnehmen
Marc' Aurelio	Mark Aurel *(römischer Kaiser, 161–180 n. Chr.)*
il cavallo	Pferd
andare a cavallo	reiten
stanno per essere ultimati i lavori di restauro	die Restaurierungsarbeiten werden in Kürze abgeschlossen/stehen vor dem Abschluß
stare per fare qc	im Begriff sein, etwas zu tun
ultimare	beenden, abschließen
l'entrata	Eingang

8 LE VILLE VENETE

vẹneto	im/des Veneto
a dire il vero	ehrlich gesagt
il veneziano	Venezianer
la manịa	Manie, Sucht
il '400 = il Quattrocento	15. Jahrhundert
in terraferma	auf dem Festland
respirare	atmen
puro	rein
sorvegliare	überwachen
il lavoro dei campi	Feldarbeit
il campo	Feld, Acker; Bereich
il patrizio	Patrizier, Aristokrat
degno (di)	würdig
assolutamente	absolut
specchiarsi	sich spiegeln
l'affresco	Fresko(malerei)
la vigilia (di)	Vorabend, Vortag (eines Festes)
i primi di ottobre	Anfang Oktober
essere la disperazione di qu	jemanden zur Verzweiflung treiben
la clientela	Kundschaft
declassare	deklassieren
il frontone	Giebel
il lusso	Luxus
dovere qc a qu	jemandem etwas verdanken
l'ente *m*	*hier:* Verband, Verein
l'istituto	Institut
antico	alt, antik
la costruzione	Bau

ESERCIZIO 9

l'istituzione *f*	Einrichtung, Institution
la conservazione	Erhaltung, Konservierung

LEZIONE 7 L'APPETITO VIEN MANGIANDO

l'appetito vien mangiando	der Appetit kommt beim Essen

2 CENA IN FAMIGLIA

sẹrviti pure! (*Inf* servire)	bediene dich nur/doch!
non fare complimenti	sich nicht genieren, keine Umstände machen

ti dispiace *(+ Inf)* ?	macht es dir etwas aus ...? / würdest du bitte ...?
passare	*hier:* (herüber)reichen
..., mi raccomando!	ja, bloß *(zur Verstärkung einer Bitte/Aufforderung)*
raccomandare	empfehlen
la salsa	Soße
versare	*hier:* eingießen
non devo berne tanto	ich darf nicht soviel (davon) trinken

ESERCIZIO 1

il digestivo	Magenbitter

3 ALLA MENSA DELL'ALFA SUD

la mensa	Kantine; Mensa
l'Alfa Sud	*Automobilwerk in Kampanien*
farsi vedere	sich blicken lassen
ma dai!	ach was!
Paestum	*archäologisches Zentrum mit griechischen Tempeln bei Salerno (Kampanien)*
è andata dai suoi	sie ist zu ihren Eltern gefahren
fermarsi	*hier:* bleiben
prima di tutto	in erster Linie/vor allem (weil)

ESERCIZIO 2

il lamento	Klage
il genero	Schwiegersohn
è la volta buona che lo lascio lì	dann lasse ich ihn diesmal wirklich stehen
il riso	Reis
far capire a qu	jemandem zu verstehen geben
preferito	Lieblings-
far finta (di niente)	tun, als ob (nichts geschehen sei)

4 LE DUE ITALIE

la conquista romana	Eroberung durch die Römer
il condimento	*Zutat zum Anmachen/Verfeinern der Speisen*
unire (unisce)	vereinen
la popolazione	Bevölkerung, Bewohner
separare	trennen
mediterraneo	Mittelmeer-
la testimonianza	Zeugnis, Beweis
Plutarco	Plutarch *(griechischer Philosoph und Historiker)*
Cesare	Julius Cäsar *(römischer Feldherr und Staatsmann, 100–44 v. Chr.)*
assieme a	zusammen mit
l'ufficiale	Offizier
gli asparagi	Spargel
l'unguento	Salbe
il burro fuso	zerlassene Butter
il commilitone	(Waffen-)Gefährte
arricciare il naso	die Nase rümpfen
il massaggio	Massage
il lubrificante	Schmiermittel
il carro	Karren, Wagen
la pietanza	Speise, Gericht
essere villano	schlechte Manieren haben
il costume	*hier:* Sitte, Brauch

ESERCIZI 3–4

orientale	orientalisch
coltivare	anbauen; kultivieren
le spezie	Gewürze
influire su (influisce)	einwirken auf, beeinflussen

5 COLTIVAZIONI TIPICHE ITALIANE

la coltivazione	Anbau, Kultur
l'uliveto	Olivenhain
la risaia	Reisfeld
il vigneto	Weinberg, -garten
il mais	Mais
l'agrumeto	Orangen-/Zitronenhain

6 UN PIATTO TORNATO DI MODA

tornare di moda	wieder modern werden
provenire*	kommen/stammen (aus)
originario della Persia	aus Persien stammend
tanto è vero che	dafür spricht jedenfalls, daß
comunemente	gewöhnlich
il granturco	Mais
sostenere*	behaupten, versichern
importare	importieren
a partire da	ab *(zeitlich)*
l'alimento base	Grundnahrungsmittel
siccome	da, weil
lo spazio	Platz
lo stomaco	Magen
la sensazione	Gefühl, Eindruck
sazio	satt
il rilancio	*hier:* Neubelebung
contribuire (a) (contribuisce)	beitragen (zu)
riportare	wieder bringen, zurückbringen

Ricetta: — *Rezept:*

gli ingredienti	Zutaten
il rametto	Zweig(chen)
la salvia	Salbei
abbondante	reichlich
mettere a bollire	zum Kochen aufsetzen
il paiolo di rame *m*	Kupferkessel
bollente	kochend, siedend
salare	salzen
versare a pioggia	*etwa:* gleichmäßig hineinrieseln lassen
versare	schütten, gießen
girare	(um)rühren
il bastone	Stock, Stab

il legno	Holz
in modo che	so daß
il grumo	Klumpen
il senso	*hier:* Richtung
la cottura	Kochen, Kochzeit
aggiungere (*PP* aggiunto)	hinzufügen
il mestolo	Schöpflöffel
staccarsi (da)	sich (los)lösen (von)
la parete	Wand
il recipiente	Gefäß; Behälter
prolungare	verlängern, ausdehnen
risultare migliore	besser gelingen
il fuoco	Feuer
a cucchiaiate	löffelweise
la pirofila	feuerfeste Form
imburrare	mit Butter bestreichen
lo strato	Schicht
condire (condisce)	*hier:* bestreichen, belegen
la foglia	Blatt *(einer Pflanze)*
passare in forno	überbacken
il forno	Backofen
cronologico (*Plur* -ci)	chronologisch

7 NON TUTTI MANGIANO LA CARNE

ve li prendo?	soll ich sie euch holen?
la frittata	Omelette
chi te lo fa fare?	wer zwingt dich dazu?/ wieso eigentlich?
la violenza	Gewalt, Gewalttätigkeit
l'animale *m*	Tier
far bene	guttun, gesund sein
mettere qc in testa a qu	jemandem etwas in den Kopf setzen
stare in piedi	stehen; *hier:* sich auf den Beinen halten
vegetariano	vegetarisch; Vegetarier
benedetto	gesegnet; *hier:* verflixt

ESERCIZIO 6

Norimberga	Nürnberg
sentirsi (al telefono)	miteinander telefonieren
a tutti i costi	um jeden Preis
adattarsi (a)	sich anpassen (an)
dare importanza (a)	Bedeutung zumessen; Wert legen (auf)
l'importanza	Wichtigkeit
al dente	*(Teigwaren)* nicht zu weich gekocht, „mit Biß"
il dente	Zahn
esigente	anspruchsvoll
uno di questi giorni	in den nächsten Tagen
a risentirci presto	wir hören bald wieder voneinander
abbracciare	umarmen

ESERCIZIO 7

lo sformato	Auflauf
fidarsi di qu	sich auf jemanden verlassen
la pesca	Pfirsich

ESERCIZIO 8

eliminare	ausschließen
l'alimentazione *f*	Ernährung
l'organismo	Organismus
la proteina	Eiweiß, Protein
far ingrassare	dick machen
ingrassare	dick werden
i legumi	Hülsenfrüchte
la dieta	Diät
a base di	*hier:* (bestehend) aus
i cereali	Getreide
alleggerire (alleggerisce)	erleichtern, entlasten
la digestione	Verdauung
il Terzo Mondo	die Dritte Welt
morire di fame	verhungern
il foraggio	Futter
il bestiame	Vieh

8 LA CUCINA DEI SARDI

sardo	sardisch; Sarde
consumare	zu sich nehmen, verzehren; verbrauchen
generalmente	im allgemeinen
il pasto	Mahlzeit; Speise
giornaliero	täglich; *hier:* am Tag
tre pasti, il primo dei quali consisteva nel „caffè"	drei Mahlzeiten, von denen die erste aus dem „Kaffee" bestand
consistere di/in	bestehen aus
il cece	Kichererbse
il grano	Weizen
l'orzo	Gerste
tostare	rösten
riservato (a)	reserviert, vorbehalten
prevedere (*PP* previsto)	vorsehen
la cipolla	Zwiebel
la ricotta	*eine Art Quark*
il lardo	Speck
riunirsi	sich versammeln
attorno a	um . . . herum
il camino	Kamin
il focolare	*hier:* Feuerstelle
la buca	Loch
scavare	graben, ausheben
le erbe	Gemüse; Gewürzkräuter
l'erba	Gras, Kraut
selvatico (*Plur* -ci)	wild(wachsend)
la cotenna	Schwarte
la distinzione	Unterscheidung; Unterschied
borghese	bürgerlich
d'importazione	importiert
variato	abwechslungsreich
il pastore	Hirt
permettersi	sich erlauben
nei giorni festivi	an Feier-/Festtagen
arricchire	anreichern
allevare	aufziehen, züchten
il maiale	Schwein
le provviste	Vorräte
invernale	Winter-
il simbolo	Symbol
lo straniero	Fremde(r); Ausländer
l'eccezione *f* **alla regola**	Ausnahme von der Regel
meravigliarsi	sich wundern
una gran mangiata	Schlemmerei; Fresserei

il racconto	Erzählung
il viaggiatore	Reisende(r)
l'ombra	Schatten
quotidiano	(all)täglich
il cavolo	Kohl(kopf)
povero	arm(selig)
realizzare	verwirklichen
saporito	schmackhaft

LEZIONE 8 QUANTO SA DI SALE LO PANE ALTRUI

Quanto sa di sale lo pane altrui	*Vers von Dante Alighieri (1265 – 1321)*
altrui *uv (literarisch)*	der anderen

1 CANTI DELL'EMIGRAZIONE

il canto	Gesang; Lied
l'emigrazione *f*	Auswanderung, Emigration
il confine	Grenze
dei dané *(lombardisch)*	Geld
i figlioli	Kinder
svuotare	leeren
l'officina	Werkstatt, Werkstätte
disperato	verzweifelt; Verzweifelte(r)
il settentrione	Norden
maledire*	verfluchen
la terra mia	meine Heimat

ESERCIZIO 1

il sentimento	Gefühl
l'emigrante	Auswanderer, Emigrant
la strofa	Strophe

2 CENT'ANNI D'EMIGRAZIONE

emigrare	auswandern; emigrieren
alpino	Alpen-
le campagne	Felder, das Land
affrontare (qc/qu)	entgegentreten, sich stellen; *hier:* auf sich nehmen
la nave	Schiff
a vapore *m*	Dampf-
assumere (*PP* assunto)	annehmen; übernehmen; *hier:* einstellen
stagionale	Saison-; Saisonarbeiter
la raccolta	Ernte
la mietitura	Getreideernte
finire per fare qc	schließlich etwas tun
stabilirsi (stabilisce)	sich niederlassen
definitivo	endgültig
in seguito	in der Folgezeit, später
avvenire*	geschehen, passieren; vor sich gehen; *hier:* ausgehen (von)
prevalentemente	überwiegend
meridionale *m/f*	südlich, Süd-; Süditaliener(in)
verso	*hier:* in (Richtung), nach
dare origine a	entstehen lassen
„little Italy"	*italienisches Viertel in amerikanischen Städten*
l'italo-americano	*Amerikaner italienischer Abkunft*
nel secondo dopoguerra	in der Zeit nach dem 2. Weltkrieg
il dopoguerra	Nachkriegszeit
in particolare	besonders
europeo	europäisch
trasferirsi (a/in) (trasferisce)	(um)ziehen (nach/in)
rispondere (a)	*hier:* reagieren (auf)
la richiesta	Nachfrage, Bedarf
attualmente	zur Zeit
l'emigrato	Ausgewanderte(r); Emigrant
l'identità	Identität
diviso	geteilt; *hier:* hin- und hergerissen

ESERCIZI 1–2

modificare (modifica)	(ab)ändern
sostituire (sostituisce)	ersetzen
Sesto San Giovanni	*Vorort von Mailand*
il bracciante	Tagelöhner
il miracolo	Wunder
rifiutare	ablehnen, zurückweisen
il terrone	*abwertende Bezeichnung für „Süditaliener"*
convincendomi . . .	*hier:* und brachte mich zu dem Entschluß . . .
convincere (*PP* convinto)	überzeugen; überreden
settentrionale *m/f*	nördlich, Nord-; Norditaliener(in)
presentare	*hier:* bieten
a causa di	wegen
l'emigrazione interna	*Abwanderung (Arbeitssuchender) in andere Regionen des Landes*

3 AL CORSO SERALE

la licenza media	Abgangszeugnis der Mittelschule, mittlere Reife
compiere	*(Lebensjahr)* vollenden
l'iscrizione *f*	Einschreibung, Anmeldung
si terrà un incontro (*Inf* tenere)	es wird ein Treffen abgehalten
l'istruzione *f*	(Aus-)Bildung; Wissen
il diritto	Recht
indifeso	schutzlos, wehrlos
darsi del tu/Lei	sich duzen/siezen
inferiore (a)	*hier:* unterlegen
da tempo	seit längerem
servire	*hier:* nützen
essere istruiti	eine gute Allgemeinbildung haben

ESERCIZIO 3

la biancheria	Wäsche
capace (di)	fähig (zu)

4 OPINIONI SULL'EMIGRAZIONE ITALIANA

oltre che	außerdem, überdies
il cittadino	*hier:* (Staats-)Angehöriger; (Staats-)Bürger
la CEE *(Comunità Economica Europea)*	EWG (Europäische Wirtschaftsgemeinschaft): *heute:* EG *(Europäische Gemeinschaft)*
trattare	behandeln
umile	*(Arbeit)* niedrig
malpagato	schlechtbezahlt
proibire l'accesso	*hier:* die Einreise verweigern
l'accesso	Zugang, Zutritt
procurare	besorgen, verschaffen
costringere (a) (*PP* costretto)	zwingen (zu)
l'illusione *f*	Illusion
il costo della vita	Lebenshaltungskosten
elevato	hoch

ESERCIZI 4–5

il resoconto	Bericht
la protesta	Protest
eccessivamente	übermäßig
vietare	verbieten
migliorare	verbessern
svolgere (*PP* svolto)	*(Arbeit)* ausführen, machen
l'integrazione *f*	Integrierung
le scritte	*hier:* Wandschmierereien
la scritta	Aufschrift
di questo genere	dieser Art
il rapporto	Beziehung, Verhältnis

5 LAVORATORI STRANIERI IN ITALIA

clandestino	heimlich; illegal
regolare	regel-, vorschriftsmäßig
recente	neu, letzte(r)
la stima	Schätzung
i rientri	die (Zahl der) Zurückkehrenden
superare	übersteigen; überholen
gli espatri	die (Zahl der) Auswandernden
cosiddetto	sogenannt
la ragione	*hier:* Grund
considerare (considera)	betrachten (als)
ospitale	gastlich
il visto turistico	Touristenvisum
precario	unsicher, prekär
il permesso di soggiorno	Aufenthaltsgenehmigung
ben presto	sehr bald
accorgersi (di) (*PP* accorto)	(be)merken
sfruttare	ausnutzen
limitare (limita)	be-/einschränken
l'afflusso	Zustrom
l'immigrato	Einwanderer
urgente	dringend
garantire (garantisce)	garantieren
la legislazione	Gesetzgebung; Gesetze
adeguato	angemessen
la legge	Gesetz

ESERCIZIO 6

la condizione	*hier:* Situation, Lage
il diritto di voto	Stimm-, Wahlrecht

6 CI PORTANO VIA IL PANE QUESTI STRANIERI!

poveretto!	der Arme! armer Kerl!
la Stazione Termini	*Hauptbahnhof von Rom*
la cameriera	Haus-, Zimmermädchen; Kellnerin
a ore	stundenweise
uno stipendo da fame!	ein Hungerlohn!
la panchina	(Sitz-)Bank

ESERCIZIO 7

criminale	kriminell; Verbrecher
il pregiudizio	Vorurteil

LEZIONE 9 I GIOVANI, QUESTI SCONOSCIUTI

1 COME ERAVAMO E COME SIAMO

evidente	offensichtlich, klar

2 LA VIA DELLA NON COMUNICAZIONE

è un po' di tempo che	schon seit einer Weile
chiuso	verschlossen
distratto	zerstreut
guai a . . . !	wehe . . . !
il parere	Meinung
stare zitto, -a	still sein
dar tempo al tempo	abwarten, Geduld haben

ESERCIZIO 1

iniziare	anfangen
tanto per cambiare	*ironisch:* zur Abwechslung
rompere (le scatole a qu) *ugs*	jemandem auf den Geist gehen, nerven
rompere (*PP* rotto)	(zer)brechen; kaputtmachen, -gehen
chiedere notizie di qu	sich nach jemandem erkundigen

ESERCIZIO 2

ehi!	he!
magari	*hier:* vielleicht sogar
non ti fanno entrare	die lassen dich nicht herein
sai che divertimento . . . !	*ironisch:* viel Vergnügen . . . !
se non altro	wenigstens
il sottofondo	Hintergrund
giocare a shangai	Mikado spielen

UN PRIMATO NEGATIVO . . .

il primato	Rekord
forzato	Zwangs-
l'impiego	Beschäftigung, Stelle
la scuola superiore	höhere Schule

3 DI CHI È LA COLPA?

la colpa	Schuld
di chi è la colpa?	wer ist schuld?
in teoria	theoretisch
lo studio	Studium
la laurea	*italienischer Hochschulabschluß*
in fretta	in Eile; *hier:* schnell
le raccomandazioni	Beziehungen
la raccomandazione	Empfehlung
il disinteresse	Desinteresse, Gleichgültigkeit
il clientelismo	Vetternwirtschaft
il titolo di studio	(Schul-/Hochschul-) Abschluß
tanto per (+ *Inf*)	nur um
prendere tempo	Zeit gewinnen
i tuoi	deine Familie/Angehörigen
è colpa mia	es ist meine Schuld

ESERCIZI 3–4

mostrare	zeigen
bucarsi *ugs*	fixen
scippare	*Passanten Handtaschen usw. entreißen*
disagiato	beschwerlich; *hier:* elend
la pensa anche Lei così?	sind Sie auch dieser Meinung?

ESERCIZIO 5

la scuola dell'obbligo:	*Pflichtschule (8 Jahre):*
– la scuola elementare	– Grundschule *(5 Jahre)*
– la scuola media	– Mittelschule *(3 Jahre)*
il liceo	Gymnasium *(5 Jahre)*
classico	humanistisch
scientifico	naturwissenschaftlich
linguistico	neusprachlich
l'istituto tecnico	*technisches Gymnasium*
l'istituto magistrale	*Schule, die Grundschullehrer ausbildet*
il magistero	pädagogische Hochschule
l'istituto professionale	Berufsschule
la materia	Fach
lo scolaro (*f* -a)	Schüler *(der Grund-/Mittelschule)*
lo studente (liceale) (*f* -essa)	Gymnasiast

4 LA CASA NON È PIÙ UNA PRIGIONE

la prigione	Gefängnis
in diminuzione *f*	rückläufig
il mito	Mythos
la fuga	Flucht
affascinare (affascina)	faszinieren
andarsene	fort-, weggehen
di casa	von zu Hause
attirare	anziehen

ESERCIZIO 6

vivere	*hier:* erleben, erfahren
normale	normal
i miei coetanei	meine Altersgenossen
come minimo	mindestens
laurearsi	*ein Hochschulstudium abschließen*
la decisione	Entscheidung, Entschluß
occasionale	Gelegenheits-
finché	*hier:* bis *(zeitlich)*
scappare	davonlaufen

5 COME PARLANO I GIOVANI

mi ha proprio rotto le scatole *salopp*	der hat mich echt genervt!
ma chi se ne frega! *salopp* (*Inf* fregarsene)	ist mir doch schnurzegal!
dai!	auf! los!
non fare lo stronzo/la stronza! *salopp*	*etwa:* sei doch nicht so! (*von:* stronzo „Scheißkerl")
il/la rappresentante	Vertreter(in)
giudicare (giudica)	(be)urteilen
affidare (a)	anvertrauen, übergeben
il poker	*Kartenspiel; hier:* Handvoll
tuttofare *uv*	für alles (zu gebrauchen)
l'affermazione *f*	*hier:* Bejahung, Bestätigung
e via americanizzando	und so weiter auf Amerikanisch
la parolaccia	unanständiges Wort, Schimpfwort
il casino	Durcheinander; *urspr.* Bordell
generico (*Plur* -ci)	allgemein
cosare *ugs*	*Verb, das alles und nichts bedeuten kann*

PAGINA 87

ritenere*	halten (für)
saggio	weise
successivo	(nach)folgend

6 GENERAZIONI A CONFRONTO

a confronto (di)	im Vergleich (zu)
fammelo vedere!	zeig ihn mir!
l'impegno	*hier:* Engagement
il progetto	*hier:* Konzept
la delusione	Enttäuschung

ESERCIZIO 8

radicale	radikal
votare per qu	für jemanden stimmen, jemanden wählen

POESIE

la giovinezza	Jugend
fuggire	(ent)fliehen
tuttavia	*hier:* fortwährend, ständig
lieto	heiter, froh
sia	der sei es (jetzt)!
la certezza	Gewißheit
Lorenzo il Magnifico	Lorenzo I., der Prächtige, *Stadtherr von Florenz, aus dem Geschlecht der Medici*
trafiggere (*PP* trafitto)	durchbohren
il raggio	Strahl

industriarsi	sich bemühen/anstrengen

1 MADE IN ITALY

esportare	exportieren

2 LO „SCARPARO" MILIARDARIO

'o scarparo *(neapolitanisch)*	Schuhmacher
miliardario	*hier:* millionenschwer
divenire*	werden
ufficiale	offiziell
artigianale	Handwerks-, handwerklich
lo stabilimento	Betrieb; *hier:* Gebäude
il vetro	Glas
l'acciaio	Stahl
l'impero	Reich, Imperium
il re	König
stare seduto, -a	sitzen
la scrivania	Schreibtisch
il cristallo	Kristall(glas)
la telescrivente	Fernschreiber
il messaggio	Botschaft, Nachricht
dopo aver fatto fortuna	nachdem er reich geworden war
inventare	erfinden
incredibile	unglaublich
il tacco a spillo	Pfennigabsatz
lo spillo	Stecknadel
la follia	Verrücktheit; Wahnsinn
il sandalo	Sandale
il corallo	Koralle
il Museo della Calzatura	Schuhmuseum
dopo aver girato tutta l'America	nachdem er in ganz Amerika herumgekommen war
lussuoso	Luxus-, luxuriös
esporre*	ausstellen
la pelle	Haut; Leder

ESERCIZIO 1

l'attività	Tätigkeit
disegnare	*hier:* entwerfen

3 C'È PASTA ... E PASTA

il pastificio	*Betrieb, der Teigwaren herstellt*
il labirinto	Labyrinth, Gewirr
il vicolo	Gasse
deserto	verlassen
la siesta	Mittagsruhe
l'infanzia	Kindheit
sedere*	sitzen
prima di essere prodotta su scala industriale	bevor sie industriell hergestellt wurde
la scala	Maßstab; Größenordnung
la fatica	Anstrengung, Mühe
lo stesso	dennoch, trotzdem
l'azienda	Betrieb
familiare	Familien-
tener testa (a)	standhalten
ventunenne	21jährig
-enne	-jährig
la ginnastica	Gymnastik

ESERCIZIO 2

il contrario	Gegenteil
iniziale	Anfangs-
il prodotto	Erzeugnis, Produkt

4 LA PAROLA ALL'ESPERTO

il „Messaggero"	„Bote" *(römische Tageszeitung)*
netto	klar, deutlich; Netto-
la ripresa	Wiederaufschwung
l'inflazione *f*	Inflation
passato	vergangen, früher
alimentare	Nahrungs-, Lebensmittel-
l'alta moda	Haute Couture
la pelletteria	Lederwaren
la materia prima	Rohstoff
il petrolio	Erdöl
l'importazione *f*	Import
incidere su (*PP* inciso)	einschneiden; belasten
la bilancia dei pagamenti	Zahlungsbilanz
il dollaro	Dollar
opportuno	*hier:* von Vorteil
il Mezzogiorno	Süditalien
istituire (istituisce)	einrichten
il fine	Zweck, Ziel
stimolare (stimola)	anregen, einen Anreiz geben
l'insediamento	Ansiedelung
la psicosi	Psychose
a volte	hin und wieder
snaturare	entarten; entstellen
peculiare	besondere(r, s), eigen
essere in atto	einsetzen, in Gang kommen
il ripensamento	Sinneswandel
incentivare	anregen, ankurbeln
l'introduzione *f*	Einführung
le 35 ore	35-Stunden-Woche
comunitario	der EG
l'eco *f* (*Plur* echi *m*)	Echo
sostenere*	*hier:* ausfechten
la lotta	Kampf
avviare	in Gang bringen
la confederazione	Bund; Verband
sindacale	Gewerkschafts-
la C.G.I.L. *(Confederazione Generale Italiana del Lavoro)*	*italienische Gewerkschaftsverbände*
la C.I.S.L. *(Confederazione Italiana Sindacati Lavoratori)*	
la U.I.L. *(Unione Italiana del Lavoro)*	
l'efficienza	Leistungsfähigkeit
la capacità (di)	Fähigkeit (zu)
l'innovazione *f*	Neuerung
tecnologico (*Plur* -ci)	technologisch
il sindacato	Gewerkschaft
l'imprenditore	Unternehmer
magico (*Plur* -ci)	magisch, Zauber-

contenere*	*hier:* (zurück)halten
la creatività	Schaffenskraft, Kreativität
ostacolare (ostạcola)	behindern, beeinträchtigen
frequente	häufig
il conflitto	Konflikt
il male	Übel; Mißstand
finora	bis jetzt
incurạbile	*hier:* unausrottbar
l'evasione fiscale *f*	Steuerhinterziehung
l'ente *m*	Einrichtung, Anstalt, Verband
inụtile	nutzlos

ESERCIZIO 3

la funzione	Funktion; Aufgabe
condivịdere	*(Meinung)* teilen

PAGINA 93:

occupato	beschäftigt; Beschäftigte(r)
la mẹdia	Durchschnitt

5 RADIO TRE

Attualità *Plur*	*(Radio/TV)* Sendung zu aktuellen Themen
il/la sindacalista	Gewerkschafter(in)
la Confindustria	Arbeitgeberverband
la settimana lavorativa	wöchentliche Arbeitszeit
l'utopịa	Utopie
l'assurdità	absurder Gedanke, Unsinn
lo studio	*(Radio/TV)* Studio
sia . . . che . . .	sowohl . . . als auch . . .
psicolọgico *(Plur* -ci)	psychologisch
introdurre*	einführen
settimanale	wöchentlich
avere come conseguenza	zur Folge haben
il costo del lavoro/ della manodopera	Lohnkosten
competitivo	wettbewerbsfähig
essere contrario (a)	dagegen sein, ablehnen
oltre *Adv*	weiter; darüber hinaus
lavorare mezza giornata	halbtags arbeiten
il peso	Gewicht; Last
sulle spalle (di)	auf den Schultern/dem Rücken (von)
in cerca di	auf der Suche nach
la riduzione	Verringerung; Verkürzung
l'orario di lavoro	Arbeitszeit

ESERCIZI 4–5

compensare	ausgleichen
peggiorare	verschlechtern
provocare (prọvoca)	verursachen
gravi disagi	große Schwierigkeiten/ Probleme
lo spunto	Stichwort; Anregung
il ritmo	Rhythmus
la competitività	Wettbewerbsfähigkeit

PAGINA 95:	*Seite 95:*
Ricerche di collaboratori	Stellenangebote
la ricerca	Suche
il collaboratore (*f* -trice)	Mitarbeiter(in)
cẹrcasi . . .	gesucht wird . . .
flessịbile	flexibel; *(Arbeitszeit)* gleitend
bella presenza	gutaussehend, gepflegte Erscheinung
la contabilità	Buchhaltung
pomeridiano	Nachmittags-
la dattilọgrafa	Typistin
il/la centralinista	Telefonist(in)
richiẹdere (*PP* richiesto)	verlangen; benötigen
il metallo	Metall
indispensạbile	unerläßlich
la padronanza	Beherrschung
la residenza	Wohnsitz
la dattilografịa	Maschine(n)schreiben
il currịculum vitae	Lebenslauf
fisso	Fixum/Gehalt
mensile *(m)*	monatlich; Monatsgehalt
il traduttore (*f* -trice)	Übersetzer(in)
tẹssile	Textil-
la madrelingua	Muttersprache

6 A.A.A. CERCASI

il responsạbile	Verantwortliche(r), Chef
l'ufficio personale	Personalbüro
passare (qu/qc a qu)	*(Telefon)* (weiter)verbinden (mit), geben
in questo campo	auf diesem Gebiet
l'intẹrprete *m/f*	Übersetzer(in)
fissare	festmachen, vereinbaren
il colloquio	Unterredung, Gespräch

ESERCIZIO 6

il lettore (*f* -trice)	*hier:* Lektor(in)
il seminario	Seminar
la letteratura	Literatur
contemporạneo	zeitgenössisch
il perịodo	Zeit(abschnitt)
Costanza	Konstanz (am Bodensee)
sul posto	an Ort und Stelle
fin dall'inizio	von Anfang an
per caso	zufällig
presẹntare la domanda	sich bewerben

ESERCIZIO 7

corretto	fehlerfrei, korrekt
scrivere a macchina/ *ugs* battere a macchina	maschineschreiben
la prova	Probe
il banco	Theke
pulire (pulisce)	reinigen, putzen

7 COM'È ANDATA?

tagliare	schneiden
farsi prestare qc	sich etwas ausleihen
il test psicoattitudinale	Eignungstest

ESERCIZIO 8

il capo	Chef

ESERCIZIO 9

F.lli = Fratelli	Gebrüder
Terni	*Stadt in Umbrien*
la facoltà	Fakultät
l'accompagnatore (*f* -trice)	*hier:* Reiseleiter(in)
la nạscita	Geburt
il conseguimento	Erlangung
il Banco di Roma	*Name einer Bank*
il trasferimento	Übersiedelung
l'INPS	*vgl. S. 223*
la previdenza	Vorsorge

LEZIONE 11 LA SPERANZA È VERDE

1 OCCHI VERDI SULLE CITTÀ

la lega	Verband, Vereinigung
l'ambiente *m*	Umwelt
l'ecologịa	Ökologie

2 GLI ITALIANI E L'AMBIENTE

le Alpi	Alpen
maestoso	majestätisch
snello	schlank; *hier:* steil-aufragend
le Dolomiti	Dolomiten
dolce	*hier:* sanft, lieblich
l'Appennino/gli Appennini	Apennin(en)
il vulcano	Vulkan
fẹrtile	fruchtbar
la pianura	Ebene
benché	obwohl
intatto	unversehrt, intakt
il danno	Schaden
arrecare (a)	*hier:* zufügen
ecolọgico (*Plur* -ci)	Umwelt-, ökologisch
riassụmere (*PP* riassunto)	zusammenfassen
il disastro	(schweres) Unglück, Katastrophe
Sẹveso	*zu Mailand gehörendes Industriezentrum, bekannt durch die Dioxin-Katastrophe von 1976*
l'estinzione *f*	Aussterben
la fauna	Tierwelt, Fauna
marino	Meeres-
la caccia indiscriminata	wahlloses Abschießen
la caccia	Jagd
andare a caccia	auf (Vogel-)Jagd gehen
proteggere (*PP* protetto)	(be)schützen
chịmico (*Plur* -ci)	chemisch, Chemie-
devastare	verwüsten, vernichten
il fiume	Fluß
inquinare	verunreinigen, verseuchen
avvelenare	vergiften
la riserva	Reserve, Vorrat
l'acqua potạbile	Trinkwasser
le immondizie	Abfälle, Müll
invạdere (*PP* invaso)	*hier:* überschwemmen
il Ministero per l'Ecologia	Umweltministerium
quanto resta	das, was übriggeblieben ist
il bene comune	Gemeingut
sebbene	obwohl
Vignetta:	*Cartoon:*
a parte	abgesehen von
i fosfati	Phosphate
i metalli pesanti	Schwermetalle
pesante	schwer *(von Gewicht)*
aver un aspetto *(+ Adj)*	aussehen
l'aspetto	Aussehen; Aspekt

ESERCIZIO 2

Divieto di balneazione	Baden verboten!
gettare	werfen
di qualsịasi specie	jeglicher Art
qualsịasi *Adj uv*	(x-)beliebige(r), jede(r)

3 LA CROCIATA ECOLOGICA

la crociata	Kreuzzug
la riva	Ufer
l'adozione *f*	Adoption
lanciare una campagna	eine (Werbe-)Kampagne starten
adottare	adoptieren
simbọlico (*Plur* -ci)	symbolisch
sottoscrịvere*	unterschreiben
concreto	konkret
l'acquisto	Erwerb, Kauf
ạrea	Gebiet, Zone, Fläche
costiero	Küsten-
affinché	damit, so daß
il corso di laurea	Studienfach, -gang
le scienze ambientali	Umweltwissenschaft(en)
la scienza	Wissenschaft
il fondo	*hier:* Fonds
la tutela del patrimonio artistico e naturale	Kunst- und Naturschutz
acquistare	erwerben, kaufen
ricẹvere in dono	geschenkt bekommen
il terreno	Gelände, Grundstück
il fabbricato	Gebäude
vi = ci *Adv*	da, dort; dahin
attivo	aktiv, Aktiv-
il pụbblico	Öffentlichkeit; Publikum
l'ạquila	Adler
reale	Königs-
scomparire* (*PP* scomparso)	verschwinden
l'ecologista	Umweltschützer
la protezione	Schutz
l'uccello	Vogel
dichiarare	erklären
il rapace	Raubvogel
l'equilibrio	Gleichgewicht
animale *Adj*	Tier-
la normalità	*hier:* Gleichgewicht, Ordnung
distrụggere (*PP* distrutto)	zerstören
l'esẹrcito	Heer, Armee; *hier:* Schar

il volontario	Freiwillige(r)
il pensionato	Rentner, Pensionär
piantare	pflanzen
la quercia	Eiche
la betulla	Birke

ESERCIZI 3–4

tener presente che	bedenken, daß
il piombo	Blei
riciclare **i rifiuti**	Abfälle wiederverwerten
rinunciare (a)	verzichten (auf)
in via d'estinzione	vom Aussterben bedroht
la mucca	Kuh
il gatto	Katze
il piccione	Taube
la rondine	Schwalbe
la foca	Seehund
la volpe	Fuchs
l'orso	Bär

4 UN'ESTATE POSSIBILE

l'agriturismo	Ferien auf dem Bauernhof
la Maremma	Maremmen *(ehemals z. T. versumpfte Niederungen an der tyrrhenischen Küste; heute Kulturland)*
spontaneo	*hier:* improvisiert
i burattini	Marionetten
la pallavolo	Volleyball
il sacco a pelo	Schlafsack
agricolo	landwirtschaftlich
Polveraia (Gr.)	*Ort in der Maremma (bei Grosseto)*
domenicale	Sonntags-
per	*hier:* über, durch
il monte	Berg
la foresta	Wald(gebiet)
la bici *ugs*	Fahrrad
andare in bici	radfahren
la pedalata	Pedaltritt; *hier:* Fahrradtour
„Arcipelago verde"	„Grüner Archipel"
l'inquinamento	(Umwelt-)Verschmutzung
sano	gesund
a contatto con	in Berührung mit
il cibo	Kost; *Plur* Lebensmittel
la camminata	Wanderung
l'orto	(Gemüse-)Garten
il torrente	(Wild-)Bach
ce l'hai il sacco a pelo?	hast du einen Schlafsack?

ESERCIZIO 6

ulteriori informazioni *f*	weitere Informationen
trascorrere (*PP* trascorso)	verbringen
quanto	*hier:* wie lange
versare un acconto	eine Anzahlung leisten
la quota (d'iscrizione)	(Anmelde-)Gebühr

ESERCIZIO 7

l'attrezzatura	Ausrüstung
la tenda	Zelt
ti conviene chiedere a X	da fragst du besser X
convenire*	angebracht sein
prima che	bevor

SALVIAMO LA NATURA

la pedina	(Spiel-)Stein, Figur
la faccia	*hier:* Seite, Fläche
il dado	Würfel
tirare/lanciare il dado	würfeln
comparire*	erscheinen
spostare	*hier:* rücken
la casella	Kästchen, Feld
corrispondente	entsprechende(r)
avanzare	vorrücken; vorankommen
minacciare	(be)drohen
riprendere il gioco	weiterspielen
stare fermo, -a	stehenbleiben; *hier:* aussetzen
la vittoria	Sieg
il nemico (*Plur* -ci)	Feind
sconfiggere (*PP* sconfitto)	besiegen
il traguardo	Ziel
la coda	Schwanz
il serpente	Schlange
a chi tocca?	wer ist dran?
il detersivo	Putz-, Waschmittel
gli scarichi	*hier:* Abwässer
i gas di scarico	Abgase
il nucleare	Atomkraftwerk
il concime chimico	Kunstdünger
il diserbante	Unkrautvertilgungsmittel
la cava (di pietra)	Steinbruch
il vandalismo	blinde Zerstörungswut

5 NATURALE È BUONO

spuntare	(hervor)sprießen
ovunque	überall
poetico (*Plur* -ci)	poetisch
il fiordaliso	Kornblume
il melograno	Granatapfelbaum
biologico (*Plur* -ci)	biologisch (angebaut)
integrale	*hier:* Vollwert-, Vollkorn-
l'erboristeria	*Geschäft für Heilpflanzen*
rispecchiare	widerspiegeln
magari!	*hier:* schön wär's!
il miele	Honig
la marmellata	Marmelade
crescente	wachsend, zunehmend
a dir la verità	um die Wahrheit zu sagen
nutriente	nahrhaft
la quantità	Menge

ESERCIZIO 8

se fossi in te	wenn ich du wäre
fanatico di (*Plur* -ci)	begeistert von
il campeggio	Camping
pigro	faul
la coscienza	Gewissen
tutelare	schützen
buttare (per terra)	(auf den Boden) werfen
comportarsi	sich benehmen/verhalten
Abetone	*Skiort in der Toskana*

6 BOLOGNA

il motorino	Moped
il referendum	Volksabstimmung
la chiusura	Schließung, Sperrung
sordo	taub
passare	*(Lust)* vergehen
i commercianti	Geschäftsleute
la rovina	Ruin

ESERCIZIO 9

accidenti!	verflixt!
nevrọtico (*Plur* -ci)	neurotisch
per spostarmi	*hier:* wenn ich mal weg will
spostarsi	(weg)rücken, (woandershin)gehen
lo svantaggio	Nachteil
da qualche parte	irgendwo(hin)

LEZIONE 12 SOPRATTUTTO LA FAMIGLIA

1 COSA CONTA VERAMENTE NELLA VITA?

pregare	bitten; beten
la fede	Glaube; Vertrauen
piuttosto *Adv*	*hier:* eher
la sfiducia	Mißtrauen
la fedeltà	Treue
la religione	Religion
la patria	*hier:* Vaterland
cattọlico (*Plur* -ci)	katholisch; Katholik
la giustizia	Gerechtigkeit; Justiz
il Parlamento	Parlament

2 TORNA A FIORIR L'ANELLO

tornare a fare qc	etwas erneut/wieder tun
fiorire (fiorisce)	blühen
l'anello	Ring
la cerimọnia	Zeremonie, Feier
sepolto (*Inf* seppellire)	begraben
le cẹneri	Asche
la contestazione	*Protest(bewegung der 60/70er Jahre)*
fidanzarsi	sich verloben
l'ufficialità	offizieller Charakter
molto informale	recht ungezwungen
ciascuno, -a	jede(r einzelne)
il suọcero (*f* -a)	Schwiegervater
oddio!	oh Gott! *hier:* das heißt
il fidanzato (*f* -a)	Verlobte(r)
la colazione	*hier:* (Mittag-)Essen
fare conoscenza (con)	Bekanntschaft schließen
nostạlgico (*Plur* -ci)	sehnsüchtig; nostalgisch
il rito	Ritus, Brauch
il buon tempo andato	die gute alte Zeit
il deputato (*f* -a)	Abgeordnete(r)
il dubbio	Zweifel
in giro	*hier:* ringsum, überall
il sospetto	Verdacht
entrarci	damit zu tun haben
questo non c'entra	das hat damit nichts zu tun
mettere su casa	einen Hausstand gründen
il contentino	*hier etwa:* „Bonbon"

ESERCIZI 1–3

promẹttere (*PP* promesso)	versprechen
futuro *Adj*	zukünftig
la promessa	Versprechen
il dono	Geschenk, Gabe
usi e costumi	Sitten und Gebräuche

3 SOTTO LO STESSO TETTO

avere una fame da lupi	einen Bärenhunger haben
il lupo	Wolf
esagerare (esạgera)	übertreiben
sbrigare	erledigen
sbrigarsi	sich beeilen
piuttosto	*hier:* da wir gerade davon sprechen
il mobilificio	Möbelfabrik; *hier:* Möbelhaus
tenere aperto, -a	offenhalten, aufhaben
i mọbili	Möbel
in fin dei conti	schließlich
sai che bellezza . . . !	*ironisch:* das stell ich mir toll vor . . . !
la befana	alte Hexe
non la posso soffrire	ich kann sie nicht leiden/ausstehen
pensate di fạrcela?	glaubt ihr, daß ihr es schafft?
i preparativi	Vorbereitungen
mi sembra di impazzire! (impazzisce)	ich glaube, ich werde verrückt!
fare bella figura	einen guten Eindruck machen; gut aussehen
maleducato	ungezogen; Flegel
vergognarsi	sich schämen
il ringraziamento	Dank
stirare	bügeln
dare una mano a qu	jemandem zur Hand gehen/helfen
comandare	kommandieren
lasciar stare	(in Ruhe) lassen
figuriạmoci!	aber ich bitte euch!
è il mio turno	ich bin an der Reihe
smẹtterla	(mit etwas) aufhören
una buona volta	endlich einmal
un povero cristo	ein armer Kerl
in santa pace	in (aller) Ruhe, in Frieden
non ce la faccio più	ich kann nicht mehr
le beghe	Streitereien

ESERCIZIO 4

individualmente	jeder für sich
confrontare	vergleichen
il manicọmio	Irrenanstalt
andare d'accordo	sich vertragen

4 FARSI COMPAGNIA

fare compagnịa (a qu)	Gesellschaft leisten
anziano	alt; alter Mensch
eppure	und/aber doch
magari	*hier:* vielleicht sogar
nella tua stessa casa	im selben Haus, in dem du wohnst
avvicinare qu	auf jemanden zugehen

avvicinarsi	sich nähern
la commissione	*hier:* Besorgung
un favore	Gefallen, Gefälligkeit
in cambio	*hier:* dafür
frequentare (qu)	Umgang haben mit
far piacere (a)	(eine) Freude machen
qualunque *Adj*	jede(r), welche(r) auch immer
i reumatismi	Rheuma
il giovanotto	junger Mann
la portinaia	Hausmeisterin
il concorso	Wettbewerb
rẹndersi conto di qc (*PP* reso)	sich über etwas im klaren sein; merken
la solitụdine	Einsamkeit
il cịrcolo	Kreis; *hier: von einer Partei oder der Kirche eingerichtetes Trefflokal*
il tornẹo di bocce	Boccia-Turnier

ESERCIZI 5–6

esatto	richtig; genau
l'ọrdine *m*	*hier:* Befehl
rimproverare (rimprọvera)	Vorwürfe machen, tadeln
per bene	ehrbar, anständig
essere fortunato	Glück haben
serio	*hier:* gediegen, seriös; anständig
aggiornarsi	*hier:* sich umstellen
innamorarsi	sich verlieben
fare un sacco di storie *ugs*	ein Theater machen
confidare	anvertrauen
il consenso	Zustimmung
il contributo	Beitrag
rivalutare	aufwerten
l'ospizio	Altersheim

5 CI VORREBBE UN AMICO . . .

il tesoro	Schatz
il patto	Abmachung; Pakt
affermare	behaupten; beteuern
il proverbio	Sprichwort
raro	selten
prezioso	kostbar
il vẹrtice	Gipfel
voler bene a qu	jemanden gern haben/ lieben
il difetto	Mangel, Fehler
per interesse	aus Eigennutz
intẹndere (*PP* inteso)	(darunter) verstehen, (damit) meinen
il privilegio	Privileg
il favore	*hier:* Gunst
insufficiente	unzureichend
la burocrazịa	Bürokratie
statale	staatlich
fare carriera	Karriere machen
la prạtica	Praxis; *hier:* Angelegenheit
riscuọtere	*hier:* sich ausbezahlen lassen
ottenere*	erreichen; bekommen
il trattamento	Behandlung
santo	heilig; Heilige(r), Fürsprecher

6 DALLA PARTE DEL PADRE

da parte di	von Seiten, -seits
nạscere*	zur Welt kommen (als)
la ricerca	*hier:* Forschung
lo scienziato	Wissenschaftler
tẹndere a (*PP* teso)	neigen zu
idẹntico (*Plur* -ci)	völlig gleich
allevare	aufziehen
il/la docente	Dozent(in)
la sociologịa	Soziologie
la separazione	Trennung
l'affidamento	*hier:* Sorgerecht
„ragazzo padre"	*Analogiebildung zu „ragazza madre" (ledige Mutter)*
autorizzato dalla legge	gesetzlich zugelassen
l'avventura	Abenteuer
cavạrsela (bene)	(gut) davonkommen
tramandare	überliefern
i vicini (di casa)	die Nachbarn (im Haus)
l'atteggiamento	Einstellung, Haltung
nei confronti di	gegen(über)
dapprima	zuerst, anfangs
incrẹdulo	ungläubig; *hier:* skeptisch
fare il bagno a qu	jemanden baden
stare attento, -a	aufpassen, achtgeben
annegare	ertrinken; ertränken
la solidarietà	Solidarität
immenso	(riesen)groß, ungeheuer
fare a gara	wetteifern
legale	rechtlich, Rechts-; gerichtlich; rechtskräftig
affidare	anvertrauen; *hier:* zusprechen
opporsi*	sich widersetzen
doloroso	schmerzlich
la battaglia	Kampf; Schlacht
la sentenza	Urteil(sspruch)
il/la giụdice	Richter(in)
la custọdia	Obhut
l'ọbbligo	Pflicht; Auflage
imporre*	auferlegen
la domẹstica	Hausangestellte
fisso	fest(angestellt)
esclusivo	*hier:* ausschließlich
soffocante	erstickend, erdrückend
la figura di riferimento	Bezugsperson
il nụcleo familiare	Familie
il nụcleo	Kern
ristretto	beengt
la tensione	Spannung

ESERCIZI 9–10

il sapone	Seife
neutro	*hier:* ohne Zusätze
il bimbo (*f* -a)	Kind
pạllido	blaß
coprire* (bene) (copre)	(gut) zudecken, (warm) anziehen
portare a spasso qu	spazierenfahren, -führen
riferire (riferisce)	berichten

piano *Adv*	langsam, sachte
il sonno	Schlaf
raffreddato	erkältet

7 CHIAMATE TORINO 2121

sconvọlgere (*PP* sconvolto)	durcheinanderbringen, verwirren
viziare	zu sehr verwöhnen
coccolare	verhätscheln
il mammismo	übertriebene Mutterliebe
iperprotettivo, -a	übertrieben beschützend, „Glucke"
l'educazione *f*	Erziehung
per quanto riguarda . . .	was . . . betrifft
rimanere alzato, -a	aufbleiben
non sentirsela (di) *ugs*	sich nicht imstande fühlen/ es nicht übers Herz bringen
con la forza	mit Gewalt
la forza	Kraft
d'altronde	im übrigen
dar fastidio (a)	lästig sein, stören
fare chiasso	Lärm machen
intervenire*	*hier:* dazwischenreden
permissivo	*hier:* zu nachgiebig
stupire (stupisce)	erstaunen
in lịnea generale	im allgemeinen
educare (ẹduca)	erziehen
razionale	vernunftgemäß, rational
disciplinato	diszipliniert
profondo	tief
in secondo piano	in den/im Hintergrund
avere in lịnea	*(Telefon)* in der Leitung/ am Apparat haben
d'ora in poi	ab jetzt
l'autonomịa	*hier:* Selbständigkeit
ribellarsi	sich auflehnen, rebellieren
colpẹvole	schuld(ig)
immaturo	unreif
il complesso	Komplex
la frustrazione	Frustration
la partecipazione	Teilnahme

ESERCIZIO 11

distrarsi*	*hier:* nicht genau hinhören/aufpassen
sbagliato	falsch
tra l'altro	unter anderem
sentirsi giù *ugs*	deprimiert sein

AVERE AMICI È DIFFICILE

Sẹneca	*römischer Philosoph (ca. 55 v. Chr. – 40 n. Chr.)*
il filọsofo	Philosoph
permaloso	(sehr) empfindlich
offẹndersi (*PP* offeso)	sich beleidigt fühlen
lo scarafone *(dialektal)* = lo scarafaggio	(Küchen-)Schabe
ammẹttere (*PP* ammesso)	zugeben
Arịstide	*Vorname*
togliere il saluto a qu	jemanden nicht mehr grüßen
il condominio	*in Eigentumswohnungen aufgeteiltes Gebäude; Gemeinschaft der Eigentümer*
il pianerọttolo	*hier:* Stockwerk
il paragone	Vergleich
il gommone	Schlauchboot mit Außenbordmotor
cavalli	PS
affogare	ertrinken; ertränken
andare a gẹnio (a)	zusagen, passen
sopportare (qc/qu)	ertragen
strịngere i denti	die Zähne zusammenbeißen
strịngere (*PP* stretto)	drücken, pressen
tollerante	tolerant
offensivo	beleidigend, verletzend
la saggezza	Weisheit
filosọfico (*Plur* -ci)	philosophisch
prendere per	*(irrtümlich)* halten für
la debolezza	Schwäche
dẹbole	schwach
l'infingardạggine *f*	Trägheit
promuọvere (*PP* promosso)	*hier:* befördern
far lega (con)	gemeinsame Sache machen (mit)
il sottosegretario	Staatssekretär
malversatore	*jemand, der etwas veruntreut/unterschlägt*
la malversazione	*hier:* Machenschaft
sottinteso	*hier:* gemeint ist . . .
caricare (cạrica)	laden
rifiutarsi (di)	sich weigern (zu)
il corridoio	Gang, Korridor
dare ascolto (a)	Gehör schenken; hören (auf)
la moderazione	Mäßigung
il precetto	Regel, Gebot
l'esịlio	Exil
il giornalaio	Zeitschriftenhändler
il battibecco	Auseinandersetzung
con discrezione *f*	diskret, taktvoll
il modo di fare	Art, Benehmen
chiuso	*hier:* erledigt, Schluß

LEZIONE 13 SIAMO STATO NOI?

1 LA COSTITUZIONE DICE . . .

la Costituzione	Verfassung
la Repụbblica	Republik
democrạtico (*Plur* -ci)	demokratisch
pari *uv*	gleich
la dignità	Würde
eguale	gleich
il sesso	Geschlecht
la razza	Rasse
riconọscere	*hier:* anerkennen, zugestehen
rẹndere effettivo	verwirklichen
rẹndere (*PP* reso)	werden lassen, machen

PAGINA 119:	*Seite 119:*
la parità	Gleichheit
autonomo	unabhängig
vessare	quälen
tartassare	plagen
deludere (*PP* deluso)	enttäuschen
ingannare	betrügen
appiattire (appiattisce)	plattdrücken
umiliare	demütigen
il proprietario	(Haus-)Besitzer
l'inquilino	Mieter
esasperare	zur Verzweiflung bringen
emarginato	am Rand (der Gesellschaft)
la disperazione	Verzweiflung
in Cassa Integrazione	*vgl. S. 223*
manifestante	demonstrierend
manifestare	demonstrieren
PAGINA 120:	*Seite 120:*

DC	Democrazia Cristiana	democristiano
PCI	Partito Comunista Italiano	comunista
PSI	Partito Socialista Italiano	socialista
MSI	Movimento Sociale Italiano	missino
PRI	Partito Repubblicano Italiano	repubblicano
PLI	Partito Liberale Italiano	liberale
PR	Partito Radicale Italiano	radicale
PSDI	Partito Socialdemocratico Italiano	socialdemocratico
DP	Democrazia Proletaria	demoproletario

2 ULTIME NOTIZIE

ufficioso	halbamtlich
destinare	bestimmen
l'imposta (sul reddito)	(Einkommens-)Steuer
sollecitare (sollecita)	mahnen; *hier:* auffordern
il vescovo	Bischof
scendere in campo	*(zum Wahlkampf usw.)* antreten
a favore di	zugunsten von
le amministrative	Kommunalwahl(en)
approvare	gutheißen, billigen; *(Gesetz)* verabschieden
Catanzaro	*Hauptstadt Kalabriens*
smentire (smentisce)	dementieren
calabrese	kalabrisch; Kalabrese
governare	regieren; leiten
prolungare (di)	verlängern (um)
oltre 10 ore	über 10 Stunden
il presidente della Repubblica	Staatspräsident
il presidente del Consiglio (dei Ministri)	Ministerpräsident
il ministro	Minister
la fonte	Quelle
lo statista	Staatsmann
i guai e le calamità del Paese	*etwa:* die Sorgen und Nöte des Landes
il guaio	Unannehmlichkeit; Klemme
è un bel guaio! *ugs*	das ist eine schöne Bescherung!

3 VINO E POLITICA

amici di vecchia data	alte Freunde
l'oste	Wirt
unirsi (a)	sich anschließen
animato	*(Unterhaltung)* lebhaft
il missile	Rakete
l'armamento	Rüstung
il registratore di cassa	Registrierkasse
frizzante	prickelnd; *hier:* Perl-
Benedetto („Bettino") Craxi	*sozialistischer Ministerpräsident*
dal punto di vista economico	wirtschaftlich gesehen
il punto di vista	Gesichts-/Standpunkt
la vista	(Aus-)Sicht
prendere altre posizioni	einen anderen Standpunkt beziehen/vertreten
la posizione	Lage; Stellung; Standpunkt
il solito criticone	der alte Nörgler
dare il voto (a)	wählen
il voto	(Wahl-)Stimme
gli interessi	*hier:* (geschäftliche) Interessen
il qualunquista	*hier: jemand, der nur an sich selbst denkt*
in effetti	in der Tat
dichiararsi	sich erklären (zu)
l'alleato	Verbündete(r)
fedele	treu
l'appoggio	Stütze; Unterstützung
le elezioni	Wahl(en)
accontentare	zufriedenstellen
in mia presenza	in meiner Gegenwart
non farmi ridere!	daß ich nicht lache!
arrabbiarsi	sich ärgern

ESERCIZIO 2

l'indicazione *f*	Angabe
Vignette:	*Cartoons:*
la Festa dell'Amicizia	*Fest, das die DC alljährlich in fast jeder Stadt/Ortschaft veranstaltet*
amici per la pelle	dicke Freunde
per la pelle	mit Leib und Seele
denunciare	*(bei der Steuererklärung)* angeben; *(bei der Polizei)* anzeigen
per forza	notgedrungen; *hier:* was soll ich denn machen!
che fesso!	so ein Trottel!
non infierire!	*etwa:* sei nicht so gemein!
che bellezza!	toll!
messa così (*Inf* mettere)	so gesehen
orgoglioso (di)	stolz (auf)
dirigere a (*PP* diretto)	richten an
la satira	Satire; Spott
alludere a (*PP* alluso)	anspielen auf

4 STORIE DI TUTTI I GIORNI

l'ordine *m* di cattura	Haftbefehl
l'esponente *m*	*hier:* Sprecher
il sindaco (*Plur* -ci)	Bürgermeister
accusare (di)	anklagen (wegen)
il falso	Fälschung
la corruzione	Korruption
piove, governo ladro *(Redewendung)*	*etwa:* die Regierung ist an allem schuld
la licenza	Erlaubnis, Genehmigung
l'avviso di reato	Anklage(erhebung)
l'avviso	Meldung; Bekanntmachung; Anzeige, Inserat
il reato	Vergehen, Straftat
l'avversario	Gegner
l'autorità	*hier:* Behörde
corrotto	korrupt
l'amministrazione *f*	Verwaltung
la commissione	Kommission; Ausschuß
l'inchiesta	Ermittlung
approfittare (di)	nutzen; mißbrauchen
il potere	Macht
a leggere i giornali . . .	wenn man die Zeitungen liest, . . .
ogni tanto	ab und zu
impedire (impedisce)	(ver)hindern
varare	*(Gesetz)* verabschieden
evadere (*PP* evaso)	(ent)fliehen; *hier:* umgehen

ESERCIZIO 4

pacifista *m/f*	pazifistisch; Pazifist
il comunismo	Kommunismus
lo schiavo	Sklave
armare	bewaffnen
il manzo	Rind(fleisch)
Agnelli	*Chef der FIAT-Werke*
l'agnello	Lamm(fleisch)
femministe a morte!	Tod den Feministinnen!
uccidere (*PP* ucciso)	töten
vendicare (vendica)	rächen
M = Abbasso . . . !	nieder mit . . . !
W = Viva . . . !	es lebe . . . !

ESERCIZI 5–6

suggerire (suggerisce)	in den Sinn rufen
il termine	*hier:* Wort, Begriff
il disarmo	Abrüstung
la distensione	Entspannung
il trattato	Abmachung, Vertrag
la politica interna/estera	Innen-/Außenpolitik

5 IL PASSATO PRESENTE

presente	gegenwärtig, anwesend; vorhanden
perfezionare (qc)	verbessern; sich weiterbilden (in)
il corso	*hier:* Vorlesung
la cultura generale	Allgemeinbildung
manifestarsi	sich zeigen/offenbaren
la diffidenza	Mißtrauen, Argwohn
fare qc da sé	etwas allein/selbständig tun
l'avvenimento	Ereignis
l'influenza	Einfluß
la successione	(Aufeinander-)Folge
la dominazione straniera	Fremdherrschaft
il greco (*Plur* -ci)	Grieche
l'arabo	Araber
i Teutoni	Germanen
i Celti	Kelten, Gallier
i Normanni	Normannen
reagire (reagisce)	reagieren
estraneo	außenstehend, fremd
ostile	feindlich
subire l'influenza di (subisce)	beeinflußt werden von
il Risorgimento	*Bewegung, die im 19. Jahrhundert zur Einigung Italiens führte*
il movimento	Bewegung
aderire (aderisce)	sich anschließen
il borghese	Bürgerliche(r)
l'aristocratico (*Plur* -ci)	Aristokrat
patriottico (*Plur* -ci)	patriotisch
il simpatizzante	Gesinnungsfreund
raggiungere (*PP* raggiunto)	erreichen
l'unità	Einheit
il regno	(König-)Reich
il patriota	Patriot

ESERCIZI 7–8

dovuto	*hier:* gebührend
il sovrano	Herrscher
l'obbedienza	Gehorsam
Ottone di Frisinga	Otto von Freising *(um 1150, Bischof und Geschichtsschreiber)*
improvvisatore (*f* -trice)	jemand, der improvisieren kann
accidentale	*hier:* unwesentlich
citare	anführen, zitieren
l'insieme *m*	das Ganze, die Gesamtheit
confermare	bestätigen
contraddire qc/qu	widersprechen
Carlo Magno	Karl der Große
i Franchi	Franken
incoronare	krönen
ubbidire a qu (ubbidisce)	gehorchen
Cristoforo Colombo	Kolumbus

LA SICILIA NEL „GATTOPARDO"

il gattopardo	Leopard *(im Wappen des Fürsten Salina)*
il principe (*f* -essa)	Prinz; *hier:* Fürst
il gentiluomo	*hier:* Kammerherr
la nomina	Ernennung
magnifico (*Plur* -ci)	*hier:* groß(artig), grandios
la civiltà	*hier:* Kultur
eterogeneo	verschiedenartig
germogliare	sprießen; *hier:* keimen
dare il la	den Ton angeben
lagnarsi	sich beklagen
svuotato	leer
esso, -a *Personalpron.* (*Plur* -i, -e)	er, sie, es
odiare	hassen

d'altronde	*hier:* anderseits
spiegarsi (bene/male)	sich ausdrücken
incongruo	unsäglich
lo stupro	Schändung
l'animo	Geist; Gemüt; Wesen
ignorare	nicht wissen/kennen
la via di mezzo	Mittelweg, Mitte
la mollezza	Weiche, Weichheit
lascivo	lüstern, geil
l'arsura	sengende Glut; Dürre
dannato	verdammt; furchtbar
meschino	*hier:* armselig
terra terra	*hier:* mittelmäßig
distensivo	ohne Spannung
la dimora	Aufenthalts(ort); Wohnsitz
l'essere *m*	(Lebe-)Wesen
a poche miglia di distanza (*Sing* miglio *m*)	wenige Meilen entfernt
l'inferno	Hölle
Randazzo	*unterhalb des Ätna gelegene Kleinstadt*
la baia	Bucht
che c'infligge sei mesi di febbre a quaranta gradi	das uns sechs Fiebermonate von vierzig Grad auferlegt
a strapiombo	*hier:* senkrecht
tetro	düster; schaurig
lottare	kämpfen
maledetto	verflucht, verdammt
la Bibbia	Bibel
sul serio	im Ernst, ernstlich
essere sufficiente (per)	reichen (für)
trasportare	transportieren
la goccia	Tropfen
il sudore	Schweiß
le piogge	Regenfälle, -güsse
tempestoso	ungestüm
il torrente	Wildbach
annegare	ersäufen
la bestia	Tier, Vieh; Bestie
la crudeltà	Grausamkeit
di ogni aspetto	wohin man auch blickt
incomprensibile	unbegreiflich; unverständlich
edificare (edifica)	errichten, bauen
il fantasma	Schemen, Gespenst
muto	stumm
sbarcare	landen
l'arma (*Plur* le armi)	Waffe
subito serviti	denen man sogleich diente
detestare	verabscheuen
sempre incompresi	die man nie begriff
enigmatico (*Plur* -ci)	rätselhaft
l'esattore (d'imposte)	(Steuer-)Eintreiber
altrove	anderswo
condizionato da	bedingt/abhängig von
la fatalità	*hier:* Schicksalsfügung
esteriore	äußere(r)
oltre che . . .	weit mehr noch als . . .
terrificante	entsetzlich
l'insularità	Insularität

LEZIONE 14 QUALE ITALIA?

1 UN PAESE A TANTE FACCE

la pesca	Fischfang
il tonno	Thunfisch
la lavorazione	Verarbeitung, Bearbeitung
la paglia	Stroh
il pascolo	Weide

2 STATO E REGIONI

l'autonomia	Unabhängigkeit, Autonomie
amministrativo	Verwaltungs-
tener conto di	berücksichtigen
linguistico (*Plur* -ci)	sprachlich
tuttavia	jedoch
il decennio	Jahrzehnt
amministrare	verwalten
la biblioteca	Bibliothek
urbanistico (*Plur* -ci)	städtebaulich
il territorio	Gebiet, Territorium
inoltre	außerdem, ferner
la promozione (di)	*hier:* Förderung; Werbung (für)
lo statuto	Statut; Verfassung
il potere legislativo	gesetzgebende Gewalt/Befugnis
ampio	weit(gehend), umfangreich
derivare (da)	herrühren, herkommen (von)
geografico (*Plur* -ci)	geographisch
di conseguenza	folglich, daher
sia . . . sia	sowohl . . . als auch
la maggioranza	Mehrheit
il dialetto	Dialekt
franco-provenzale	frankoprovenzalisch
notevole	ansehnlich, beachtlich
la minoranza	Minderheit
adottare	*hier:* einführen, anwenden
il bilinguismo	Zweisprachigkeit
l'atto	Akte
l'istruzione scolastica	Schulunterricht
l'espletamento	Durchführung
l'organo	Organ
il/la/i cui	dessen, deren
eleggere (*PP* eletto)	wählen
lo stato federale	Bundesstaat
ordinario	gewöhnlich
centralizzare	zentralisieren
la sede	Sitz

ESERCIZIO 1

differenziarsi (da)	sich unterscheiden (von)

CHI LO SA?

l'abitazione *f*	Wohnstätte
fortificato	befestigt
ritirarsi	sich zurückziehen
l'invasione *f*	Einfall, Invasion
il camoscio	Gemse
lo stambecco	Steinbock

la località	Ort(schaft)
il ladino	Ladinisch
l'usanza	Sitte, Brauch
il latticino	Milchprodukt
emettere (*PP* emesso)	ausstoßen
la cima	Gipfel
pregiato	(hoch) geschätzt; hochwertig

3 A PROPOSITO DI CAMPANILISMO ...

a proposito di ...	was ... betrifft
il campanilismo	Lokalpatriotismus
il campanile	Kirchturm
in occasione di	anläßlich
la fiera del mobile	Möbelmesse
il commendatore	*Titel*
Roma caput mundi *(lat.)*	Rom ist das Haupt der Welt
il fascino	Faszination, Zauber
macché ... !	ach was/von wegen ... !
Alessandro Manzoni	*Schriftsteller (1785–1873)*
„a risciacquare i panni in Arno"[1]	„um die Wäsche im Arno zu spülen"[1]
lasciar perdere	(es) sein lassen

ESERCIZI 2–3

il campanilista	Lokalpatriot
la rivalità	Rivalität
il pregio	*hier:* Vorzug
lo studioso	Forscher, Gelehrte(r)
l'Asia Minore	Kleinasien
la comunità	*hier:* Gemeinde
albanese	albanisch; Albanier

4 COME È NATO L'ITALIANO?

il poeta	Dichter
fiorentino	florentinisch
la penisola	Halbinsel
adoperare (adopera)	anwenden, verwenden
il latino	Latein
si era andato affermando ...	es hatte sich ... überall durchgesetzt
nativo	angestammt; einheimisch
nello scrivere	beim Schreiben
religioso	religiös; kirchlich
primeggiare	sich hervortun, führen
comporre*	*hier:* verfassen, schreiben
la Divina Commedia	die Göttliche Komödie
raffinato	*hier:* anspruchsvoll, kritisch
il poema	Dichtung
scottante	*(Frage)* brennend
largo	*hier:* weit
la diffusione	Verbreitung
diffondersi* (*PP* diffuso)	sich verbreiten
da un capo all'altro	von einem Ende zum andern
la notorietà	Bekanntheit
comprendere (*PP* compreso)	verstehen, begreifen
lo specchietto	Übersicht(stabelle)
nudo	nackt
la vicinanza	Nähe; Nachbarschaft
comprensibile (a)	verständlich (für)
chiunque	jeder, jedermann; wer auch immer
il notaio	Notar
il prete	Priester
l'ascesa	Aufstieg

S' I' FOSSE FOCO ...

ardere (*PP* arso)	(ver)brennen
tempestare	(be)stürmen
annegare	ersäufen
giocondo	heiter, fröhlich
il cristiano	Christ
ché = perché	
imbrigare *(veraltet)* = assoggettare	sich untertan machen
l'imperatore (*f* -trice)	Kaiser
mozzare il capo/la testa a qu	jemandem den Kopf abhauen
a tondo *(veraltet)*	rundweg
fuggire (da)	fliehen (von/vor)
torre *(veraltet)* = togliere	*hier:* nehmen
leggiadro *(poetisch)* = carino, bello	
laido *(veraltet)* = brutto	
altrui *(literarisch)* *hier:* agli altri	

5 CHE LINGUA PARLIAMO?

il linguista	Sprachwissenschaftler
in lingua	in der Hochsprache
il relax	Entspannung; entspannte Atmosphäre
domestico (*Plur* -ci)	häuslich
ovvio	selbstverständlich
relativo	verhältnismäßig, relativ
potente	mächtig
l'intreccio	Geflecht
lo scippo	Handtaschenraub
scassare	einbrechen
menare	*hier ugs:* (ver)hauen, eins verpassen
sfizioso	*etwas, das den besonderen Reiz einer Sache ausmacht; etwa:* mit Pfiff
la bustarella	Schmiergeld
la busta	Briefumschlag, Kuvert
il teppista	Rowdy
i tarocchi	Tarock
lo scugnizzo	neapolitanischer Gassenjunge; aufgeweckter kleiner Junge

[1] Manzoni überarbeitete seinen Roman „I promessi sposi" in Florenz und „reinigte" ihn von lombardischen Ausdrücken. Damit entschied er den auch für die italienische Einigungsbewegung bedeutsamen Streit über die Schriftsprache zugunsten des gesprochenen Florentinisch.

sfogliare	durchblättern
il vocabolario/dizionario	Wörterbuch
la voce	*hier:* Wort
il vocabolo	Wort, Vokabel
al contrario	im Gegenteil; hingegen
abitualmente	für gewöhnlich
il forestiero	Fremde(r)

ESERCIZIO 5

mancante	fehlend
l'impiego	*hier:* Verwendung
il fascismo	Faschismus
esplodere (*PP* esploso)	explodieren
l'anglicismo	aus dem Englischen stammender Ausdruck
il linguaggio pubblicitario	Sprache der Werbung
il ceto	Schicht, Stand
scomodo	unbequem
il corrispondente	*hier:* Entsprechung
il jet/l'aereo a reazione	Jet/Düsenflugzeug
tradurre*	übersetzen
il prestigio	Ansehen, Prestige
Vignetta:	*Zeichnung:*
l'ometto	Knirps/Kleiderbügel
la gruccia	Krücke/Kleiderbügel
la stampella	Krücke/Kleiderbügel

ESERCIZIO 6

il malinteso	Mißverständnis
fare dell'ironia (su)	sich lustig machen (über)
rispettivo	jeweilig
i casalinghi	Haushaltsgeräte
il pedale	Pedal
i calzini	Socken
spiritoso	geistreich, witzig
insipido	fad
la caffettiera	Kaffeemaschine
assaggiare	kosten, probieren

6 SAN GREGORIO ARMENO

San Gregorio Armeno	*Viertel in Neapel*
il fondale	(Bühnen-)Hintergrund, Prospekt
il presepe	Krippe
l'argento	Silber
la cometa	Komet
la pazzia	Wahnsinn; Verrücktheit
staccare dal muro	von der Mauer/Wand losmachen/herunterholen
Upim	*Kaufhauskette*
Gesù bambino	Jesuskind

7 „MA LEI È PUGLIESE?" – „OUI"

pugliese	apulisch; Apulier(in)
oui = sì	
impratichire (impratichisce)	einarbeiten, einüben
la lingua d'oc (oc = oui)	Provenzalisch
l'idioma	Sprache
lo zingaro (*f* -a)	Zigeuner
addirittura	*hier:* sogar
il Foggiano	*Gegend von Foggia*
esercitare (esercita)	üben
molisano	in/von der Region Molise
la „Magna Grecia"	*Gesamtheit der griechischen Kolonien in Süditalien (zwischen dem 8. und 4. Jh. v. Chr. gegründet; im 3. Jh. v. Chr. von den Römern unterworfen)*

IL DIRITTO ALLA DIFFERENZA

radicato (in)	verwurzelt (in)
mancato	fehlend; verfehlt
la tutela	Schutz
respingere (*PP* respinto)	zurückstoßen, -drängen
imporre (a)*	auferlegen; *hier:* sich durchsetzen (gegen)
la civiltà/società dei consumi	Konsumgesellschaft
il consumo	Verbrauch, Konsum
il genocidio	Völkermord

ESERCIZIO 8

etnico (*Plur* -ci)	ethnisch
bilingue	zweisprachig

8 SULL'ESPRESSO REGGIO CALABRIA – MILANO

riprendere	*hier:* wiederaufnehmen, wieder anfangen (mit)
l'interno	(Landes-)Innere
pure	*hier:* auch
il patrono	Schutzheiliger, (Kirchen-)Patron
il costume	*hier:* Tracht

ESERCIZIO 9

la cartina	kleine (Land-)Karte
la Sila	*bewaldetes Hochplateau in Kalabrien*
il lupo	Wolf

LINGUA E DIALETTU

Ignazio Buttitta	*sizilianischer Dichter (geb. 1899)*
mettere le catene (a)	in Ketten legen
la catena	Kette
spogliare	ausziehen; berauben
tappare	(zu)stopfen
levare	abnehmen, wegnehmen
servo	Knecht, Sklave
ereditare (eredita)	erben
la versione	*hier:* Übertragung

LEZIONE 15 DICIAMOLO IN MUSICA

1 VIA CON LA MUSICA

via	*hier:* auf, los (!)
l'illustrazione *f*	Abbildung, Illustration

2 EL BÉS GALILÌ

musicale	Musik-; musikalisch
bresciano	von Brescia *(Stadt in der Lombardei)*
a propọsito	ach, übrigens
la danza	Tanz
tramandare	überliefern
eseguire (esegue/eseguisce)	ausführen; *hier:* vorführen, zeigen
essere/tener in vita	am Leben sein/erhalten
popolare	volkstümlich, Volks-
in parte	zum Teil
la gioia	Freude
il dolore	Schmerz
la rabbia	Wut
la serenata	Ständchen, Serenade
parcheggiare	parken
lo stereo	Stereo(anlage)
a tutto volume	in voller Lautstärke
l'autenticità	Unverfälschtheit, Echtheit
la radice	Wurzel
più che altro	vor allem
il più delle volte	meistens
oralmente	mündlich
arrangiare	*(Musik)* arrangieren
sono proprio curioso di sapere . . .	ich möchte zu gern wissen . . .
curioso	neugierig; sonderbar, komisch
l'ala (*Plur* le ali)	Flügel
il drago	Drachen
il gallo	Hahn

ESERCIZI 1–2

comporre*	*hier:* komponieren
la ninna nanna	Schlaf-, Wiegenlied
tranquillizzarsi	sich beruhigen
rinnovare	erneuern; wieder aufleben lassen

3 L'AMORE, LA PROTESTA, L'OSTERIA

MAMMA VO' PRENDER MOGLIE
(Lied aus der Toskana)

vo' = voglio	
pigliare	nehmen; erwischen, fangen
fo = faccio	
'un = non	
invecchiare	alt werden
badare (a)	achten (auf)
il fiocco	Schleife
essere incappellato	einen Hut tragen
scollato	dekolletiert
la schiena	Rücken
ornare	schmücken
le trine	Spitzen
alla gentile	*nach der Art vornehmer Leute*
la specchiera = lo specchio	Spiegel
sincero	ehrlich, aufrichtig
petulante	aufdringlich, lästig
avaro	geizig
l'uscio	Tür
spazzare	fegen, kehren
il sudiciume	Schmutz
parimenti	auch
la cispa	Schlaf *(Absonderung der Augen)*
in capo = in testa	auf dem Kopf
il pidocchio	Laus
tener a mente qc	sich etwas gut merken
la mente	Geist; Verstand; Gedächtnis
l'apparenza	Schein; Äußeres
il birbone (*f* -a)	Gauner
campare	leben
il grillo	Grille; Laune
il cervello	Gehirn
far partito di qc	sich etwas gut merken
pregare	bitten; beten
Iddio = Dio	
le corna	Hörner

DIMMI BEL GIOVANE
(Anarchistenlied)

adorare	anbeten; (heiß) lieben
la fe' = fede	Glaube; Treue
il vile	Feigling; Schuft
il genitor(e) *(veraltet)*	*hier:* Vater
pugnare *(veraltet)*	kämpfen
intrẹpido	kühn

PELLEGRIN CHE VIEN DA ROMA
(Lied aus der Lombardei)

il pellegrino	Pilger
al biroc = barroccio	mit einem Karren
ruti = rotti	
me muier = mia moglie	
lo sporcaccione	Ferkel
. . . en tegni pö = non ne tengo più	*etwa:* die kommen mir nicht mehr ins Haus

4 OPERA QUI, OPERA LÀ

l'ọpera	Oper; Opernhaus
la Scala	*Opernhaus in Mailand*
l'intervallo	Pause
entusiasta *m/f*	begeistert
rivọlgersi a (*PP* rivolto)	sich wenden an
richiestissimo	sehr gefragt, man reißt sich um . . .
matto	verrückt, wahnsinnig
ma Lei sta scherzando?	das ist doch nicht Ihr Ernst?
scherzare	spaßen
il gẹnio	Genie
spaccare	spalten; zerschlagen
la bacchetta	Taktstock
l'anẹddoto	Anekdote
indiscreto	indiskret; taktlos
la lịrica	Oper
intenditore (*f* -trice)	Kenner(in)
l'aria	Arie
far addormentare	zum Einschlafen bringen
Siviglia	Sevilla
ad alta voce	laut
a quanto mi dicono	soviel ich weiß
il coro	Chor

mettersi (a fare qc)	anfangen (zu)
arrabbiato (con)	wütend/böse (auf)
sfogarsi	sich austoben/Luft machen/abreagieren
mobile	beweglich; unbeständig
la piuma	Feder

ESERCIZO 4

gelido	eisig, eiskalt
la manina	Händchen
lo schiavo	Sklave
i vezzi	Reize, Zauber
il pagliaccio	Bajazzo
tracannare	hinunterstürzen

5 COME NACQUE L'OPERA

teatrale	Theater-
liturgico (*Plur* -ci)	liturgisch, geistlich
mediovale	mittelalterlich
il precursore	Vorläufer
la teorizzazione	Theorisierung
il compositore	Komponist
l'epoca	Zeit; Epoche
predominare (predomina)	vorherrschen
recitativo	rezitativisch; Rezitativ
il virtuosismo	Virtuosität
l'interprete	Interpret; Darsteller
il merito	Verdienst
arricchirsi	sich bereichern
ispirarsi	sich inspirieren
la melodia	Melodie
affollare	(über)füllen
a sua volta	seinerseits
il foglio	Blatt *(Papier)*
volante	fliegend, Flug-
la canzonetta	Schlager
di piazza	*hier:* überall bekannt/ gesungen

6 CANTA CHE TI PASSA!

che	*hier:* damit
passare (a qu)	vorübergehen
la canzonetta	Schlager
riflettere (*PP* riflesso)	widerspiegeln
lo svago	Unterhaltung
l'evasione *f*	*hier:* Ablenkung
il sogno	Traum
nello spazio di	innerhalb; *hier:* während
tenersi per mano	Hand in Hand (gehen)
melodico (*Plur* -ci)	melodisch
la parte del leone	Löwenanteil
la ventata	Windstoß; *hier:* Welle
educato	(wohl)erzogen, artig
invertire (inverte)	umkehren, vertauschen
un mostro d'ingenuità	ein Ausbund an Naivität
il mostro	Ungeheuer
la contestazione	*vgl. S. 240 (2)*
contestare	bestreiten; anfechten
il cannone	Kanone
la rivoluzione	Revolution
finire „a tarallucci e vino"	gut ausgehen; sich in Wohlgefallen auflösen
i tarallucci	*Art Gebäck*
il riflusso	*hier:* Tendenzwende (zu früheren Werten)
il malessere	Unbehagen, Unwohlsein
adeguarsi	sich anpassen

ESERCIZIO 8

tratto, -a (da) (*Inf* trarre*)	entnommen (aus)
motivare	begründen
la suora	Nonne, Schwester
fiero (di)	stolz (auf)
la rinuncia	Verzicht
il segno	Zeichen
la rivincita	Revanche
la conquista	Eroberung
in quanto tale *m/f*	als solche(r)
volare	fliegen
la colomba	Taube
inginocchiato	auf Knien
mesto	traurig
la lametta	Rasierklinge
prendere al volo	erhaschen, erwischen; *hier:* nichts auslassen
il volo	Flug
tutto conviene	*etwa:* alles lohnt sich
la vena	Vene, Ader

7 SONO SOLO CANZONETTE?

il critico (*Plur* -ci)	Kritiker
ironico (*Plur* -ci)	ironisch
l'eroe (*f* eroina)	Held
il navigatore	Seefahrer
il cantautore	Liedermacher
l'autore (*f* -trice)	Verfasser(in), Autor(in)
distinguere (*PP* distinto)	unterscheiden
l'intelligenza	Intelligenz
la dignità	*hier:* Stellenwert
poetico (*Plur* -ci)	poetisch
il mito	Mythos
la fiaba	Märchen
la leggenda	Sage; Legende
determinato	bestimmte(r)
l'emozione *f*	Gefühl; Erregung
cosciente	bewußt
elettronico (*Plur* -ci)	elektronisch
vivere sulla propria pelle	am eigenen Leib erfahren
il portatore	Träger, Überbringer
l'impeto	Ungestüm; Schwung, Elan
lasciar il posto (a)	Platz machen, weichen
segreto	geheim
il segreto	Geheimnis
spezzare	(zer)brechen
la barriera	Barriere, Schranke

ESERCIZI 9–11

la barricata	Barrikade
protestare	protestieren
aver sapore di qc	nach etwas schmecken
la nostalgia	Sehnsucht; Heimweh
grande attesa per . . .	alles wartet auf . . .

la felicità	Glück
tradire (tradisce)	verraten
il rossetto	Lippenstift
il sorriso	Lächeln
sorridere (*PP* sorriso)	lächeln
lo spavento	Schrecken

LEZIONE 16 DALLE ORIGINI AD OGGI

1 UNA TRACCIA ATTRAVERSO IL TEMPO

la traccia	Spur

2 ABBIAMO FATTO STRADA

abbiamo fatto strada	wir haben es weit gebracht
collegare	verbinden
man mano	nach und nach
conquistare	erobern
il soldato	Soldat
la terra	*hier:* Landstrich
lungo	*hier:* längs, entlang
incrociare	kreuzen; *hier:* treffen
il carro coperto	Planwagen, -karren
la carretta	Karre(n)
i mercanti	Kaufleute
il corteo	(Um-)Zug; Schlange, Reihe
il servo	Sklave
al seguito di	im Gefolge von
a dorso di mulo	auf einem Maulesel
il dorso	Rücken; Rückseite
intenso	stark; intensiv
scarso	spärlich, dürftig; gering
imbattersi in qc/qu	unvermutet auf etwas/ jemanden stoßen
il rapinatore	Räuber
la locanda	Wirtshaus
il covo	Schlupfwinkel, (Räuber-)Nest
pernottare	übernachten
l'intreccio	Geflecht; Verschlingung
l'ingegneria	*hier:* Technik
l'architettura	Architektur
la pista	(Fahr-)Bahn, Spur
l'otto volante *m*	Achterbahn
convergere	zusammenlaufen
abbinarsi	*hier:* sich vereinigen
si accavallano, si scavalcano	sie führen über- und untereinander hinweg
accavallarsi	*(Wellen)* sich überschlagen
scavalcare qc	über etwas steigen/ springen/hinwegsetzen
lanciare	schleudern, werfen
sospeso	aufgehängt
il costruttore	(Er-)Bauer
sbagliarsi, sbagliare strada	*hier:* sich verfahren
scivolare	gleiten, rutschen; *hier:* geraten
istantaneamente	augenblicklich, sofort
il flusso	*hier:* Strom
talvolta	manchmal

ESERCIZI 1–3

la superstrada	Schnell(verkehrs)straße
la comodità	Bequemlichkeit, Annehmlichkeit
il disagio	*hier:* Unbequemlichkeit
il console	Konsul
ampio	breit
favorevole	*hier:* zustimmend

3 „STUDIABAMUS"

studiabamus = studiavamo	*Wortspiel in Anlehnung an die lateinische Verbform „studebamus"*
il diritto	*hier:* Rechte, Jura
sorgere (*PP* sorto)	*hier:* entstehen
la corporazione	Verbindung; Zunft
gli universitari	Studenten und Professoren
godere (di)	*(Vorrecht)* genießen, haben
giudicare (qc)	*hier:* richten (über)
il reato	Vergehen
il membro	(Mit-)Glied
stabilire (stabilisce)	bestimmen, festlegen
il rettore	*(Universität)* Rektor
l'autorità	*hier:* (maßgebende) Persönlichkeit
cittadino	*hier:* der Stadt
mantenersi* (da vivere)	für seinen (Lebens-)Unterhalt sorgen
mantenere	(er)halten
svolgersi	*hier:* vor sich gehen, ablaufen, sich abspielen
il commento	Kommentar
fondamentale	grundlegend
far seguito (a)	folgen

ESERCIZIO 4

la colonna	Säule; *hier:* Kolonne, Reihe
la spiegazione	Erklärung
l'atto	*hier:* Handlung, Tat

PAGINA 152:	*Seite 152:*
il dì = il giorno	Tag
per noi	in unserem Namen
lle ghualchieri *(veraltet)*	Walkereien
da Rovezano	von/in Rovezano
sodare	walken
il panno	Tuch

f. = fiorino	(Florentiner) Gulden
ponete a nostro conto	belastet unser Konto
per Domenico Piaciti	im Auftrag von D.P.

4 UN GIRO DI SOLDI

il giro	*hier:* Umlauf, Zirkulieren
espạndere (*PP* espanso)	(sich) ausdehnen; expandieren
la pergamena	Pergament(handschrift, -urkunde)
clamoroso	aufsehenerregend, sensationell
il fallimento	Scheitern; *hier:* Konkurs, Bankrott
in seguito all'impossibilità di ...	da es unmöglich war, ...
riscuọtere (*PP* riscosso)	einkassieren; beitreiben
il crẹdito	Kredit
finanziario	Finanz-, finanziell
il banchiere	Bankier
il frutto	Frucht; *hier:* Ertrag, Gewinn
gli interessi	*hier:* Zinsen
il capitale	Kapital

ESERCIZIO 6

bancario	Bank-
derivare (da)	abstammen (von)

5 INCONTRO CULTURALE

l'esponente	Vertreter
il cịrcolo	*hier:* Verein, Klub
sottolineare (sottolịnea)	unterstreichen
noto	bekannt
parecchi (*f* -ie)	etliche, mehrere
parecchio	ziemlich viel
far eccezione	eine Ausnahme bilden
decisivo	entscheidend, ausschlaggebend
il postmoderno	die Postmoderne
la scultura	Skulptur
la pittura	Malerei
medio	Durchschnitts-
il grosso pubblico	das breite Publikum
scẹttico (*Plur* -ci)	skeptisch
le sperimentazioni	experimentieren
l'esperimento	Experiment
accennare (a)	hinweisen (auf), erwähnen
la vitalità	Vitalität

ESERCIZIO 7

prendere appunti	(sich) Notizen machen

6 TUTTO IL MONDO È COMMEDIA

la commẹdia	Komödie
civetta	*hier:* kokett
affamato	hungrig
fare dei discorsi incoerenti	*etwa:* drauflosreden
incoerente	zusammenhanglos
acrobazịe	akrobatische Kunststücke
la capriola	Purzelbaum
la mạschera	Maske; *Gestalt der Commedia dell'arte*
rimbambire (rimbambisce)	kindisch werden, vertrotteln
essere sfortunato	kein Glück haben
fare il finto sciocco	sich dumm stellen
finto	vorgetäuscht, falsch
imbrogliare	verwirren; betrügen
recitare (rẹcita)	*(Theater)* spielen
l'improvvisazione *f*	Improvisation
la battuta	schlagfertige/geistreiche/witzige Bemerkung
la smorfia	Grimasse
ribạttere	zurückschlagen; (schlagfertig) erwidern

PAGINA 155:	*Seite 155:*
recitare a soggetto	aus dem Stegreif spielen, improvisieren
ossịa	*hier:* das heißt
la mịmica	Mimik
simboleggiare	symbolisieren
il peccato	Sünde
alla pari	gleichrangig, ebenbürtig
maturare	reifen; *hier:* entwickeln
saldo	fest, stark
la coscienza	*hier:* Bewußtsein
acuto	*hier:* scharf(sinnig)
l'anạlisi	Analyse
esplịcito	ausdrücklich, deutlich
trarre*	ziehen

7 IO FO, ANZI FATE VOI ...

fo *(toskanisch)* = faccio	
anzi	*hier:* besser noch
inẹdito	(bisher) unveröffentlicht
la crociata	Kreuzzug
l'incursione *f*	Streifzug
il Medio Evo	Mittelalter
frequentare	*hier:* heimsuchen
saccheggiare	plündern
in fermento	gärend
erọico (*Plur* -ci)	heroisch
la menzogna	Lüge
il raggiro	Betrug; Intrige
fare lo sgambetto (a)	ein Bein stellen

le corna da caprone	Bockshörner
scoppiare	platzen
contagiare	anstecken
accordarsi	sich einigen
al verde *ugs*	ohne Geld, blank
il chiẹrico (*Plur* -ci)	*hier:* fahrender Schüler, Vagant
ignaro (di)	ahnungslos, unerfahren
grullo	dumm, einfältig
cạndido	rein, unschuldig
al punto che . . .	so/derart, daß . . .
ingẹnuo	naiv
all'occorrenza	*hier:* immer wenn es darauf ankam
rivelarsi	sich erweisen (als)
contagioso	ansteckend
la vịttima	Opfer
liberare (lịbera)	befreien
esaltare	(er)heben
tale *m/f*	solche(r), derartige(r)
mịstico (*Plur* -ci)	mystisch
la visione	Vision
decollare	abheben
la puttana	Hure
ancorare (ạncora)	verankern
corpọreo	körperlich, leiblich

Alphabetische Wortliste

- Die Zahlen und Buchstaben geben die Lektion und den Lernschritt an, in dem das betreffende Wort in einer bestimmten Bedeutung zum ersten Mal vorkommt; es wird zum Teil (passiver) Wortschatz aus Buongiorno 1 wiederholt.
  (Abkürzungen: E = Esercizio, S. = Seite)
- Die fettgedruckten Wörter gehören zum Lernwortschatz.
- Das Zeichen • bedeutet, daß das Wort der Wortschatzliste des Deutschen Volkshochschul-Verbandes angehört.

A

abbandonare 6/5
abbasso 13/E4
abbigliamento 4/5
abbinare 1/S. 11; 5/E8; 8/E1; 16/2
abbondante 7/6
abbracciare 7/E6
abbraccio 5/3
•**abitante** 1/S. 219
abitazione 14/S. 130
abitualmente 14/5
accavallarsi 16/2
•**accendere** 2/4
accendino 9/S. 199
accennare 16/5
accesso 8/4
•**accettare** S. 162; 5/E8;
acciaio 10/2
accidentale 13/E7
•**accidenti!** 11/E9
accogliere 6/4
accompagnatrice 10/E9
accontentare 13/3
acconto 11/E6
accordarsi 16/7
•**accordo:**
  mettersi d' ~ 5/4
  andare d' ~ 12/E4
•**accorgersi** 8/5
accusare 13/4
acido 5/E4
acquistare 11/3
•**acquisto** 11/3
acrobazia 16/6
acuto 16/S. 155
adattarsi 7/E6
•**adatto** 2/E1
•**addirittura** 14/7
addormentare 15/4
•**addormentarsi** S. 161;
adeguarsi 15/6
adeguato 8/5
aderire 13/5
adoperare 14/4
adorare 15/3
adottare 11/3; 12/4; 14/2
adozione 11/3
aereo a reazione 14/E5
affamato 16/6
•**affare** 4/E6, E7
affascinare 9/4
•**affatto:** non ~ S. 176
affermare 12/5; 9/S. 198
affermazione 5/E3; 9/5
•**affetto** 5/E4
affidamento 12/6
affidare 9/5; 12/6
affinché 11/3
afflusso 8/5
affogare 12/S. 117
affollare 15/5
affollato 5/6
affresco 6/8
affrontare 8/2
aggiornarsi 12/E5
aggiungere 7/6
agire 5/2
agnello 13/E4
agricolo 11/4
•**agricoltura** 3/2
agriturismo 11/4
agrumeto 7/5
•**aiuto!** 4/1
ala 15/2
albanese 14/E3
albergatore 4/E7
alberghiero 4/6
•**alcuni** 1/1
•**alimentare** 10/4; 11/5
alimentazione 7/E8
alimento 7/6
allargare 4/6
alleato 13/3
alleggerire 7/E8
•**allegro** 6/E7
allenamento 5/2
allevare 7/8; 12/6
allontanamento 4/3
•**allontanarsi** 4/S. 44
•**allora** 5/E4
alludere 13/S. 121
•**almeno** 1/4; 3/4
Alpi 11/2
alpino 8/2
•**alto** 1/E6; 10/4; 15/4, 7
•**altrimenti** 4/E1
•**altro** 2/2; 3/3; 4/S. 37; 9/E2; 12/E11; 15/2
altrove 13/S. 127
altrui 8
altruismo 4/5
alzare S. 161
alzato 12/7
amatore 6/2
ambientale 11/3; 14/2
•**ambiente** 4/3; 5/S. 188; 11/1
•**ammalarsi** S. 161; 3/5
ammesso che 11/S. 204
ammettere 12/S. 117
amministrare 14/2
amministrative 13/2
amministrativo 4/6; 14/2
•**amministrazione** 13/4
ammirare 4/3
ampiezza 4/5
ampio 14/2; 16/E3
analisi 16/S. 155
ancorare 16/7
•**andare:**
  ~ **a cavallo** 6/7
  ~ a farsi benedire 3/4
  ~ **a finire** 6/E2
  ~ a genio 12/S. 117
  ~ **d'accordo** 12/E4
  ~ **di male in peggio** 5/6
  ~ in mano a 6/E2
  ~ **sul sicuro** 1/4
  Le va di . . . ? 1/E1
  com'è andata? 10/7
  come va? 12/4
  Passiv mit ~ 8/5
  Gerundium mit ~ 14/4
•**andarsene** 9/4
aneddoto 15/4
anello 12/2
anfora 6/5
anglicismo 14/E5
•**anima** 4/5
•**animale** 7/7; 11/3
animato 13/3
animo 13/S. 127
annegare 12/6; 14/S. 132
annoiarsi S. 215
•**annuncio** 2/E2
anonimo 5/3
anteprima: in ~ 1/S. 11
antico 6/8
•**antipatico** 1/E6
•**anzi** 5/3; 5/6; 6/8; 16/7
•**anziano** 12/4
apertura 6/4
apparenza 15/3
apparire 4/S. 44
appartenere 3/3; 14/7
appassionato 6/2
•**appena** 2/5; 3/5; 6/4; 10/6
Appennino/Appennini 11/2
appiattire 13/S. 119
appoggio 13/3
apprendista 3/3
•**approfittare** 13/4
approvare 13/2
appunti 16/E7
appunto 4/6; 6/4;
aquila 11/3
arabo 13/5
archeologico 6/E2
archeologo 6/5
architetto 6/8
architettura 16/2
archivio 6/5
Arcipelago 11/4
ardere 14/S. 132
area 11/3
arena 6/1
argento 14/6; S. 247
argomento 2/E10
aria 15/4, 7
  •**darsi arie** 1/2
aristocratico 13/5
arma S. 165; 13/S. 127
armamento 13/3
armare 13/E4
•**arrabbiarsi** S. 161; 13/3
•**arrabbiato** 15/4
arrangiare 15/2
•**arrangiarsi** 4/5; 5/1
arrecare 11/2
arricchire 7/8; 15/5
arricciare 7/4
arrogante 12/S. 117
arrotino 3/S. 222
arsura 13/S. 127
•**articolo** 2/E2; 10/1
artigianale 10/2
artigianato 3/E3
artigiano 3/2
•**artista** S. 164
artistico 3/2; 9/E5
•**ascensore** 1/S. 173
ascesa 14/4
•**asciutto** 4/5
ascoltatore 6/E7
ascolto 12/S. 117
Asia Minore 14/E3
asilo nido 3/5
asparagi 7/4
aspettarsi 7/4
•**aspetto** 11/S. 98
assaggiare 14/E6
•**assegno** S. 162; 5/E4
•**assicurare** 9/S. 198
assieme 7/4
•**assistere** 4/S. 44
assoluto 6/8
•**assumere** 8/2
assurdità 10/5
attaccare 8/S. 196
atteggiamento 12/6
•**attendere** 6/7
•**attento** 4/6; 12/6
•**attesa** 15/E10
attirare 9/4
•**attività** 10/E1
•**attivo** 11/3
•**atto** 1/S. 11; 10/4; 14/2; 16/E4
attorno 7/8
•**attraverso** 4/6; 9/E7
attrezzatura 11/E7
attribuire 5/1
•**attuale** 5/E1
attualità 10/5
  di ~ 6/E7
•**attualmente** 8/2
audio 2/5
•**augurarsi** 5/S. 187
•**aumento** 1/E4; 2/E5

autenticità 15/2
•**auto(mobile)** S. 164; 4/S. 44
autonomia 12/7; 14/2
autonomo 13/S. 119
autore 6/E5; 15/7
•**autorità** 13/4; 16/3
autoritario 3/E5
autorizzato 12/6
autunnale 8/S. 197
•**autunno** 8/S. 197
avanguardia 1/4
avanzare 11/S. 104
avaro 15/3
•**avere: ce l'ho** 11/4
avvelenare 11/2
•**avvenimento** 13/5
avvenire 4/E11; 8/2
•**avventura** 12/6
avversario 13/4
avviare 10/4
•**avvicinare** 12/4
•**avvicinarsi** 12/S. 241
•**avviso** 13/4
avvocato 3/E2
azienda 10/3; 11/4

B

baby-sitter 12/6
bacchetta 15/4
•**baciare** 1/6
•**bacio** 4/6
badare 15/3
baffi 1/E6
•**bagnarsi** S. 161
•**bagnato (fradicio)** 1/S. 174; 12/S. 208
baia 13/S. 127
balneazione 11/E2
•**ballo** 1/S. 11
bancario 16/E6
banchiere 16/4
banco 10/E7; 10/E9
•**barba** 1/6
farsi la ~ S. 161
•**barbiere** 3/E2
barricata 15/E9
barriera 15/7
•**base** 5/E8; 7/6, E8
•**bastare** S. 161; 5/4; 14/3
bastone 4/6; 7/6
battaglia 12/6
•**battere** 3/3
~ **a macchina** 10/S. 237
battibecco 12/S. 117
battuta 16/6
beato S. 171; 2/1
befana 12/3
bega 12/3
•**bellezza** 4/5; 11/2;
che ~**!** 12/3; 13/S. 121
•**benché** 4/6; 11/2
•**bene:**
far ~ 7/7
per ~ 12/E5
voler ~ 12/5
Substantiv 2/4; 6/6; 11/2
benedetto 7/7
benedire 3/4
benessere 5/E10
benvenuto 2/E11
bestia 13/S. 127
bestiame 7/E8
betulla 11/3
•**biancheria** 8/E3
Bibbia 13/S. 127
•**biblioteca** 14/2
bici 11/4
•**biglietto d'ingresso** 4/3
bilancia 10/4
bilingue 14/E8
bilinguismo 14/2
bimbo 12/E9
biologico 11/5
•**biondo** 1/6
birbone 15/3
biro S. 164
•**bisogno** 8/S. 196; 11/6
blocco 6/E5
bocce 12/4
bollente 7/6
bollire 7/6
borghese 3/S. 31; 7/8; 13/5
bottega 3/E3
bracciante 8/E1
brace: alla ~ 4/5
bresciano 15/2
bronzo 6/5, E7
•**bruciare** 2/E7
buca 4/6; 7/8
bucarsi 9/E3
budino 7/S. 194
bugia S. 165
•**buio** S. 161; 4/S. 44
burattini 11/4
burocrazia 12/5
bussare 4/S. 185
•busta 14/S. 246
bustarella 14/5
•**buttare** 10/S. 203; 11/E8

C

cabaret 1/S. 11
caccia 11/2
•**cadere** S. 214
caffettiera 14/E6
calabrese 13/2
calamità 13/2
•**caldo** 5/1
calmo 4/6
calo 3/S. 33
calore 4/5
calzatura 10/2
•calzini 14/6
•**calzolaio** 3/S. 222
cambiamento 2/E13
•**cambiare:**
~ **canale** 1/E3
~ **casa** 2/2
~ **ditta** 3/4
~ **lavoro** 1/1
tanto per ~ 9/E1
•**cambio: in** ~ 12/4
cameriera 8/6
camice 3/2
camino 7/8
•**camion** S. 165
camminata 11/4
camoscio 14/S. 130
•**campagna** 8/2; 11/3; 12/4
campanile 14/S. 246
campanilismo 14/3
campanilista 14/E2
campare 5/2; 15/3
•**campeggio** 11/E8
•**campo** 6/8; 10/6; 13/2
canale 1/E3; 2/3
candido 16/7
cannone 15/6
cantante 1/E5; 2/5
cantautore 15/7
•**cantiere** 3/E3
cantina 6/E2
canto 8/1; 14/4
•**canzone** 4/S. 44
canzonetta 15/6
•**capace** 8/E4
capacità 10/4
•**capire** 1/3, S. 15; 7/E2
capitale 16/4
capitare 6/3
•**capo** 10/E8; 13/3; 14/4
in ~ 15/3
capolavoro 4/5
capoluogo 1/S. 219
capriola 16/6
caprone 16/7
•**carattere** 4/5
caratteristica 4/E8
caricare 12/S. 117
carità: per ~ **!** 1/3
carriera 12/5
carro 7/4; 16/2
•**carta** S. 214
cartina 14/E9
cartone 6/5
cartoni animati 2/2
•**casa:**
andarsene di ~ 9/4
cambiar ~ 2/2
in ~ **x** 1/3
mettere su ~ 12/2
casalinga 3/E14
casalinghi 14/E6
casella 11/S. 104
casino 9/5
•**caso** 1/4
in ogni ~ 2/4
per ~ S. 169; 10/E6
caspita! 6/E7
Cassa del Mezzogiorno 10/4
Cassa Integrazione 3/4; 10/5; 13/S. 119
cassetta 2/5
catalano 14/7
catena 14/S. 137
•**cattivo** S. 169; 4/S. 184
cattolico 12/1
cattura: ordine di ~ 13/4
•**causa** 1/4
a ~ **di** 8/E2
cava 11/S. 105
cavalli (*„PS"*) 12/S. 117
•**cavallo** 6/7
cavarsela 12/6
cavolo 7/8
cece 7/8
•CEE 8/4
Celti 13/5
cemento 4/2
ceneri 12/2
centinaio 2/5
•**cento: l'8 per** ~ 3/4
centrale 8/S. 197
centralinista 10/S. 95
centralizzare 14/2
Centro Europa 8/S. 197
ceramista 1/E5
cerca: in ~ **di** 10/5
cercasi 10/S. 95
cereali 7/E8
cerimonia 12/2
certezza 9/S. 88
certificato 11/3
cervello 15/3
ceto 14/E5
C.G.I.L. 10/4
chi . . . chi 2/4
chiacchiere 5/6
•**chiaro** 1/3, E6; 12/S. 208
chiasso 12/7
chiedere notizie di 9/E1
chierico 16/7
Chiesa 12/1
chimica 5/4; 11/3
chimico 1/E5; 11/2
•**chissà!** 4/S. 44
chitarra 4/S. 44
chiudersi in casa 5/6
chiunque 14/4
chiusura 11/6
•**ciascuno** 12/2
cibo 11/4
•**cielo** 4/S. 44
cima 14/S. 130
cimitero 6/5
cinico 5/2
ciò 3/S. 182; 4/3
•**cioè** 8/2
cipolla 7/8
•circa 1/S. 219
circo 1/S. 11
circolo 12/4; 16/5
C.I.S.L. 10/4
citare 13/E7
•**cittadino** 1/5; 8/4; 16/3
civetta 16/6
civiltà 13/S. 127; 14/7
clamoroso 16/4
clan 5/2
clandestino 8/5
classico 1/4; 9/E5
classifica 3/E11
clientela 6/8
clientelismo 9/3
coalizione 13/E6
coccolare 12/7
•**coda** 6/2; 11/S. 104
coetaneo 9/E6
•cogliere S. 217
colazione 12/2
collaborare 4/6
collaboratore 10/S. 95
collaborazione 6/5
collegamento 2/E13
collegare 16/2
colloquio 10/6
colomba 15/E8
colonia 4/S. 44; 6/E5
Colonia 5/E3
colonna 6/3; 16/E4
•**colpa** 9/3; 9/S. 199
colpevole 12/7
•**colpire** S. 156
colpo: di ~ 3/S. 181; 9/E6
coltivare 7/E3; 11/5
coltivazione 7/5
comandare 12/3
combinare 2/E3
combinazione 10/4
cometa 14/6, S.247
comico 4/S. 44
commedia 14/4; 16/6
commendatore 14/3
commento 16/3
commerciante 11/6

•**commercio** 3/E3
commilitone 7/4
•**commissione** 12/4; 13/4
comodità 16/E1
•**compagnia** 1/2; 12/4
•**compagno** 4/S. 44
comparire 11/S. 104
compensare 10/E4
competitività 10/E5
competitivo 10/5
•compiere 8/3; 10/S.203
•**compito** 4/6
complesso 12/7
complicazione 1/3
•**complimenti** 7/2, E1
comporre 14/4; 15/E1
comportarsi 11/E8
compositore 15/5
•**comprendere** 14/4
comprensibile 14/4
computer 6/5
•**comune** 1/5; 5/1; 7/6; 11/2
•**comunicare** 9/S. 198; 12/2
•**comunicazione** 5/5
comunismo 13/E4
comunista 13/S. 243
comunità 8/S. 234; 14/E3
comunitario 10/4
•**comunque** 1/1
concime 11/S. 105
concordato 13/2
concorrenza 10/3
concorso 12/4
concreto 11/3
condimento 7/4
condire 7/6
condividere 10/E3
condizionato 13/S. 127
•**condizione** 5/E10; 8/E6
  a ~ che 11/S. 204
condominio 12/S. 117
conduttore 2/5
confederazione 10/4
•**confermare** 13/E7
confidare 12/E5
Confindustria 10/5
•**confine** 8/1
•**conflitto** 10/4
•**confrontare** 12/E4
confronto:
  a ~ 9/6
  in ~ a 4/6
  nei confronti di 12/6
congelato 4/3
•**conoscenza: far ~** 12/2
conquista 7/4; 15/E8
conquistare 16/2
conseguenza 10/5
  di ~ 14/2
conseguimento 10/E9
consenso 12/E5
•**conservare** 6/E2
conservatorio 15/E3
conservazione 6/E9
considerare 8/5
Consiglio 13/2
consistere 7/8
•**Consolato** 5/E3
console 16/E3
consumare 7/8
consumismo 6/2
consumo 14/7
contabilità 10/S. 95
•**contadino** 3/2
contagiare 16/7
contagioso 16/7
•**contare** 5/3
contatto 4/6; 11/4
contemporaneo 10/E6
•**contenere** 6/7; 10/4
contentino 12/2
contenuto 5/E3
contestazione 12/2; 15/6
continuo 2/4; 4/6
•**conto:**
  in fin dei conti 12/3
  per ~ proprio 5/2
  rendersi ~ di 12/4
  tener ~ di 14/2
contraddire 13/E7
•**contrario** 10/E2
  al ~ 14/5
  essere ~ a 10/5
•**contratto** S. 213
contribuire 7/6
•**contributo** 12/E6
•**convenire** 11/E7
convergere 16/2
conversare 5/E3
•**convincere** 8/E1
•**coprire (bene)** 12/E9
corallo 10/2
•**cordiale** 4/5
corna 15/3; 16/7
coro 15/4
corporazione 16/3
corporeo 16/7
•**corrente** 2/S. 178; 14/S. 211
•**correre** S. 159; 12/S. 117
•**corretto** 10/E7
•**corridoio** 12/S. 117
corriera 3/5
corrispondente 10/S. 95; 11/S. 104; 14/E5
corrispondere 2/E3
corrotto 13/4
corruzione 13/4
•corsa: di ~ S. 213
corteo 4/S. 44; 16/2
•cortile S. 214
cosare 9/5
cosciente 15/7
coscienza 11/E8; 16/S. 155
cosiddetto 8/5
costa 4/2
Costanza 10/E6
costare caro 12/S. 208
costiero 11/3
Costituzione 13/1
•**costo:**
  il ~ del lavoro 10/5
  il ~ della vita 8/4
  a tutti i costi 7/E6
•**costringere** 8/4
•**costruire** S. 156; 4/S. 37
costruttore 16/2
•**costruzione** 6/8; 14/2
•**costume** 1/S. 11; 7/4; 14/8; S. 214
cotenne 7/8
cotto 1/S. 174
cottura 7/6
covo 16/2
•**creare** 4/3
creatività 10/4
credibile 10/E2
credito 16/4
crepare 5/2; 13/S. 127
crescente 11/5
•**crescere** 3/3
criminale 8/E7
criminalità 5/E10
cristallo 10/2
cristiano 14/S. 132
Cristo:
  a. C./d. C. 6/1
  un povero cristo 12/3
critica 1/2
•**criticare** 5/E4
critico 5/E3; 15/7
criticone 13/3
croato 14/7
crociata 11/3; 16/7
cronaca 2/E2; E3
cronologico 7/E5
crudeltà 13/S. 127
cucchiaiata 7/6
cucinare 2/S. 178
•**cugino** 3/3
•**cui** 6/2, 5; 14/2
•**cultura** 2/E3, 13/5
culturale 2/E2;
cuoco 4/6
cupola 1/S. 11
•**cura** 2/E14
  con ~ 6/E2
•**curare** 4/6
•**curioso** 15/2
curriculum vitae 10/S. 95, E9
custodia 12/6

D

dado 11/S. 104
•dai! 7/3; 8/5
d'altronde 12/7
dannato 13/S. 127
danneggiare 6/E6
•**danno** 4/S. 184; 11/2
danza 15/2
dapprima 12/6
•**darsi:**
  ~ **arie (da)** 1/2
  ~ da fare 4/6
  ~ **del tu/Lei** 8/3
    può ~ che 6/S. 189
data: di vecchia ~ 13/3
dati 4/5
dato che 7/S. 194
dattilografa 10/S. 95
dattilografia 10/S. 95
•**debole** 12/S. 242
debolezza 12/S. 117
decennio 14/2
•**decidersi** S. 216
•**decina** 2/5
•**decisione** 9/E6
decisivo 16/5
declassare 6/8
decollare 16/7
dedito 4/6
definitivo 8/2
definizione 2/E3
degno 6/8
delegare 5/2
delta 11/4
•**deludere** 13/S. 119
delusione 9/6
democratico 13/1
democrazia 5/E3
democristiano 13/S. 243
•**denaro** 5/3
•**dente:**
  al ~ 7/E6
  stringere i denti 12/S. 117
•**dentro** 4/S. 44
•**denunciare** 13/S. 121, 4
deputato 12/2
derivare 14/2; 16/4
descrizione 1/E6
deserto 10/3
designer 10/3
destinare 13/2
determinare 5/E1; 15/7
detersivi 11/S. 104
detestare 13/S. 127
devastare 11/2
dialettale 14/E7
dialetto 14/2
diario 2/2
dibattito 6/6
•**dichiarare** 11/3; 13/3; S. 215
dieta 7/E8
•**difendere** 4/3
•**difetto** 5/S. 187; 12/5
•**differenza** 5/E1
differenziarsi 14/E1
•**difficoltà** 3/3
diffidenza 13/5
diffondersi 14/4
diffusione 14/4, E5
diffuso 14/4, 7
digestione 7/E8
digestivo 7/E1
dignità 13/1
dignitoso 3/3
dilettante 1/3
dilettantistico 5/2
dimagrante 2/E14
dimensione 2/5
•**diminuire** S. 159; 1/4
diminuzione 9/4
dimissioni:
  dare le ~ 12/S. 209
dimora 13/S. 127
•**dimostrare** 5/5
•dintorni S. 165
•**Dio** 10/S. 201
dipendente 3/4
•**dipendere** 3/1
dipingere 5/3
dipinto 6/7
diploma 1/1
•direttore 1/E5
dirigere 4/6; 6/E5; 13/S. 121; 15/4
•**diritto** 8/3; 16/3
  ~ **di voto** 8/E6
disagiato 9/E3
disagio 5/6; 10/E4; 16/E1
disarmo 13/E6
disastro 11/2
disciplina 5/1
disciplinato 12/7
•**discorso** 3/5; 16/6
discrezione 12/S. 117
•**discussione** 1/3
•**discutere** 3/E6
disegnare 4/S. 44; 10/E1
disegno 2/E11
diserbanti 11/S. 105
disinteresse 9/3
•**disoccupazione** 3/S. 33
disonesto 10/E2

•**disperato** 8/1
disperazione 6/8; 13/S. 119
•**dispiacere** 7/2
disposizione 5/E9; 9/S. 199
disposto 6/6
disprezzare 5/E4
dissestato 4/S. 44
distensione 13/E6
distensivo 13/S. 127
•**distinguere** 15/7
distinzione 7/8; 13/1
distrarsi 4/6; 12/E11
distratto 9/2
•**distruggere** 11/3
•**disturbare** 2/2
•**ditta** 3/4
diurno 1/5
diva 6/2
divenire 10/2
•**dividere** 4/6
•divieto 11/E2
diviso 8/2
dizionario 14/S. 247
docente 12/6
documento 2/E10
•**dogana** S. 213
•dolce 9/5; 11/2
dollaro 10/4
Dolomiti 11/2
•**dolore** 15/2
doloroso 12/6
•domanda:
presentare la ~ 10/E6
domenicale 11/4
domestica 12/6
domestico 14/5
dominazione 13/5
donnaiolo 5/1
dono 11/3; 12/E3
dopoguerra 8/2
dorso 16/2
•**dovere** 6/2, 8; 7/2; 13/E8
(Substantiv) 4/6
dovunque 4/S. 44
dozzina 2/S. 178
drago 15/2
dramma 1/4
drammatico 6/5
drammatizzare 12/S. 117
droghiere 3/2
•**dubbio** 4/S. 184; 12/2
•**dubitare** 5/S. 187
•**dunque** 4/6
•**duro** 4/6; 7/6

E

eccessivo 2/5; 8/E4
•**eccezione** 7/8; 16/5
eco 10/4
ecologia 11/1
ecologico 11/2
ecologista 11/3
•**economia** 2/E3
•**economico** 2/E2; 4/3; 10/4
edificare 13/S. 127
edificio 4/S. 44
edilizia 3/2
edilizio 4/S. 37
edizione 1/S. 220
educare 12/7
educato 15/6
educazione 1/5; 12/7
effetti: in ~ 13/3
effettivo 13/1
efficiente 5/1
efficienza 10/4
egli 13/S. 210
egoista 6/E7
eguale 13/1
ehi 9/E2
eleggere 14/2
elemento 2/E2
elettricista 1/E5; 3/E2
•**elettrico** 4/S. 44
elettronico 15/7
elevato 8/4
•**elezioni** 13/3
eliminare 7/E8
emarginato 13/S. 119
emettere 14/S. 130
•emigrante 8/E1
emigrare 8/2
emigrato 8/2
emigrazione 8/1, E2
emotivo 6/E7
emozione 15/7
encomiabile 4/6
•**energia** 5/2
enigmatico 13/S. 127
-enne: ventunenne 10/3
enorme 4/3
ente 6/8; 10/4
•**entrarci** 12/2
•**entrata** 6/E8
entusiasmo 4/5
entusiasta 15/4
epoca 15/5
eppure 12/4
equilibrio 11/3
•**erba** 7/S. 232
•**erbe** 7/8; 11/5
erboristeria 11/5
ereditare 14/S. 137
eroe 15/7
eroico 16/7
•**esagerare** 12/3
esaltare 16/7
•**esame** 5/4
esasperare 13/S. 119
•**esatto** 12/E5; 12/7
esattore 13/S. 127
esaurito 6/E3
esclamazione 2/E5
esclusivo 4/6; 12/6
escluso 3/4
eseguire 15/2
esercitare 14/7
esercito 11/3
esigente 7/E6
esigenza 1/5
esilio 12/S. 117
esistente 4/3
esistenza 5/6
esistere 2/E14
espandere 16/4
espatri 8/5
•**esperienza** 5/1
esperimento 16/S. 251
esperto 6/E7
espletamento 14/2
esplicito 16/S. 155
esplodere 14/E5
esponente 13/4; 16/5
esporre 6/S. 190; 10/2
•**esportare** 10/1
•**esposizione** 6/S. 189
•**esprimere** 5/E11; 8/E1
essere 13/S. 127
esso 13/S. 127; 14/2
•**est** 8/S. 197
esteriore 13/S. 127
•**estero** 2/E2; 13/E6
all' ~ 3/E11
estetista 1/E5
estinzione 11/2, E4
estivo 8/S. 197
estraneo 13/5
•**età** 3/E11
eterogeneo 13/S. 127
etnico 14/E8
etrusco 2/E4
•**europeo** 8/2
evadere 13/4
evasione 10/4; 15/6
evidente 9/1
•**evitare** 4/E2

F

fabbricare 4/3
fabbricato 11/3
fabbro 3/E2
•**faccia** 1/E3; 2, 5; 11/S. 104
facoltà 10/E3
falegname 1/E5; 3/E2
fallimento 16/4
•falso 13/4
•**fame:**
~ da lupi 12/3
morire di ~ 7/E8
•**familiare** 4/6; 10/3; 12/6
fanatico 11/E8
fannullone 3/2
•**fantasia** 4/5
fantasma 4/S. 44; 13/6
fantastico 7/S. 192
•**farcela** 12/3
farina 3/2
farmacista 3/E1
faro 4/S. 44
fascino 14/3
fascismo 14/E5
fascista 4/S. 44
•**fastidio** 12/7
fatalità 13/S. 127
•**fatica** 10/3; S. 215
•**fatto** 4/5
fattoria 3/S. 180
fauna 11/2
favola 2/4
favoloso 4/S. 44
•**favore** 12/4, 5
a ~ **di** 13/2; 9/S. 199
favorevole 4/5; 16/E3
favorire 2/5
•**fazzoletto** S. 163
fede 12/1
fedele 13/3
fedeltà 12/1
•**federale** 14/2
felicità 15/E11
•**femminile** 2/E3
femminista 13/E4
Fenici 6/E5
•**ferirsi** S. 213
•**ferito** 12/S. 208
•**fermare** S. 161
•**fermarsi** 4/E4; 7/3
fermento: in ~ 16/7
•**fermo** 11/S. 104; 12/S. 208
ferro 3/3; S. 213
fertile 11/2
fesso 13/S. 121
festival 15/6
•**festivo** 7/8
•**fetta** 7/S. 192
fiaba 15/7
fidanzarsi 12/2
•**fidanzato** 12/2
fidarsi 7/E7
fiera 14/3
fiero 15/E8
figlioli 8/1
•**figura** 6/2; 8/2; 12/3, 6
•**figurarsi** 5/E8; 7/S. 192; 12/3
•**fila** S. 214
•**filo** S. 213
filosofico 12/S. 117
filosofo 12/S. 117
fin da 10/E6
•**finalmente** 1/3
finanziario 16/4
•**finché** 3/3; 9/E6
•**fine** 10/4
•**finire:**
andare a ~ 6/E2
~ **per . . .** 8/2
finlandese 5/2
•**finora** 10/4
finta: far ~ **di** 7/E2; 12/S. 117
finto 16/6
fiocco 15/3
fiordaliso 11/5
fiorentino 14/4
fiorire 12/2
•**fiscale** 4/6; 10/4
fischio 4/S. 44
fisico 4/5
•**fissare** 10/6
•**fisso** 10/S. 95; 12/6
•**fiume** 11/2
flessibile 10/S. 95
flusso 16/2
foca 11/E4
focolare 7/8
•**foglia** 7/6
•**foglio** 15/5
•**folla** 5/S. 228
follia 10/2
fondale 14/6
fondamentale 16/3
fondare 6/E5; 13/1
•**fondo:**
in ~ 1/3
articolo di ~ 2/E2
(„Fonds") 11/3
fonte 13/2
foraggio 7/E8
•**forbici** S. 165
foresta 11/4
forestiero 14/5
formare 1/1
formazione 6/5
fornaio 3/2
forno 7/6
foro 6/4
•**forte** 1/3; 8/2; 12/S. 208
fortificato 14/S. 130
•**fortuna:** far ~ 10/2
•**fortunato** 12/E5
•**forza** 12/S. 242
con la ~ 12/7
per ~**!** 5/4; 13/S. 121
forzato 9/3

fosfati 11/S. 98
foto ricordo 4/3
fotocopiare 10/S. 203
fotografare 4/3
•**fotografico** 4/S. 185
fotografo 1/E5; 3/E2
fotoromanzo 2/1
Franchi 13/E8
fregarsene 9/5
•**freno** S. 213
•**frequentare** 1/1
frequente 10/4
•**fretta:**
aver ~ 5/6
in ~ 9/3
frettoloso 4/3
•**frigorifero** 1/S. 173
frittata 7/7
frizzante 13/3
frontone 6/8
frustrazione 12/7
•frutto 16/4
fuga 9/4
fuggire 9/S. 88
fumetto 2/E3
funzione 10/E3
•**fuoco** 7/6
furbo 5/2
fuso 7/4
futuro 2/5; 12/E1

G

gallo 15/2
•**gamba: in** ~ 1/3
gara: a ~ 12/6
garantire 8/5
gas di scarico 11/S. 104
•**gatto** 11/E4
gattopardo 13/S. 127
gelido 15/E4
gelosia 4/S. 44
gemello 4/5
generale 12/7; 13/5
•**generalmente** 7/8
generazione 3/3; 9/4
•**genere** 1/1; 6/E2; 8/E5
generico 9/5
genero 7/E2
genio 15/4
andare a ~ 12/S. 117
genocidio 14/7
geografico 14/2
germogliare 13/S. 127
gestione 4/6
•**gesto** 5/5
Gesù 14/6
gettare 11/E2
ghetto 14/7
•**già** 1/E3; 6/4
•**giallo** S. 162
ginnastica 10/3
giocatore 2/1; 11/S. 104
•**gioco** 1/E6
•**gioia** 15/2
giornalaio 12/S. 117
giornaliero 4/3; 7/8
giornalino 2/1
giornalista S. 164; 3/3
•**giorno:**
al ~ **d'oggi** 2/5
l'altro ~ 2/2
nei giorni festivi 7/8
un ~ **o l'altro** 3/3
uno di questi giorni 7/E6
giovanile 4/6
giovanotto 12/4
giovinezza 9/S. 88
•**gioventù** S. 164
giradischi 5/E7
•**girare** S. 159; 7/6; 10/2
•**giro** 4/3; 16/4
~ d'affari 4/E7
essere in ~ 3/3; 12/2
prendere in ~ S. 214
•**giù:**
andare ~ 1/E3
sentirsi ~ 12/E11
giudicare 9/5; 16/3
giudice 12/6
giudizio 5/E1
giungere 4/5
giustizia 12/1
gnocchi 4/5
goccia 13/S. 127
•**godere** 5/1; 16/3
gol 2/1
gommone 12/S. 117
governare 13/2, 5
•**governo** 2/E5
•**grado: in** ~ **di** 3/4
grafico 1/E5
grano 7/8
granturco 7/6
•**grasso** 1/E6
•gratis 6/E7
•**grave** 4/3
•**grazie a** 2/5
greco 13/5
•**gridare** 8/S. 196
griglia 4/1
grillo 15/3
•**grosso** 1/E6; 16/5
gruccia 14/S. 133
grullo 16/7
grumo 7/E6
gruppo rock 1/1
guaio 9/2; 13/2
guanto 9/S. 199
•**guarire** S. 156
•**guerra** 4/5; 8/2; 15/E8
•**guida** 4/E4

H

•hobby 11/S. 108

I

Iddio 15/3
idealizzare 5/E4
identico 12/6
identikit 3/S. 31
identità 8/2
idioma 14/7
idraulico 3/E2
ignaro 16/7
ignorante 6/2
ignorare 13/S. 127
•**illuminare** 4/S. 44
illusione 8/4
illustrazione 15/1
imbattersi 16/2
imbellettato 4/S. 44
imbianchino 3/2
imbrogliare 16/6
imbroglione 5/1
imburrare 7/6
•**immaginare** 5/E8
•**immaginarsi** 7/S. 192, 228
immancabile 1/4
immaturo 12/7
immenso 12/6
immigrato 8/5
immondizie 11/2
impazzire 12/3
•**impedire** 13/4
impegno 9/6
imperatore 14/S. 132
impero 10/2
impeto 15/7
•**impiego** 9/S. 84; 14/E5
pubblico ~ 3/E3
imporre 12/6; 14/7
•**importanza** 4/S. 184; 7/E6; 14/E5
•**importare** 7/6
•importazione 7/8; 10/4
•**impossibile** 2/S. 176
impossibilità 16/4
•**imposta** 13/2
imposte 4/S. 44
impratichire 14/7
imprenditore 10/4
impresa 3/4
•**impressione** 5/E4
improvvisarsi 4/5
improvvisatore 13/E7
improvvisazione 16/6
•**improvviso:**
all' ~ S. 169/181
incentivare 10/4
incerto 6/E7
inchiesta 6/E7; 13/4
incidere 10/4
incoerente 16/6
incomprensibile 13/S. 127
incongruo 13/S. 127
incontro a 1/5
incoronare 13/E8
incredibile 10/2
incredulo 12/6
incrociare 16/2
incurabile 10/4
incursione 16/7
indecenza 6/4
indicazione 13/E2
indifeso 8/3
indire 6/E7
indiscreto 15/4
indiscriminato 11/2
indispensabile 10/S. 95
individualismo 13/5
individualista 5/1
individualmente 12/E4
indovinare 2/E12
industrializzato 3/E11
inedito 16/7
inefficiente 12/5
infanzia 10/3
•**infatti** 2/5
•**inferiore** 4/S. 185; 8/3
inferno 13/S. 127
infierire 13/S. 121
infilare 6/5
infingardaggine 12/S. 117
inflazione 10/4
infliggere 13/S. 127
influenza 13/5
influire 7/E4
informale 12/2
•**informarsi** 2
ingannare 13/S. 119
ingegneria 16/2
ingenuità 15/6
ingenuo 16/7
inginocchiato 15/E8
ingrassare 7/E8
ingredienti 7/6
•**ingresso** 4/3
ininterrottamente 4/S. 44
iniziale 10/E2
iniziare 9/E1
iniziativa 4/5
•**inizio:**
agli inizi di 3/4
fin dall' ~ 10/E6
•**innamorarsi** 12/E5
•**innamorato** 1/6
innovazione 10/4
inoltre 14/2
INPS 3/S. 223; 10/E9
inquilino 13/S. 119
inquinamento 11/S. 104
inquinare 11/2
insediamento 10/4
insegna 4/S. 44
•**insegnare** 3/5
•**insieme a** 1/4; 13/E8
insipido 14/E6
•**insomma** 2/4
insufficiente 12/5
•**intanto** 6/4
intatto 11/2
integrale 11/5
integrazione 3/4; 8/E4
intellettuale 1/2
•**intelligenza** 15/7
•**intendere** 12/5
intenditore 15/4
intenso 16/2
•**intenzione** 3/5
•interessato 11/E6
•**interesse** 1/4; 12/5
•**interessi** 13/3; 16/4
interminabile 4/S. 44
•**internazionale** 6/E4
•**interno** 8/E2; 13/E6; 14/8
•**intero** 3/5; 14/8
•**interprete** 1/5; 10/6; 15/5
•**interrompere** 4/S. 227
intervallo 15/4
intervenire 12/7
intervento 6/5
intervistare 4/5
•**intorno** 4/3; 13/6
intreccio 14/5; 16/2
intrepido 15/3
introdurre 10/5
introduzione 10/4
•**inutile** 10/4
invadere 11/2
invasione 14/S. 130
invecchiare 15/3
•**invece** 2/5; 5/4
inventare 10/2
inventariare 6/5
invernale 7/8; 8/S. 197
invertire 15/6
investimento 6/5
investire 5/2
•**invitare** 4/5
invio 6/6
iperprotettivo 12/7
ironia 14/E6
ironico 15/7
iscrizione 8/3; 11/E6
isolato 5/6
ispirare 4/5; 15/5
istantaneamente 16/2
istituire 10/4

istituto 6/8; 9/E5
istituzione 6/E9; 12/5
istruito 8/3
istruzione 8/3; 14/2
italo-americano 8/2
itinerario 6/E7

J/K

jet 14/E5
juke-box 4/S. 44
krauti 4/1

L

la: dare il ~ 13/S. 127
labbro S. 165
labirinto 10/3
laboratorio 3/3
ladino 14/S. 130
•**laggiù** S. 172; 15/E8
lagnarsi 13/S. 127
•**lamentarsi** 5/6
lamento 7/E2
lametta 15/E8
lampadina 1/S. 174
lanciare 11/3; 11/S. 239; 16/2
lardo 7/8
•**largo** 1/S. 173; 14/4
•**lasciare:**
~ **perdere** 14/3
~ **stare** 12/3
lascivo 13/S. 127
•**lassù** S. 172
latino 14/4
•**lato** 4/6
latticino 14/S. 130
laurea 9/3; 11/3
laurearsi 9/E6
lavorativo:
settimana lavorativa 2/E11; 10/5
lavoratore 3/E11
lavorazione 14/1
•**lavoro:**
~ **a tempo pieno** 4/4
~ nero 8/5
~ **part-time** 4/4
cambiare ~ 1/1
costo del ~ 10/5
orario di ~ 4/6; 10/5
posto di ~ 3/E3
lega 11/1
far ~ con 12/S. 117
legale 12/6
•**legare** 4/3
•**legge** 8/5
leggenda 15/7
legislativo 14/2
legislazione 8/5
legna 4/S. 44
•**legno** 7/6
legumi 7/E8
leone 15/6
letteratura 10/E6
lettore 4/5; 10/E6
levare 14/S. 137
•**lezione** 3/5
liberale 13/S. 243
•**liberare** 16/7
•**libertà** 3/E13
liceale 9/S. 235
licenza 13/4
~ media 8/3
liceo 5/E3; 9/E5
•**lieto** S. 161; 9/S. 88
lieve 3/S. 33
limitare 8/5
•**limone** S. 213
•**linea** 12/7
linguaggio 5/5
linguista 14/5
linguistico 9/E5; 14/2
lirica 15/4, E4
•**lista** 3/E1
•**litigare** 2/2
litoranea 4/S. 44
liturgico 15/5
•**locale** 2/E2; 7/4
località 14/S. 130
locanda 16/2
locomotiva 10/4
lombardo 14/5
•**lotta** 10/4
lottare 13/S. 127
lubrificante 7/4
lucido 4/S. 44
luminoso 4/S. 44
•**luna** 2/E11; 12/S. 205
•**lungo** *(entlang)* 16/2
luogo comune 5/1
lupo 12/3; 14/E9
lusso 6/8
lussuoso 10/2

M

ma dai! 7/3
ma se . . . 3/3
•macché 14/3
•**macchia** S. 213
•**macchina:**
~ **da scrivere** S. 214
~ **fotografica** S. 185
cambiare la ~ 3/E13
scrivere/battere a ~ 10/E7
madrelingua 10/S. 95
maestoso 11/2
•**maestro** 1/E5
mafia 13/4
•**magari** 4/6; 9/E2; 11/5; 12/4
maggioranza 14/2
•**maggiore** 4/4; S. 184
la maggior parte 3/E11
magico 10/4
magistrale 9/E5
magistero 9/E5
magliaia 1/E5
Magna Grecia 14/7
magnifico 9/S. 88; 13/S. 127
•**maiale** 7/8
mais 7/5
•**mal di denti/pancia** S. 213
•**male** 10/4
andare di ~ **in peggio** 5/6
meno ~**!** 2/1
sentirsi ~ 2/3
maledire 8/1
maledetto 13/S. 127
maleducato 12/3
malessere 15/6
•**malgrado** 11/S. 204
malinteso 14/E6
malpagato 8/4
malversatore 12/S. 117
malversazione 12/S. 117
mammismo 12/7
mancante 14/E5
mancato 14/7
mandare avanti 3/3
mangiata 7/8
mania 6/8
manicomio 12/E4
maniera 4/6
manifestante 13/S. 119
manifestare 13/S. 243
manifestarsi 13/5
manifesto 1/E5; 9/E8
•**mano:**
andare in ~ a 6/E2
dare una ~ 12/3
fatto a ~ S. 213
man ~ 16/2
tenersi per ~ 15/6
•**manodopera** 3/3
•**mantenere** 16/3
manuale 3/3
manzo 13/E4
•**marciapiede** S. 214
marino 4/S. 44; 11/2
marmellata 11/5
marmo 6/5
maschera 16/6
maschio 3/S. 31
mass-media 6/2
massa: di ~ 4/3
massaggio 7/4
•**massimo** 4/S. 184
•**materia** 9/S. 235; 10/4
•**materiale** 6/E2; 11/E2
mattinata 3/5
•**matto** 15/4
maturare 16/S. 155
maturità 6/2
mausoleo 13/E8
•**mazzo** S. 213
medaglia 4/2
•**media** 10/S. 93; 4/6
in ~ 2/4
•**medio** 16/5
Medio Evo 16/7
medievale 15/5
mediterraneo 7/4
melodia 15/5
melodico 15/6
melograno 11/5
membro 16/3
menare 14/5
mensa 7/3
mensile 10/S. 95
mentalità 3/E5
mente 15/3
•**mentre** 2/2, 3
menzogna 16/7
meravigliare 12/7; 15/E3
•**meravigliarsi** 7/8
mercante S. 10/S. 201; 16/2
•**mercato: a buon** ~ S. 169
•**meridionale** 8/2
meridione 8/S. 197
merito 15/5
meschino 13/S. 127
messaggero 10/4
messaggio 10/2
•**mestiere** 3
mesto 15/E8
mestolo 7/6
•**metà** 1/4
a ~ **agosto** S. 213
•**metallo** 10/S. 95; 11/S. 98
metropoli 5/6
•**metterci** 6/S. 190
•**mettere:**
~ in testa 7/7
~ **ordine** 6/5
~ su casa 12/2
messa così 13/S. 121
•**mettersi:**
~ **a fare qc** 15/4
~ **d'accordo** 5/4
•**mezzo:**
~ a motore 4/3
in ~ **a** 3/4
lavorare mezza giornata 10/5
mezz'ora 2/5
via di mezzo 13/S. 127
•**Mezzogiorno** 8/S. 197; 10/4
•mica 2/S. 176
miele 11/5
mietitura 8/2
migliaio 2/5
miglio 13/S. 127
migliorare 8/E4
•**migliore** 3/E14; 4/4
milanese 14/4
miliardario 10/2
mille: l'8 per ~ 13/2
millennio 6/5
mimica 16/S. 155
minacciare 11/S. 105
miniatura 16/3
•**minimo** 4/S. 184; 9/E6
ministero 11/2; 14/2
•**ministro** 13/S. 243
minoranza 14/2
•**minore** 4/E7
miracolo 8/E1
missile 13/3
mistico 16/7
•**misura** 5/E10
mito 9/4; 11/6
mobile 15/4
•**mobili** 12/3
mobilificio 12/3
•**moda:**
l'alta ~ 10/4
tornare di ~ 7/6
modellare 6/E5
moderatore 6/6
moderazione 12/S. 117
modificare 8/E1
•**modo:**
~ **di fare** 12/S. 117
in ~ **che** 7/6
in ~ **strano** 1/6
molisano 14/7
mollezza 13/S. 127
•**momento:**
all'ultimo ~ 1/1
per il ~ 6/3
monetario 4/5
monotono 2/E5
•**monte** 11/4
•**monumento** 4/3
•**morire:**
~ **di fame** 7/E8
annoiarsi da ~ S. 215
•morte: a ~ ! 13/E4
•**mostrare** 9/E3
mostro 15/6
motivare 15/E8
motivazione 6/E1
•**moto** S. 164

mettersi in ~ S. 214
•motore: mezzi a ~ 4/3
motorino 11/6
•**movimento** 13/5
mucca 11/E4
mulo 16/2
muratore 3/E2
•**muro** 14/6
musicale 15/2
musicista 1/E5
muto 13/S. 127

N

napoletano 14/4
•**nascere** 12/6
•**nascita** 10/E9
•**nascondere** 6/3
nascosto: di ~ S. 213
nativo 14/4
•**naturale** 4/3
•**nave** 8/2
navigatore 15/7
•nazionale 6/6
•**nazione** 5/2
•**né . . . né** 2/S. 176
•**neanche** 2/1
negare 4/6
nemico 11/S. 104
•**nemmeno** 1/3; 2/1
•**neppure** 2/S. 176
•**nessuno** 2/S. 176
•**netto** 10/4
neutro 12/E9
nevrosi 5/3
nevrotico 11/E9
nido 3/5
•**niente:**
~ **paura!** 2/S. 176
per ~ 2/S. 176
night-club 4/S. 44
ninna nanna 15/E1
•**nipote** S. 164
nobilitare 3/1
noce moscata 3/2
•**noia** 1/1
noioso 1/3
nomina 13/S. 127
nominare 3/E1; 12/S. 208; 13/3
non comunicazione 9/2
non violenza 13/E5
nonostante 15/E10
Norimberga 7/E6
•**normale** 9/E6
normalità 11/3
Normanni 13/5
nostalgia 15/E10
nostalgico 12/2
notaio 14/4
notevole 14/2
•**notizie** 2/E2
~ flash 2/5
chiedere ~ **di** 9/E1
noto 16/5
notorietà 14/4
•**notte:** in piena ~ 4/S. 44
novità 2/5
nucleare 11/S. 104
nucleo familiare 12/6
•**nudo** 14/4
numero chiuso 4/3
•**numeroso** 4/3
•**nuotare** S. 159; 5/4
•**nuovo** 2/E5; 4/3
di ~ 3/5
rimettere a ~ 6/7
nuraghi 14/S. 130
nutriente 11/5
•**nuvola** S. 174, 214

O

obbedienza 13/E8
•**obbligare** 6/E7
obbligo 9/E5; 12/6
obiettivo 9/E7
occasionale 9/E6; 12/5
•**occasione:** in ~ di 14/3
occidentale 8/S. 197
Occidente 8/S. 197
occorrenza: all'~ 16/7
occorrere 6/S. 190; 10/E4
•**occupare** S. 161; 1/E4
•**occupato** 10/S. 93
occupazione 5/6
oddio 12/2
odiare 13/S. 127
•**odore** 3/2
•**offendere** 2/S. 176; 4/S. 44
•**offendersi** 12/S. 117
offensivo 12/S. 117
•**officina** 8/1
•**oggetto** 3/3
•**ogni:**
~ **tanto** 13/4
in ~ **caso** 2/4
•**ognuno** 2/4
olimpiadi 6/E7
•**oltre** 2/5; 8/4; 10/5; 13/2; S. 127
•**ombra** 7/8; S. 213
•**ombrello** 9/S. 200
onesto 5/1
•**opera** 15/4
~ **d'arte** 6/2
opporsi 12/6
opportunismo 12/2
opportuno 10/4
•**ora:**
a ore 8/6
d'~ in poi 12/7
di buon'~ S. 169
orafo 3/E2
oralmente 15/2
•**orario** S. 166
~ **di apertura** 6/4
~ **di lavoro** 4/6; 10/5
orchestra 1/E5
ordinario 14/2
ordinato 5/2
•**ordine:**
~ di cattura 13/4
dare ordini 12/E5
mettere ~ 6/5
organismo 7/E8
•**organizzare** 1/5
organizzato 5/1
•**organizzazione** 6/E4
organo 14/2
orgoglioso 13/S. 121
orientale 7/E3
Oriente 8/S. 197
originale 2/5; 6/2
originario 4/6; 7/6
origine 4/5
dare ~ a 8/2
ornare 15/3
oro S. 213
orso 11/E4
orto 11/4
ortopedico 1/E5
orzo 7/8
ospitale 8/5
ospitalità 4/5; 7/8
ospitare 4/E4
ospizio 12/E6
osservare 5/E8; 11/E3
ossia 16/S. 155
ostacolare 10/4
oste 13/3
•**osteria** 5/6
ostile 13/5
•**ottenere** 12/5
ottico 1/E5
ottimismo 2/5
ottimista 2/5
otto volante 16/2
ottuso 5/2
•**Ovest** 8/S. 197
ovunque 11/5
ovvio 14/5

P

•**pace** 2/1
in santa ~ 12/3
pacifista 13/E4
padronanza 10/S. 95
•**paesaggio** 4/2
pagamento 4/3; 10/4
•**pagina** 1/E1; 2/E2
paglia 14/1
pagliaccio 15/E4
paiolo 7/6
•**palla** S. 213
pallavolo 11/4
•**pallido** 12/E9
panchina 8/6
•**pancia** S. 213
panno 14/3; 16/S. 152
Papa 4/5
paradiso 6/7
paragone 12/S. 117
•**parcheggiare** 15/2
parecchio 16/5
parentesi 3/E4
parere 3/S. 182; 5/S. 187; 6/S. 189; 9/2
•**parete** 7/6
pari 13/1
alla ~ 16/S. 155
parimenti 15/3
parità 13/S. 119
Parlamento 12/1
parolaccia 1/S. 174; 9/5
parolaio 5/1
•**parrucchiere** 3/E2
part-time 4/4; 10/E4
•**parte:**
~ del leone 15/6
a ~ 11/S. 98
da ~ **mia** 9/S. 199
da(lla) ~ **di** 12/6
d'altra ~ 5/E3
da qualche ~ 11/E9
da queste parti 5/6; 15/2
in ~ 15/2
la maggior ~ 3/E11
una gran ~ **di** 9/S. 84
partecipante 6/E6; 11/S. 104
partecipazione 12/7
•**particolare** 6/2
in ~ 8/2
particolarmente 4/6
•**partire:**
a ~ **da** 7/6
•**partito** 12/1; 13/S. 120
far ~ di 15/3
pascolare 4/2
pascolo 14/1
•**passaggio: di** ~ 6/4
•**passare** 2/5; 5/4; 6/2; 7/2, 6; 10/6; 11/6; S. 214
•**passato** 10/4
in ~ 3/3
passeggiare S. 159
•**passione** 3/3
•**pastasciutta** 4/5
pastificio 10/3
•**pasto** 7/8
pastore 7/8
•**patria** 12/1
patrimonio 6/1; 11/3
patriota 13/5
patriottico 13/5
patrizio 6/8
patrono 14/8
patto 12/5
•**pazienza** 6/4; 7/S. 192
pazzia 14/6
•**peccato** 2/1; 6/E3; 16/S. 155
pecora 4/2
peculiare 10/4
pedalata 11/4
pedale 14/E6
pedina 11/S. 104
•**peggio** 4/S. 184; 5/6
peggiorare 10/E4
•**peggiore** 4/S. 184
•**pelle** 10/2; 15/7
per la ~ 13/S. 121
pellegrino 15/3
pelletteria 10/4
pellettiere 1/E5
•pellicola S. 213
pendolare 4/3
penisola 14/4
pensionato 11/3
•**pensione** 1/1; 3/4
•**perciò** 7/S. 194
•**perdere** 1/6; 2/3
lasciar ~ 14/3
perfezionare 13/5
•**perfino** 4/S. 227
pergamena 16/4
permaloso 12/S. 117
•**periodo** 10/E6
•**permesso** 4/2; 8/5
•**permettere** 4/6
•**permettersi** 7/8
permissivo 12/7
pernottare 16/2
persino 4/S. 44
personaggio 5/E8
•**personale** 6/E3; 10/6
•**pesante** 11/S. 98
•**pesare** S. 214
pesca 7/E7; 14/1
•**peso** 10/5
pessimismo 10/E2
•**pessimo** 4/S. 184
petrolio 10/4
petulante 15/3
•**piacere** 5/E4; 12/4
•**piano** 4/2; 14/2
in secondo ~ 12/7

(*Adv*) S. 169;
12/S. 208/E10
piano bar 1/S. 11
•**pianta** 6/3
piantare 11/3
•**pianura** 11/2
piccione 11/E4
piccolino 1/6
piccolo-borghese 3/S. 31
pidocchio 15/3
•**piedi: in** ~ 7/7
piemontese 13/5
•**pieno:**
~ zeppo 1/S. 174
a tempo ~ 4/4
in piena notte 4/S. 44
pietà 10/S. 201
pietanza 7/4
•**pietra** 11/S. 104
pigliare 15/3
pignolo 5/1
pigro 11/E8
pillola 2/E11
pilota 3/E1
•**pioggia** 5/E4; 7/6;
13/S. 127
piombo 11/E3
pirofila 7/6
pista 16/2
pittore 1/E5
pittura 16/5
•**più** 1/6; 2/1; 4/S. 185
~ **che altro** 15/2
in ~ 5/E8
il ~ delle volte 15/2
piuma 15/4
•**piuttosto** 12/1, 3
•plastica 6/5
•**po': da un** ~ 3/E5
pochino 4/6
poema 14/4
poesia 3/S. 222
poeta 14/4
poetico 11/5; 15/7
•**poi: in** ~ 1/4; 12/7
•**poiché** 7/S. 194
polemico 9/E7
polenta 4/5; 7/6
•**politica:**
~ **estera** 2/E2
~ **interna** 13/E6
poliziotto 3/E2
Polo Nord 4/S. 44
pomeridiano 10/S. 95
•**ponte** S. 164; 16/2
•**popolare** 15/2
•**popolazione** 7/4
•**popolo** 5/1
porre 4/6; 11/S. 108
portato a 4/6
portatore 15/7
portico 5/6
•**portiere** 3/E3
portinaia 12/4
portone 1/S. 174
positivo 4/E5
•**posizione** 13/3, E2
poster 14/6
•**postino** 2/E7
postmoderno 16/5
•**posto** 3/E3; 4/3; 10/E6;
15/9/S. 198
potabile: acqua ~ 11/2
potente 14/5
•**potere** 5/4; 13/4; 14/2
poveretto! 8/6
•**povero** S. 171; 7/8
pratica 12/5
precario 8/5
precedente 3/E1
precetto 12/S. 117
•**preciso: di** ~ 3/S. 33
precursore 15/5
predominare 15/5
•**preferito** 7/E2
•**pregare** S. 162; 12/1
pregiato 14/S. 130
pregio 14/E2
pregiudizio 8/E7
•**prendere** 2/3; 12/S. 117;
15/E8
•**prenotazione** 4/6
•**preoccuparsi** 1/2
•**preoccupato** 2/E5
preparativi 12/3
preparato 3/4
•**presentare** 8/E2;
10/2, E6
•**presente** 2/E12; 11/E3;
13/5
•**presenza** 4/4; 10/S. 95;
13/3
presepe 14/6
•**presidente** 13/2
•**prestare** 10/7
prestigio 14/E5
prestito 6/6
•**presto** 5/E3
presuntuoso 5/1
prete 14/4
pretendere 4/E11
prevalentemente 8/2
prevedere 7/8; 10/6
previdenza 10/S. 238
•**prezioso** 12/5
prigione 9/4
•**prima:**
~ **di tutto** 7/3
~ **che . . .** 11/E7
primato 9/3
primaverile 8/S. 197
primeggiare 14/4
•**primo:**
ai/dai primi di . . . 6/8
materie prime 10/4
•**principale** 1/4; S. 213
principe 13/S. 127
•**privato** 1/4; 6/E2
privilegiare 10/4
privilegiato 5/E10
privilegio 12/5
procurare 8/4
•**prodotto** 10/E2
•**produrre** 3/3
•**produzione** 3/3; 11/4
professionale 9/E5
•**professione** 3/2
•**profondo** 12/7
•**progetto** 4/S. 37; 9/6
programmatore 1/E5
•**progresso** S. 214
•**proibire** S. 156; 8/4
prolungare 7/6; 13/2
•**promessa** 12/E1
•**promettere** 12/E1
promozione 14/2
promuovere 4/3;
12/S. 117; 13/1
•**proporre** 5/4
•**proposito: a** ~ 14/3; 15/2
•**proposta** 1/5
proprietario 13/S. 119
•**proprio** 1/2
protagonista 3/3
proteggere 11/2
proteina 7/E8
•**protesta** 8/E4
•**protestare** 15/E10
protezione 11/3
•**prova** 10/E7; 15/2
•**provare** 3/4; 5/E8; 14/3
proveniente 4/3
provenire 7/6
proverbio 12/5
•**provincia** 5/6
•**provocare** 10/E4
provviste 7/8
prudente 8/S. 196
psicoattitudinale 10/7
psicologico 10/5
psicosi 10/4
•**pubblicità** 6/E7
pubblicitario 2/5
•**pubblico** 11/3
~ **impiego** 3/E3; 11/3
pugliese 14/7
•**pulire** S. 156; 10/E7
•pulizie 2/S. 222
•**punto:**
~ **di vista** 13/3
al ~ che 16/7
•**puntuale** 5/E4
purché 11/S. 204
•**pure** 7/2; 8/S. 195; 14/8
puro 6/8
puttana 16/7
puzzare 3/2

Q

•**qua** S. 172
•**quale** (*Relativpron.*)
6/S. 190; 7/8
•**qualsiasi** 11/E2
qualunque 12/4
qualunquista 13/3
•**quantità** 11/5
•**quanto** 4/S. 185; 11/2
~ **dura?** 11/E6
a ~ mi dicono 15/4
in ~ tale 15/E8
per ~ **riguarda** 12/7
quant'è bella . . . ! 9/S. 88
quercia 11/3
•**questione** 5/3
•**questo: per** ~ 1/1
quindicina 2/S. 178
quiz 2/5
quota 11/E6
quotidiano 2/E3; 7/8;
9/E9

R

rabbia 15/2
•**raccogliere** 4/5; 11/3
•**raccolta** 8/2
•**raccomandare** 7/S. 231
mi raccomando 7/2
raccomandazione 9/3
racconto 7/8
raddoppiare 4/3
radicale 9/E8; 13/S. 243
radicato 14/7
radice 15/2
radio-televisivo 2/5
raffinato 14/4
raffineria 11/2
•**raffreddato** 12/E10
raggio 9/S. 88
raggiro 16/7
•**raggiungere** 13/6
raggruppare 13/E7
•**ragione** 1/E3; 8/5
ragioniere 1/E5; 3/E2
Rai 1/4
rallegrarsi 5/S. 187
rame 7/6
rametto 7/6
rapace 11/3
rapinatore 16/2
•**rapporto** 8/E5; 9/E6
rappresentante 9/5; 14/2
•**raro** 12/5
razionale 12/7; 13/6
razza 13/1
razzista 4/5
re 10/2
reagire 13/5
reale 4/3; 11/3
realizzare 7/8
reato 13/4; 16/3
•**recente** 8/5
recipiente 7/6
recitare 16/6; S. 155
recitativo 15/5
redazione 4/5
redditizio 4/6
reddito 13/2
referendum 11/6
regia 1/S. 11
regina 1/4; 13/6
•regista 1/E5
registrare 2/5; 4/4
registratore di cassa 13/3
registrazione 6/E7
regno 13/5; S. 127
regola 7/8; 15/6
•**regolare** 8/5
regolatore 4/2
reimbarcare 4/3
relativo 14/5
relax 14/5
religione 12/1
religioso 14/4
•**rendere** 13/1
rendersi conto 12/4
•**Repubblica** 13/1, 2
repubblicano 13/S. 243
residenza 10/S. 95
•**resistere** 5/3; 11/6
resoconto 8/E4
respingere 14/7
•**respirare** 6/8
•**responsabile** 9/S. 198;
10/6
•**responsabilità** 4/6; 11/E1
restaurare 6/7
restauro 6/E4, 7
•**resto** 5/E4
rettore 16/3
reumatismi 12/4
riassumere 11/2
ribattere 16/6
ribellarsi 12/7
riccio 1/E6
•**ricco** 5/E10
•**ricerca** 10/S. 95; 12/6
ricercatezza 4/5
•**ricevere** 2/E4; 11/3
ricevimento 4/6

•ricevuta fiscale 4/6
richiedere 10/S. 95; 15/4
•**richiesta** 8/2
riciclare 11/E3
•**riconoscere** 13/1
•**ricordare** 9/2; 11/S. 104
•**ricordarsi** 2/4
ricotta 7/8
•**ridere** S. 162; 14/S. 211
non farmi ~! 13/3
ridurre 4/2; 10/5
•**riduzione** 10/5
riedizione 1/4
•**riempire** 4/6; 8/1
rientri 8/5
riferimento 12/6
riferire 12/E10
•**rifiutare** 8/E1; 15/E5
•**rifiutarsi** 12/S. 117
rifiuti 11/E3
•**riflettere** 5/3; 15/6
riflusso 15/6
rigido 5/2
•**riguardare** 12/7; 13/3
rilancio 7/6
rimandare S. 213
•**rimanere** 12/7, S. 208
rimbambire 16/6
rimettere a nuovo 6/7
rimproverare 12/E5
ringraziamento 12/3
•**rinnovare** 15/E2
rinuncia 15/E8
•**rinunciare** 11/E3
•**riparare** 5/E7
ripartizione 1/5
ripensamento 10/4
riportare 7/6
•**riposo** 2/E5
•**riprendere** 11/S. 105; 14/8
ripresa 10/4; 13/4
risaia 7/5
risalire 6/S. 189
•**rischiare** 2/5
•**rischio** 6/E7; 12/S. 117
rischioso 6/6
risciacquare 14/3
riscoperta 3/2
riscoprire 11/6
riscuotere 4/6; 12/5; 16/4
risentire:
a risentirci 7/E6
riserva 11/2
•**riservare** 7/8
risiedere 4/6
•**riso** 7/E2
•**risolvere** 4/3
Risorgimento 13/5
risorse 5/2
rispecchiare 11/5
•**rispettare** 4/E1
rispettivo 14/E6
rispetto 6/E4
~ **a** 4/6
rispondere 8/2
ristretto 12/6
risultare 7/6
•**risultato** 1/E3
ritenere 9/S. 87
•**ritirarsi** 14/S. 130
ritmo 10/E5
rito 12/2
•**ritorno: di** ~ 5/E3
riunirsi 7/8; 10/3
•**riuscire** 5/2, 4; 16/5; S. 216
•**riva** 11/3
rivalità 14/E2
rivalutare 12/E6
rivelarsi 16/7
rivincità 15/E8
•**rivolgersi** 15/4
rivoluzione 15/6
•**roba** S. 165; 2/5; 6/E2
robot 2/S. 222
romano 6/E2; 14/3
romantico 4/5; 5/1
romanzo 1/S. 11
rombo 4/S. 44
•**rompere** S. 158; 9/E1, 4, 5
rondine 11/E4
rosa S. 213
rossetto 15/E11
rotondetto 1/6
•**rotondo** 1/S. 221; 6/E6
•**rotto** S. 158
rovescio 4/2
rovina 11/6
rovinare 4/3
•**rubare** 4/S. 185
russo 13/S. 127

S

saccheggiare 16/7
•sacchetto 6/5
•**sacco: un ~ di** 6/E7; 12/E5
sacco a pelo 11/4
sacrificio 4/6
saggezza 12/S. 117
saggio 9/S. 87
salare 7/6
•**salario** 3/4
saldatore 3/4
saldo 16/S. 155
salsa 7/2
salumiere 1/E5
•**salutare** 3/3
•**salute: alla ~!** S. 213
•**salvare** 3/3
salvia 7/6
sandalo 10/2
•**sano** 11/4
•**santo** 12/5
•**sapere** 2/E10; 5/4
~ **di** 3/2
~ **fare** 5/2
far ~ 10/S. 203
•sapone 12/E9
saporito 7/8
sardo 7/8
sarto 1/E5; 3/E1
satellite 2/5
satira 13/S. 121
sazio 7/6
•**sbagliare** 4/6; 12/E4; 14/E6; 16/2
•**sbagliato** 12/E11
sbarcare 13/S. 127
•**sbrigare** 12/3
•**sbrigarsi** 12/S. 240
•**scala** 10/3
scambiare 6/E7
scambio 2/5; 6/6
scandalo 2/1
•**scappare** 9/E6
•**scaricare** 4/3
scarichi 11/S. 104
scarico: gas di ~ 11/S. 104
scarponi 11/S. 204
scarso 16/2
scassare 14/5
•**scatola** 6/5; 9/5
scavalcare 16/2
scavare 7/8
scavi 6/4
•**scelta** 1/4; 5/E5
scena 1/S. 11
•**scendere** S. 159; 10/4;
~ in campo 13/2
scettico 16/5
schema 2/E13
•**scherzare** 7/S. 194; 15/4
•**scherzo** S. 166
schiaffo 1/E3
schiavo 13/E4; 15/E4
•**schiena** 15/3
schifo 1/3
•scientifico:
liceo ~ 9/E5
•**scienza** 11/3
scienziato 12/6
scintillante 4/S. 44
sciocco 10/S. 201; 14/E6
•**sciopero** S. 166
scippare 9/E3
scippo 14/5
scivolare 16/2
scolaro 9/S. 235
scolastico 1/5
scollato 15/3
scommettere 3/5
scomodo 14/E5
•**scomparire** 11/3
sconfiggere 11/S. 105
sconosciuto 3/2
sconvolgere:
sconvolto 12/7
•**scoperta** 3/S. 222
•**scoppiare** 16/7
•**scoprire** 1/4
scottante 14/4
•**scritta** 8/E5
scrivania 10/2
scugnizzo 14/5
scultura 16/5
•**scuola:**
~ dell' obbligo 9/E5
~ **elementare** 9/E5
~ **media** 9/E5
~ **serale** 1/1
~ **superiore** 9/S. 84
•**sebbene** 11/2
•**secolo** 6/1
•**sede** 14/2
•**sedere** 10/3; 11/6
stare seduto 10/2
•**segno: un ~ di** 15/E8
segretario 1/E5
•**segreto** 15/7
•**seguito:**
al ~ di 16/2
far ~ a 16/3
in ~ a 8/2; 16/4
selvatico 7/8
seminario 10/E6
sensazione 7/6
•**senso** 3/1; 4/5; 5/E3; 7/6
in che ~? 9/E7
sensualità 4/5
sentenza 12/6
sentimentale 4/5
•**sentimento** 8/E1
•**sentirsela** 12/7
•**sentirsi** 2/3; 7/E6
separare 7/4
separazione 12/6
sepolto 12/2
•**serale** 1/1
serenata 15/2
•**serie** 2/E10
•**serio** 1/S. 174; 12/E5
sul ~ 13/S. 127
serpente 11/S. 104
•**servire** 6/S. 190; 8/3
•**servirsi** 7/2
servizi sociali 5/E3
servo 10/S. 201; 14/S. 137
sesso 13/1
•**settentrionale** 8/E1
settentrione 8/1
settimana lavorativa 2/E11; 10/5
settimanale 2/E3; 10/5, 6
settore 3/2
severo 5/S. 187; 11/E8
sfiducia 12/1
sfizioso 14/5
sfogarsi 15/4
sfogliare 14/5
sformato 7/E7
sfortunato 16/6
sfruttamento 3/1
sfruttare 8/5
sgambetto 16/7
short pubblicitari 2/5
•**sia . . . che** 10/5
•**sia . . . sia** 14/2
•**siccome** 7/6
•**sicurezza** 3/4
siesta 10/3
significato 5/E1
silenzioso 10/E2
simboleggiare 16/S. 155
simbolico 11/3
simbolo 7/8
•**simile** 2/5
•**simpatia** 4/5
simpatizzante 13/5
•**sincero** 15/3
•**sindacale** 10/4
sindacalista 10/5
•**sindacato** 10/4
sindaco 13/4
•**sistema** 2/E12
sloveno 14/7
smentire 13/2
•**smetterla** 12/3
smorfia 16/6
snaturare 10/4
snello 11/2
•**sociale** 4/6; 5/E3
socialista 13/S. 243
sociologia 12/6
•**società** 5/1; 10/S. 95
soddisfatto 1/4
soddisfazione 4/6
soffocante 12/6
soffocare 6/5
•**soffrire** 4/6; 12/3, 4
•**soggiorno** 8/5
•**sogno** 2/S. 176; 15/6
•**soldato** 16/2
solidarietà 12/6
solitudine 12/4
sollecitare 13/2

•**solo** 1/1; 2/2; 3/3; 6/2
•**soluzione** 2/E9
sondaggio 4/5
•**sonno** 12/E10
•**sopportare** 12/S. 117
sopravvivere 5/6
sordo 11/6
sorgere 16/3
•**sorpresa** 3/4
sorpreso 5/S. 187
•**sorridere** 14/S. 211; 15/S. 250
sorriso 15/E11
sorvegliare 6/8
sospeso 16/2
sospetto 12/2
sostenere 7/6; 10/4
•**sostituire** 8/E1
sottinteso 12/S. 117
sottofondo 9/E2
sottolineare 16/5
sottoscrivere 11/3
sottosegretario 12/S. 117
souvenir 4/3
sovrano 13/E7
sovvenzione 6/E4
spaccare 15/4
•**spalla** 1/S. 173; 10/5
•**sparire** 4/S. 44
spasso: portare a ~ 12/E9
•spaventarsi 8/195
spavento 15/E11
•**spazio** 7/6
spazzare 15/3
specchiarsi 6/8
specchietto 14/4
•**specchio** S. 166
specializzato 6/E4
•**specie** 4/S. 44; 11/2, E2
speculazione 4/S. 37
•**spedire** S. 156
•**speranza** 5/2
sperimentale 1/2
sperimentazioni 16/5
•**spesso** S. 169; 1/1
spettatore 1/4
spezie 7/3
spezzare 15/7
•**spiegare** 4/E1
spiegarsi 13/S. 127
spiegazione 16/E4
spillo 10/2
•**spingere** 4/5
•**spirito** 4/5
spiritoso 14/E6
spogliare 14/S. 137
spontaneo 11/4
spostamento 6/6
spostare 11/S. 104
spostarsi 11/E9
spuntare 11/5
spunto 10/E5
•**squadra** S. 213
•**stabilimento** 10/2
•**stabilire** 16/3
•**stabilirsi** 8/2
•**staccare** 14/6
•**staccarsi** 7/6
stagionale 8/2
•**stagione** 4/S. 44
stambecco 14/S. 130
stampare 15/5
stampella 14/S. 133
stampo 4/S. 44
stancare 3/1
stanco morto 1/S. 174
•**stare:**
~ **attento** 12/6
~ **comodo** 12/S. 208
~ **fermo** 11/S. 104
~ **in piedi** 7/7
~ **per . . .** 6/7
~ **seduto** 10/2
~ **tranquillo** 12/S. 208
~ **zitto** 9/2
~ + Gerundium 6/7
lasciar ~ 12/3
starsene a casa 9/S. 200
•**statale** 12/5
statista 13/2
statistica 2/4
•**Stato** 5/2
~ **federale** 14/2
statua 6/5
statuto 14/2
stazione radio-televisiva 2/5
•**stella** 1/S. 11; 6/2
stenodattilografo 1/E5
stereo 15/2
•**stesso:**
lo ~ 8/S. 195; 10/3
nello ~ **tempo** 4/6
stile 9/E7
stima 8/5
stimolare 10/4; 16/6
•**stirare** 12/3
•**stomaco** 7/6
•**storie: far** ~ 12/E5
•**straniero** 7/8
•**strano** 1/6
•**straordinari** 8/S. 195
•**straordinario** 6/5
strapieno 1/S. 174
strapiombo 13/S. 127
strato 7/6
•**stringere** 12/S. 117; 15/E8
strofa 8/E1
stronzo: non fare lo ~ 9/5
•**strumento** 5/E7
struttura 4/3
•studente (liceale) 9/S. 235
•**studio** 2/4; 5/6; 6/E2; 9/3; 10/5
studioso 14/E3
•**stupido** S. 166; 12/E10
stupire 12/7
stupro 13/S. 127
subire 13/5
successione 13/5
successivo 9/S. 87
sudamericano 8/6
sudiciume 15/3
sudore 13/S. 127
•**sufficiente** 13/S. 127
suggerire 13/E5
sugo 2/E7
suocero 12/2
•**suonare** S. 159; 1/1; 3/S. 182
suora 15/E8
•**superare** 8/5
superficiale 5/E4
•**superiore** 4/S. 185; 5/1; 9/S. 84
superstrada 16/E1
svago 15/6
svantaggio 11/E9
svedese 4/S. 44
•**sviluppare** 6/E6; 7/8
•**sviluppo** 4/E1
•**svolgere** 8/E5
•**svolgersi** 16/3
svuotare 8/1
svuotato 13/S. 127; 15/7

T

tabella 4/E8
tacco 1/6; 10/2
tacere 5/2
•**tagliare** 10/7
•**tale** 15/E8; 16/7
talvolta 16/2
•**tanto:**
~ è vero che 7/6
~ per cambiare 9/E1
ogni ~ 13/4
tappare 14/S. 137
tarallucci 15/6
•**tardi:**
far ~ 5/4
farsi ~ S. 161
tarocchi 14/5
tartaruga 1/S. 11
tartassare 13/S. 119
•**tasca** S. 214
•**tassa** 4/3; 6/8
tavola rotonda 6/E6
•**tazza** S. 168
teatrale 15/5
•tecnico 9/E5
tecnologico 10/4
tela 6/7
telefilm 2/4
•**telefonata** 2/S. 178; 6/E7
telegiornale 2/4
•**telegramma** S. 164
telescrivente 10/2
telespettatore 1/4
televisivo 2/E10
televisore 2/4
tema 2/E10
tempestare 14/S. 132
tempestoso 13/S. 127
tempio 6/3
•**tempo:**
a ~ **pieno** 4/4
ai nostri tempi 2/1
da ~ 8/3
dar ~ al ~ 9/2
è un po' di ~ **che** 9/2
il buon ~ andato 12/2
in ~ S. 169
negli ultimi tempi 4/3
nello stesso ~ 4/6
per passare il ~ 6/2
per prendere ~ 9/3
•**tenda** 11/E7
tendenza 5/2
tendere 12/6
•**tenere:**
~ **aperto** 12/3
~ **conto di** 14/2
~ **fermo** 12/S. 208
~ in casa 6/E2
~ presente 11/E3
~ testa a 10/3
tenore 15/E3
tenore di vita 3/S. 31
tensione 12/6
teoria: in ~ 9/3
teorizzazione 15/5
teppista 14/5
terapeutico 4/5
•termine 13/E6
•**terra** 3/2; 6/5; 8/1; 11/E8; 16/2
•terraferma 6/8
terremoto 5/6
•**terreno** 11/3
•**terribile** 4/2
terrificante 13/S. 127
territorio 14/2
terrone 8/E1
•**Terzo Mondo** 7/E8
tesoro 12/5
tessile 10/S. 95
tessitore 3/S. 222
test 10/7
•**testa:**
mettere in ~ 7/7
perdere la ~ 15/6
tener ~ a 10/3
testimonianza 6/5; 7/4
tetro 13/S. 127
Teutoni 13/5
ticket 4/3
timido 1/E6
•**tirare:**
~ **avanti** 3/3
~ il dado 11/S. 104
tirolese 14/6
•titolo di studio 9/3
tivù 1/4
•**toccare:**
a chi tocca? 11/S. 239
•**togliere** 6/E7; 12/S. 117
tollerante 12/S. 117
tonno 14/1
•**tornare** 7/6; 12/2
torneo 12/4
torrente 11/4; 13/S. 127
toscano 14/4
tostare 7/8
•**totale** 2/5; 4/4
totocalcio 2/E12
tournée 15/E1
•**tra** 1/1
tracannare 15/E4
traccia 16/1
tradire 15/E11
tradizionale 1/3
•**tradizione** 3/3
•**tradurre** 14/E5
traduttore 10/S. 95
trafiggere 9/S. 88
traguardo 11/S. 104
tramandare 12/6; 15/2
tranquillizzarsi 15/E1
trarre 16/S. 155
•**trascorrere** 11/E6
trasferimento 10/E9
trasferirsi 8/2
trasformare 4/3
•**trasmettere** 2/E10
trasmissione 2/5
trasportare 13/S. 127
trattamento 12/5
•**trattare** 4/6; 8/4; 14/4
•**trattarsi** 6/2
trattato 13/E6
tratto:
~ da 15/E8
ad un ~ S. 213
trekking 11/4
trine 15/3
tristezza 3/4

•**trovarsi** S. 161; 1/1
trucco 2/1
tunnel 16/2
turismo 3/2
•**turistico** 6/E7; 8/5
•**turno** 12/3
tuta 3/2
tutela 11/3; 14/7
tutelare 11/E8
•**tuttavia** 14/2
tuttofare 9/5

U

ubbidire 13/E8
•**uccello** 10/S. 201; 11/3
•**uccidere** 10/S. 201; 13/E4
•**ufficiale** 7/4; 10/2; 12/2
ufficialità 12/2
ufficio personale 10/6
ufficioso 13/2
U.I.L. 10/4
uliveto 7/5
ulteriore 11/E6
ultimare 6/7
umano 4/5
umile 8/4
umiliare 13/S. 119
unguento 7/4
uniformità 2/5
•**unire** 7/4, 8
unirsi 13/3
unità 13/5
universitario 16/3
urbanistico 14/2
•**urgente** 8/5
urlare 4/S. 44
usanza 5/S. 227; 14/S. 130
uscio 15/3
•**uso** 6/1; 12/E3
•**utile** 2/E13
utilizzare 6/1
utopia 10/5

V

•**valere** 1/3
valico S. 165
•**valido** 1/3
•**valore** 2/5
valuta 4/E5
vandalismo 11/S. 105
•**vantaggio** 6/E7
vapore 8/2
varare 13/4
variato 7/8
varietà 2/5
•**vario** 1/4
vaso 6/5
Vaticano 4/S. 183; 13/2
•**vecchiaia** 4/6
•**vedere:**
far ~ 9/6
farsi ~ 7/3
veduta 4/5
vegetariano 7/7
•**velocità** 4/S. 184
vena 15/E8
vendicare 13/E4
veneto 6/8
veneziano 6/8
ventata 15/6
•**vento** 4/S. 44
verde 11/1
al ~ 16/7
•**vergogna** 2/1
•**vergognarsi** 12/3
•**verità** 11/5
vernice 3/2
•**vero:**
a dire il ~ 6/8
tanto è ~ che 7/6
•**versare** 7/2, 6; 11/E6
versione 14/S. 137
verso 5/E1
•**verso** *(Präposition)* 5/E3; 8/2
vertice 12/5
vescovo 13/2
vessare 13/S. 119
•**vetro** 10/2
vezzi 15/E4
vi *(Pronominaladverb)* 11/3
•**via:**
~ di mezzo 13/S. 127
~ lattea 4/S. 44
~ satellite 2/5
in ~ d'estinizione 11/E3
per ~ **di** 3/5
•**viaggiatore** 7/8
vicinanza 14/4
•**vicino** 1/E2; 12/6
vicolo 10/3
video 2/5
•**vietare** 8/E4; 11/E2
vigilia 6/8
vigneto 7/5
vignetta 1/E3
vile 15/3
•villa 6/8
villano 7/4
•**violenza** 7/7; 13/E4
virtuosismo 15/5
virus 16/7
visione 16/7
•**visita (a)** 4/3
•visitare: farsi ~ 10/S. 203
visitatore 4/3
•**vista: punto di** ~ 13/3
visto turistico 8/5
•**vita: in** ~ 15/2
vitalità 16/5
•**vittima** 16/7
vittoria 11/S. 104
viva . . . ! 5/S. 187; 13/S. 244
•vivo: farsi ~ S. 161
viziare 12/7
vocabolario 14/5
vocabolo 14/5
•**voce** 2/5; 13/2; 14/5;
a alta/bassa ~ S. 169; 15/4
volante: foglio ~ 15/5
•**volare** 15/E8
•**volerci** 4/2; 6/4
•**voler bene a** 12/5
•**volo: prendere al** ~ 15/E8
volontario 11/3
volpe 11/E4
•**volta:**
a sua ~ 15/5
a volte 10/4
c'era una ~ 6/8; 10/S. 201
come una ~ 3/3
di una ~ 1/2
il più delle volte 15/2
la ~ **buona** 7/E2
tante volte 3/E5
una buona ~ 12/3
•**volume: a tutto** ~ 15/2
votare 9/E8
voto 8/E6; 13/3
vulcano 11/2
•**vuoto** 1/4

W–Z

western 2/S. 175
würstel 4/1
yoghurt 11/4
zaino S. 166
zingaro 14/7
•**zitto** 9/2

Werkübersicht: Buongiorno 2

Lehrbuch
2 Compact-Cassetten zum Lehrbuch
Arbeitsbuch
Compact-Cassette zum Arbeitsbuch
Lehrerband
Rollenspiele
Bildfolien

Quellennachweis

Fotos:
Andrea Aiazzi, Pistoia: 9,2,4; 31; 57,2; 60,3 – Airone, Milano (E. Saìller): 102,2,3 – John Alcorne, Lime, Connecticut, USA: 137 – AMW Pressedienst, München: 93,2 – Toni Angermayer, Holzkirchen (H. Pfletschiner): 101,4; (G. Ziesler): 101,5,6,8; (H. Reinhard): 101,7 – Anthony Verlag, Starnberg am See (Weidmüller): 15,a; (Schmidt): 15,b; (Otto): 15,c; (Grießmüller): 15,d; (Moes): 15,e; (Lerke): 15,f; (Herbst): 15,g; (v. Endrefy): 15,i; (Siegel): 15,l; (Klingsöhr): 47,1; (T. Beck): 58,1 – Archiv für Kunst und Geschichte, Berlin: 117, 124–125 (Cosimo de' Medici; Mussolini) – Archivio di Stato, Prato (Archivio Datini): 152,1 – Graziano Arici, Venezia: 61,1 – Azienda Autonoma di Soggiorno, Rimini: 44,1,2 – Aldo Ballo, Milano: 89,4 – Gaetano Barone, Firenze: 16,1,3; 17,2; 52,1; 54,2; 60,1 – Bavaria Verlag, Gauting (Mackus): 37; (Marcella Pedone): 47,6; 68,2; (Lorenz): 88,2; 129,5; (Jeiter): 148,1 – Biblioteca e Raccolta teatrale del Burcardo della S.I.A.E., Roma: 154,1 – 4 (Pulcinella, Colombina, Arlecchino, Pantalone: Stiche) – Bildarchiv Preussischer Kulturbesitz, Berlin: 124–125 (Römisches Forum; Einfall der Germanen in Italien; Krönung Rogers II.; Brescia; Papst Clemens IX.; die Bourbonen in Neapel; Partisanen im II. Weltkrieg); 126, 1–4, 6–8; 138–139 (Giuseppe Verdi; altes Grammophon); 143; 148,2 – Bilderberg, Hamburg (Bossemeyer): 27,2; (Wolfgang Kunz): 50 – Rosanna Brambilla, Böblingen: 81,1 – Bucher Verlag, München (Harald Mante): 36,2 – Davide Campari, Milano: 89,3 – Consorzio per la tutela dei vini DOC „Colli Orientali del Friuli", Cividale del Friuli: 102,1 – Agenzia Contrasto, Roma (Roberto Koch): 52,2; (Angelo R. Turetta): 138–139 (Severino Gazzelloni); (Fabio Ponzio): 138–139 (Diskothek); 149,1; (Franco Cavassi): 146,2; – Mario De Biasi, Milano: 100,2 – Luciano De Crescenzo, Roma: 25; 134 – dpa, Frankfurt: 73,2; 124–125 (Griechischer Tempel); 126,5; 138–139 (Domenico Modugno; Luciano Pavarotti und Maria Chiara); 142; (Eva v. Maydell): 146,1 – Ente Turismo Marche, Ancona: 128,1 – L'Espresso, Roma: 119,2 – Regine Esser, Roma: 15,h; 27,1,3; 29 – Gruppo Editoriale Fabbri, Milano: 69; 124–125 (Aufstand der Mailänder Bevölkerung gegen die österreichische Besatzung; Landung der Tausend in Marsala) – Farabolafoto, Milano: 73,1; 81,2; 138–139 (Tango; Juke-box; Rock 'n' roll) – Salvatore Ferragamo, Firenze: 89,5 – Ferrari, Modena: 89,1 – Sergio Ferraris, Roma: 119,1 – FIAT, Torino: 93,1 – Fonit-Cetra, Milano: 141 – Giacomino Foto, Milano: 85,1 – Foto Giorcelli, Torino: 73,3 – Giunti-Marzocco, Firenze: 26 – Myrna Goldstein, New York: 39; 40–41; 101,2,3; 106 – Granata Press Service, Milano (T.E.S.): 93,4; (Vezio Sabatini): 109,1; (G. Lunel): 138–139 (cantastorie siciliano); 138–139 (Opernplakat; Operette) – Christoph Henning, Essen: 138–139 (Rock-Musik mit elektronischen Instrumenten) – Barbara Huter, Stuttgart: 11,2; 47,2; 96 – Keystone Pressedienst GmbH, Hamburg: 124–125 (erste Sitzung des italienischen Parlaments) – G. Klammet, Ohlstadt: 56 – Le Monnier, Firenze: 151 – Barbara Mack, Stuttgart: 61–62 (unteres Bild) – Maria Mangiafesta, Roma: 68,1,3–5 – Claudio Marcelli, Roma: 16,2; 17,1,3; 22; 51,4; 54,3; 57,4; 64,1,2; 66; 81,3; 82; 99,2–4; 113,1–5; 116,1–3; 121; 123, 1–4; 152,2 – Studio Martinetti, Milano: 148,4 – Enrico Martino, Torino: 73,5; 109,2,4; 135 – Mauritius, Mittenwald (S. Dietrich): 101,1; (R. Mayer): 109,3 – Pepi Merisio, Bergamo: 129,3 – Mondadori, Segrate (Milano) (Vallinotto): 59,1; (Walter Mori): 59,2; (Vittoriano Rastelli): 90 (Valentino); (Adriano Alecchi): 94; 155 – Monte dei Paschi di Siena, Siena: 148,3 – Giovanna Mungai-Maier, Stuttgart: 9,3; 43; 60,4; 115 – Klaus Uwe Neumann, Stuttgart: 80 – Newton Compton Editori, Roma: 138–139 (Harfenspieler, Stich von Bartolomeo Pinelli) – Elisabetta Nöldeke, Metzingen: 60,2,5 – Silvester Nöldeke, Karlsruhe: 138–139 (alte Musikinstrumente) – Ogilvy & Mather GmbH, Düsseldorf: 114 (© Prénatal) – Olivetti, Milano: 89,6 – Olympia, Roma: 58,2; (Vanni De Conti): 61,1; 62,1,2 – Panda Photo, Roma (Fulco Pratesi): 36,1; (A. Bardi): 99,6 – Antonia Pansini-Ziegler, Tübingen: 9,1; 10 – Ezio Perardi, Torino: 129,4 – Photo Dossier, Milano (Smith): 93,3; 99,5; (A. Sperlazzo): 153 (Carmelo Bene); (A. Calcinai): 153 (Giorgio Strehler; die Brüder Taviani); (F. Cavassi): 153 (Lina Wertmüller) – Photo Selection, Hamburg (Marco Saß): 138–139 (Lucio Dalla); (Sylvester): 146,3 – G. Pinkus, Zürich: 75 – Plus Communication, Trento: 102,4 – Pubbli-Aer-Foto, Milano: 128,3; 129,1,2 – Roger-Viollet, Paris: 138–139 (Adriano Celentano) – W. Rudolph, München: 54,1 – SAI – Società Assicuratrice Industriale, Torino: 85,2 (Werbekampagne „La mia assicurazione", 1984) – Scala, Firenze: 124–125 (Vittorio Emanuele II.) – Axel vom Scheidt, Berlin: 51,1 – 3 – S.E.I., Torino: 119,3 – Silvestris, Kastl (Elert): 57,1 – Skira, Genève: 88,1 (Botticelli, l'Autunno) – Wolfgang Staiger, Essen: 47,4 – Stern, Hamburg (Höpker): 61,2 – Süddeutscher Verlag, München (H. Riemer): 36,3; 74,1 – 3; 85,3; 99,1; 144 – Titus foto, Torino: 128,4 – Trussardi, Milano: 89,2 – Ullstein, Berlin: 148,5,6 – Valentino S.p.A., Napoli: 90,2 (Sandale) – Wolpert und Strehle, Stuttgart: 47,3,5; 73,4; 77 (Mauer) – Wolfgang Würker, Ortenberg: 91 – Zanichelli, Bologna: 128,2 – Zentrale Farbbild Agentur GmbH, Düsseldorf (Goebel): 149,2
Umschlagfoto (Firenze, Cupola del Brunelleschi): Giancarlo Gasponi, Roma – 2. Umschlagseite (Scala, Firenze): 1,3,5,7; (Anne-Marie Grobet, Russin/Genève): 2,4,6,8

Realien
Altan/Quipos, Milano: 87 – ARCI, Milano: 104–105 – Edizioni Bella Ciao, Milano: 141 (Pellegrin che vien da Roma) – Bompiani, Milano: 117 (Avere amici è difficile) – Comune di Milano, Direzione Centrale delle Civiche Scuole Secondarie: 14 – L'Espresso, Roma: 61 (Il Paradiso non può attendere); 122,2 (Non piove, governo ladro); 123 (unterer Cartoon) – Fischer Taschenbuchverlag, Frankfurt: 153 (Ein Mann) – Fonit-Cetra, Milano: 141 („Mamma vo' prende' moglie"; „Dimmi bel giovane" – Garzanti Editore, Milano: 72 (Lieder der Emigranten aus „Canti dell'Emigrazione", von Savona und Straniero) – Il Giornale, Milano: 11,3,7–9 – Mondadori, Segrate (Milano): 114 („Dalla parte del padre", aus: Panorama); 121 („Amici per la pelle", aus: „Fratelli d'Italia" von Emilio Giannelli); 136 (Karte der albanischen Dörfer in Kalabrien, aus: Panorama) – Monile, Milano: 110 – Le Pagine Gialle: 11,5 – Panda Photo, Roma (Fulco Pratesi): 98; 100,1 (Certificato per l'adozione di mq ... di costa) – P.P.T.T. (Poste e Telegrafi), Roma: 118 (Italia turrita) – Pubblicità Progresso, Milano: 112 (Adotta un nonno!) – Regione Piemonte, Assessorato Artigianato e Commercio, Torino: 27,4 – Regione Umbria, Assessorato Artigianato, Perugia: 28 – La Repubblica: 33 (Lieve calo della disoccupazione); 39 (Così Venezia si difende da 10 milioni di turisti); 41 (Dai turisti stranieri l'anno scorso 12 mila miliardi all'Italia); 122,1 (In fuga l'ex sindaco Insalaco) – Rizzoli-Corriere della Sera, Milano: 11,1; 23 (Fernsehprogramm); 42 (Statistiken aus: Domenica del corriere); 84 (Giovani senza lavoro in parcheggio forzato); 122,3 (Al Comune di Bologna altri avvisi di reato) – Roma City, Roma: 11,4 – Sergio Staino, S. Martino La Palma (Firenze): 121 (unterer Cartoon, aus: La Repubblica) – La Stampa, Torino: 11,6 – Teatro Regio, Torino: 57,3 – Enrico Testa, Lega per l'Ambiente, Roma: 97 – VG Bild-Kunst, Bonn: 153 (Wenn ein Reisender in einer Winternacht) – Hanefi Yeter, Berlin: 77 (Nachbarschaft, die Frieden schafft)